Andreas Bähr

DER GRAUSAME KOMET

Himmelszeichen
und Weltgeschehen im
Dreißigjährigen Krieg

Rowohlt Verlag

1. Auflage November 2017
Copyright © 2017 by Rowohlt Verlag GmbH,
Reinbek bei Hamburg
Lektorat Stephan Speicher
Gesetzt aus der Berthold Baskerville
Gesamtherstellung CPI books GmbH,
Leck, Germany
ISBN 978 3 498 00679 2

INHALT

– Vorzeichen der Zerstörung: Eine Predigt, eine Wundergeburt und eine beschädigte Jungfrau am Dom (und noch
einiges mehr) – Freunde schlimmer als die Feinde: Heberle
im «schwedischen Krieg» – Zisterziensische Marienwunder
und die Gespenster des Krieges

6. VISIONEN

1631: Athanasius Kircher prophezeit die Eroberung Würzburgs – 1632: Gustav Adolf stirbt in der Nähe von Lützen –
1634/35: Belagerungswinter in Augsburg – Johann Andreas
Happe stirbt in Ebeleben an der Furcht – Das Erdbeben
in Kalabrien 1638: Ein Venezianer prophezeit es, Kircher
besichtigt es, und Heberle liest davon – Noch immer kein
Frieden und noch mehr Wunderzeichen in Ulm – 1647:
Kircher befragt in Rom ein Wunderkind, ahnt nichts Gutes für die Zukunft und erkennt im Winterkometen noch
immer kein Vorzeichen des Dreißigjährigen Krieges

7. FRIEDEN

1648: Agnes Güntzer wird vom Colmarer Garnisonskom-
mandanten bedrängt – Wann ist der Krieg für Augustin
Güntzer zu Ende? – Retrospektive Prophetie: Erinnerungen an dreißig Jahre Krieg und einen dreißigtägigen Winterkometen – Wie lange dauerte eigentlich der Dreißigjährige Krieg?

8. NACHLEBEN

195

1730: Ein Methusalem in der Niederlausitz – 1798: Friedrich Schillers *Wallensteins Lager* – 1913: Ricarda Huchs *Der große Krieg* – Der «Kriegskomet» von 1914 – Straftheologisches, alt und neu – Faszinierender Komet, faszinierender Krieg: Franz Marc, Lorenz Treplin und Friedrich Kurt Benndorf – Und auch Thomas Mann: Für Volk und Vaterland und die Läuterung Europas

ANHANG

223

1.

KOMETEN!

Seit mehr als einer Woche hatte über Ingolstadt nur graues Winterwetter gelegen, Regen, Nebel und steifer Westwind. Dann endlich, am 1. Dezember 1618, riss die Wolkendecke auf. Johann Baptist Cysat, Mathematiker und Astronom im ortsansässigen Jesuitenkolleg, war früh auf den Beinen, vermutlich um sein Morgengebet zu verrichten, und so wurde er Zeuge eines eindrucksvollen Schauspiels der Natur. Es war kurz vor fünf, als er am Himmel einen großen, hellen Kometen erblickte, dessen langer Schweif ohne optische Hilfsmittel zu sehen war. Cysat dürfte glücklich gewesen sein, dass er zu den ersten in der Stadt zählte, denen diese Entdeckung zu machen vergönnt war. Denn dieser Jesuit war Wissenschaftler, einer, der sich nicht nur des Verstandes, sondern auch des Auges bediente. Eine erste Positionsbestimmung des Kometen ließ dann auch keine Stunde auf sich warten. Cysat konnte ihn zwischen Arktur im Sternbild Bärenhüter und Spica im Bild der Jungfrau verorten.[1]

Doch auch wenn Cysat zeitig aufgestanden war: Mit seiner Entdeckung rangierte er keineswegs an vorderster Stelle. Andere hatten mehr Glück mit dem Wetter gehabt. Nicht nur in Indien und in China, wo der Komet schon am 24. und 25. des Vormonats gesichtet worden war,[2] sondern auch in

Europa datieren die ersten Dokumentationen einige Tage
früher, beim Mathematiker Benjamin Ursinus zum Beispiel,
der «diesem unverhofften spectackel» im brandenburgischen
Joachimsthal bereits am 28. November mit «anmutigkeit ...
beygewohnet»: mit Gespanntheit und Begierde.[3] Und auch
Cysats berühmtester Kollege, Johannes Kepler, war ihm immerhin um zwei Tage zuvorgekommen, in Linz, wo er als
Landschaftsmathematiker arbeitete.* Als Kepler am frühen
Morgen des 29. November das Dach seines Wohnhauses in
der Hofgasse bestieg, um dort einen Blick durch sein Fernrohr zu werfen, da hatte er bereits seit Monaten die Spur
jener beiden kleineren Kometen verfolgt, die, als Vorhut des
großen, von Ende August bis Ende September und von Mitte
November bis Anfang Dezember zu beobachten waren: 1618
I und 1618 III.[4] An sich war das Linzer Wetter in diesen
Tagen auch nicht besser als das ingolstädtische, doch um
halb sieben klarte es zwischenzeitlich kurz auf. Kepler wollte diese Gelegenheit nutzen, um den Schweif der jüngsten
Erscheinung noch einmal genauer zu studieren, doch was
dann unversehens zwischen den Wolken hervortrat, war ein
«gelbe[r]/ etwas rötliche[r]» Komet von besonderer Strahlkraft,
ein *Cometa clarissimus*, wie er ihn nicht ohne Staunen nannte,[5]
der dritte des Jahres (der, dessen ungeachtet, üblicherweise
als 1618 II bezeichnet wurde; die Astronomie unserer Tage
führt ihn als C/1618 W1). Dieser «Haarstern» (griechisch
kométes, von *kóme*, das Haar) hatte es nicht eilig. Mit bloßem
Auge konnte man ihn in den deutschen Territorien bis ins

---

* Keplers Aufgabe war es, an der Landschaftsschule in Linz die adlige Jugend der Landstände in Mathematik und Philosophie zu unterrichten und
eine Landkarte von Oberösterreich zu erstellen.

Der Winterkomet über Heidelberg
im Theatrum Europaeum.

neue Jahr hinein sehen, und mit dem Teleskop war es sogar
noch bis zum 22. Januar möglich. Cysat, aus dessen Feder
die letzte überlieferte Aufzeichnung stammt, ist Zeuge dafür.[6]

Für die Astronomen stand mit dieser Erscheinung Arbeit
ins Haus. Eine Flut von einschlägigen Druckschriften ergoss
sich bald über das Heilige Römische Reich; Keplers *De cometis*
von 1619 war nur die bekannteste von ihnen.[7] Darauf wird
zurückzukommen sein. Da das Phänomen jedoch nicht nur
von den Experten gesehen werden konnte, waren sie auch
nicht die Einzigen, die davon berichteten. Zahlreiche Chroniken und Autobiographien erwähnen den «Winterkometen»[8]

ebenfalls – und zwar nicht nur gedruckte wie das von Matthäus Merian begründete *Theatrum Europaeum* (Abb. S. 11),[9] sondern vor allem auch unpublizierte.

Deren Verfasser zeigen sich allerdings weniger begeistert als die Astronomen, denn für sie hatte der Schweifstern eine besondere Bedeutung. «Den 3. November 1618 ist ein schrecklicher Compet am Himmel erschienen, der etzliche Monath und gar bis in das folgende Jahr gesehen war», notierte Volkmar Happe, gräflicher Hofrat und Wirtschaftsverwalter im Schwarzburg-Sondershäusischen, in seiner thüringischen Chronik.[10] Happe, der seine Aufzeichnungen noch bis 1642 fortführte, übertreibt ein wenig bei der Dauer der Kometenerscheinung, und dies hängt nicht nur mit seiner irregehenden Datierung der Erstbeobachtung zusammen (die ebenfalls noch zu diskutieren sein wird). Es scheint vor allem daraus zu folgen, dass dieser Himmelskörper die Gemüter erregte: Für Happe war dies ein *schrecklicher* Komet. Warum?

Der Chronist erklärt: «denn darauf in aller Welt Krieg, Aufruhr, Blutvergießen, Pestilentz und theure Zeit und unaussprechlich Unglück erfolget.» Jeder wusste schließlich: «Kein schrecklichen Comet man spürt, der nicht groß Unglück mit sich führt.»[11] Die Sentenz vergisst die griechische Etymologie des Kometen und erfindet eine lateinische, um sie auf eine historische Erfahrung zu gründen. Aus dem «Haarstern» (κομήτης) wird ein «Begleiter und Gefährte verhängnisvoller Dinge»: ein *comes et socius rerum fatalium*, um den böhmischen Propheten Wilhelm Neuheuser zu zitieren.[12] Damit überträgt Happe, auch wenn er das nicht sagt, einen Vers des spätantiken Dichters Claudian, der zu Beginn des 17. Jahrhunderts bereits sprichwörtlich geworden war: *Et numquam coelo spectatum impune cometen.*[13] Doch er übersetzt nicht wörtlich. «Nie», muss es eigentlich heißen, «wurde ein Komet am Himmel ungestraft erblickt.»

Diese Auskunft wirft Fragen auf. Ein Komet sollte Unglück bringen? Seine Betrachtung zog Strafe nach sich? Hören wir nochmals den Chronisten: «In diesem Jahre ist der Böhmische Krieg angangen und starck continuiret worden.» Und weiter: «Was auf diesen Cometen vor [für] schreckliche Aufruhr, Krieg, Mord, Theurung, Pestilentz, Verenderung, Fürstenthümer und Herrschaften erfolget, die evangelische Religion verfolget, an vielen Orthen ausgetilget und dargegen der päbstische Greuel wiederumb eingeführet worden, das ist aus folgenden beschriebenen actitatis zu vernehmen» – aus den Geschehnissen also, die sich bis 1642 in Thüringen ereigneten.[14]

Mit dem Winterkometen von 1618, heißt das, begann für den bekennenden Lutheraner Happe der Dreißigjährige Krieg. Das ist bemerkenswert. Denn gelernt haben wir ja etwas anderes. Kaum ein Geschichtsbuch, das nicht den (zweiten) Fenstersturz zu Prag am 23. Mai des Jahres als Auslöser anführt. Doch weniger bekannt ist vielleicht: Darauf haben sich erst die Historiker geeinigt – jene also, die zurückblickten, allerdings nicht erst in nachfolgenden Jahrhunderten, sondern bereits in der Zeit des Dreißigjährigen Krieges selbst. Der immer weiter ausgreifende Konflikt und die zahlreichen gewaltsamen Auseinandersetzungen, deren Schauplatz das Reich in den darauffolgenden Jahrzehnten werden sollte, hatten keinen klar identifizierbaren Anfang; denn sie gingen nicht auf eine formale Kriegserklärung zurück. Nicht nur dass die einschlägige Rechtsanforderung zu dieser Zeit gerade an Verbindlichkeit einbüßte (bis ins 19. Jahrhundert hinein): Was im Mai 1618 begann, war im kriegsrechtlichen

Sinne gar kein Krieg; es war eine religiös grundierte Erhebung der Stände. Hier wurde daher kein Ankündigungsschreiben verfasst, sondern lediglich eine begleitende Apologie, eine Rechtfertigungsschrift.[15] (Und natürlich wurden auch keine Mobilmachungsbefehle plakatiert, keine Extrablätter gedruckt und keine Glocken geläutet, um die Rekruten, wie es dreihundert Jahre später geschah, zum Sterben zu rufen.[16]) Als die böhmischen Ständevertreter die beiden kaiserlichen Statthalter Wilhelm von Slawata und Jaroslaw von Martinitz zusammen mit dem Sekretär Philip Fabricius aus einem Fenster des Hradschin stürzten, warfen sie ihrem verhassten Lehnsherrn, dem frisch gewählten König Ferdinand, den Fehdehandschuh vor die Füße, um sich gegen dessen kompromisslose Rekatholisierungspolitik zu wehren. Dass diese regionale Auseinandersetzung, nachdem Ferdinand im nächsten Jahr auch noch Kaiser geworden war, reichs- und europaweiten Dimensionen zutreiben würde, hatte zu diesem Zeitpunkt niemand im Sinn und hielten nur die allerwenigsten für denkbar.[17] Dessen ungeachtet begriffen bereits die Zeitgenossen die verstreuten Kampfhandlungen nach der Prager Defenestration als einen Geschehenszusammenhang. Aber sie benötigten dafür ein Kriterium außerhalb der politischen und militärischen Aktionen. Und das fanden sie am Himmel. Ihre Datierung, das macht sie doppelt bemerkenswert, stützte sich nicht auf ein irdisches Ereignis.

Volkmar Happe ist ein guter Zeuge. Er selbst erwähnt, einige Manuskriptseiten zuvor, den Prager Fenstersturz als Auftakt des «blutige[n] Böhmische[n] Krieg[es]», «der viel Jahr continue aneinander gewehret, fast die gantz Welt durchkrochen und alle Lande verderbet». «Dieser Tag», unterstreicht die Randnotiz eines Nachtragschreibers noch einmal in gelehrtem Latein, «war der Beginn des grausamsten Krieges, er brachte Zerstörung und Untergang für ganz Böhmen und Deutschland.»[18] Daran bestand also kein Zweifel; doch waren es nicht die Ereignisse selbst, die Happe diese Klarheit verschafften. Es war der Winterkomet des Jahres 1618.

Der Darmstädter Superintendent Johannes Vietor konnte das genauer erklären.[19] Kometen verkündeten nicht nur Krieg, sondern auch politische «Verenderung» (um nochmals Happe zu zitieren),[20] und damit war vorzugsweise der Tod von Herrschern gemeint. Den wiederum sah der Winter 1618/19 in besorgniserregender Häufung: Am 15. Dezember starb Kaiserin Anna und wenig später, am 20. März, Kaiser Matthias. (Und den Erzherzog von Österreich, Maximilian III., rechnete Vietor auch noch mit ein, obwohl der nicht nach, sondern kurz vor dieser Kometenerscheinung verschieden war: am 2. November.) Aus diesen Ereignissen, so Vietor in seiner Autobiographie, bezog der böhmische Konflikt neue «Kräfte» (*vires*). Erst mit dem *horridus cometa*, lautet daher sein Befund, ging «das Feuer gefährlichen Kriegswesens recht an». Erst mit ihm zog es über Böhmen hinaus bis an den «Rheinstrom» nach Darmstadt – und nicht mit den Prager Ereignissen, die Vietor unmittelbar zuvor als Auslöser des «Böhmischen Krieges» notiert.[21]

Freilich wussten Happe und Vietor all dies erst im Nachhinein, vielleicht sogar erst, als sie ihre Berichte zum Abschluss brachten (das war bei Vietor 1626 der Fall, zwei Jahre vor seinem Tod). Und hätten sie den Konflikt bis zu seinem Ende verfolgen können, bis hin zum Westfälischen Frieden, dann hätten sie es auch noch genauer gewusst: nämlich, dass dieser Krieg als ein «Dreißigjähriger» bezeichnet werden konnte. Dann hätten sie sich womöglich auch daran erinnert, den Ko-

meten nicht «etzliche Monath»,[22] sondern genau «30 Tage am
Himmel» gesehen zu haben:[23] einen Tag für ein Jahr Krieg. So
jedenfalls tat es Joachim Rese, Bürgermeister im anhaltinisch-
dessauischen Jeßnitz, und so tat es auch der Wiedenbrücker
Ratsherr Andreas Kothe.[24] Sicher ist: In Happes und Vietors
Rückblick markierte der Komet den Beginn eines jahrelangen
Krieges, und damit konnte der Prager Fenstersturz zu dessen
Auslöser werden. Das Geschehen am Himmel machte das ir-
dische verständlich.

All das setzte eines voraus: Autoren wie Happe und Vietor
sahen in Komet 1618 II kein bloß natürliches Ereignis, sondern ein göttliches Zeichen. Und das bedurfte der Deutung.
Mit diesem Kometen hatte Gott den Krieg angekündigt, der
als Strafe kam für die Sünden der Menschen, im Vorgriff
auf die Apokalypse.[25] Der Schweifstern war Warnung und
Mahnung zur Buße, eine Ankündigung dessen, was all jene
ereilte, die die Zeichen missachten. Viel Phantasie brauchte
es ja nicht: Glichen die «stralen und striemen» am Himmel
nicht einer «feüerig[en]» Rute?[26] Musste sein «Schwanz» nicht
jeden an einen «Besen aus Feuerfunken» erinnern?[27] Für unsere Chronisten und Autobiographen war das evident. Jakob
Wagner, Kaufmann in Augsburg, und Joachim Rese sind nur
zwei Beispiele dafür. Dieses Zeichen verkündete die Zukunft
und führte sie selbst mit herbei. Wer es erblickte, so hatte es
bereits Claudian formuliert, der erlitt die Strafe, die es verhieß.

Die Gefahr war Anlass genug, vom Krieg zu erzählen: von
dem Kometen und der Gewalt, mit der er drohte. Happe sagt
das in seiner Chronik ausdrücklich, und andere taten es auch.
Für sie bedeutete Komet 1618 II nicht nur den Anfang des
Dreißigjährigen Krieges, sondern auch den Anfang seiner Be-

schreibung (ungeachtet dessen, dass Happes Chronik bereits 1601 einsetzt; denn was sich in ihr bis 1618 ereignet, ist nicht mehr als ein Vorspann). Ihre Geschichten berichten von dem Unheil, das der Komet am Anfang des Krieges verkündet hatte, und damit wurden sie zum Beweis für seine «schreckliche» Bedeutung. Diese Historiographen dachten in heilsgeschichtlichen Kategorien. Im Winterkometen von 1618 erkannten sie einen Leitstern für ihr Schreiben, weil sie das Geschehen, das sie beschrieben, ohne ihn nicht verstanden, ja mehr noch: weil es für sie dieses Geschehen ohne ihn gar nicht gab.

Der Dreißigjährige Krieg – für so viele im Reich (wenn auch keineswegs für alle) war dies eine Zeit von «fewer/pest/vnd todt der hertz vnd geist durchfehret».[28] Das schrieb Andreas Gryphius, einer der bedeutendsten Lyriker und Dramatiker des deutschen Barock. Er tat dies 1636, da jährte sich der Kriegsbeginn zum achtzehnten Mal: «Dreymall sindt schon sechs jahr als vnser ströme flutt, || Von so viel leichen schwer/sich langsam fortgedrungen.»[29] Dieser Krieg, klagte auch der schlesische Dichter Martin Opitz, verkehrte die Welt. In ihm kämpften die «abgeleibten Seelen», der Hölle entstiegen, einen gespenstischen Kampf:

Was niemand hören mag
Ohn Abschew/Furcht vnd Grauß/ist kommen an den Tag/
Hat sichtbarlich bey vns vnd vnter vns gejrret/
Die Ordnung der Natur ist worden gantz verwirret:
Die Waffen haben selbst auß heimlicher Gewalt/
Von niemand angerührt/geklungen vnd erschallt:
Das Wasser ward verkehrt/die vnbefleckten Brunnen/
Jhr reines Silberquell ist blutig fürgeronnen.[30]

Der Dreißigjährige Krieg – obwohl oder gerade weil er nicht nur von Geistern geführt wurde – war mehr als nur ein Krieg. Gryphius, der mit ihm groß geworden war (er wurde 1616 geboren), erkannte in ihm auch eine Metapher menschlichen Daseins. In der *conditio belli* fand er die *conditio humana*: «WAs sind wir menschen doch? ein wohnhaus grimmer schmertzen.‖ Ein baall des falschen glücks/ein irrlicht dieser zeit». «Ein schawplatz herber angst/vnd widerwertikeit», das war nicht nur dieser Krieg, nein, das war für den Dichter auch der Mensch: «Ein bald verschmeltzter schnee vnd abgebrante kertzen.»[31]

Woraus Thomas Hobbes politik- und gesellschaftstheoretische Funken schlagen sollte, insbesondere in seinem *Leviathan*, darin entdeckte Andreas Gryphius die Eitelkeit und Vergänglichkeit der Welt. Das tat auch Martin Opitz. Und der wusste noch etwas: All dieses Unheil hatte der Komet von 1618 prophezeit – der «Fewerschwantz», der von Furchterregendem kündete: der sich so «grausam außgestrecket», dass er «die Sternen selbst erschrecket/‖ Daß sie verblasset sind».[32]

Dieser Komet sprach eine Drohung aus, das war auch für Opitz unmissverständlich. Zugleich jedoch fand der Autor in ihm seinen Trost. Der Komet schreckte all jene, die ihn als «Wunderzeichen» erkannten, als ein Vorzeichen (Prodigium), mit dem Gott sagte, der Krieg «komme nicht ohn jhn».[33] Doch wer sich schrecken ließ, wer hier den gerechten Zorn Gottes erblickte, der konnte auch hoffen, von der angedrohten Strafe verschont zu werden. Der Komet, heißt das, verkündete bevorstehendes Unheil, um Gelegenheit zu geben, es noch einmal abzuwenden.[34] Er bezeichnete, was erleiden würde, wer das Zeichen mit Nichtachtung strafte. Der Komet, diese «Comœdi am Himmel» (wie David Herlitz, abermals pseudoetymologisch, seinen Namen übersetzte),[35] wies, paradox genug, den Ausgang aus der Tragödie auf Erden, dem «Theater der Welt» (*mundi theatrum*).

Jedoch: Sehen konnte den Kometen zwar jeder, aber seine straftheologische Exegese, folgt man ihrer historischen Logik, fand bis 1648 nicht hinreichend Gehör. Denn wenn allein die Buße den Krieg zu verhindern vermochte, erbrachte dessen Dauer den Beweis für unbußfertige Verstocktheit. Für die Ursache von drei Jahrzehnten Gewalt wird dies heute kaum jemand mehr halten (ebenso wenig wie den Umstand, dass einige mit dem Kometen sogar zum Kampf aufriefen; denn das waren nur wenige, und sie wurden, wie wir sehen werden, nach Kräften an den Rand der Debatte gedrängt). Dennoch steht eine Frage im Raum: Was erfahren wir über den Dreißigjährigen Krieg, wie lässt sich seine Geschichte erzählen, wenn wir mehr als das politische, militärische und ökonomische Geschehen verfolgen? Wenn wir bedenken, dass in diesen Konflikt nicht nur die geschichtliche Welt verwickelt war, sondern auch die Welt der Geister und die der Natur, und das heißt: das Handeln Gottes? Wenn wir berücksichtigen, dass das Buch des Himmels aufschlagen konnte, wer begreifen wollte, was um ihn herum – und mit ihm – auf Erden geschah: wer einen Weg suchte zwischen Angst und Hoffnung und Unglück und Glück, wer nach dem Spielmacher fragte, um nicht Spielball zu sein, in einem Leben der Täuschung und der Uneigentlichkeit? Und das heißt schließlich auch: Wenn wir die Kategorie der Zeit, die sich zwischen Vergangenheit und Zukunft aufspannt, nicht nur als Bedingung, sondern auch als Gegenstand geschichtswissenschaftlicher Erkenntnis betrachten?

Die Kapitel, die folgen, wählen den Großen Kometen zu

ihrem Leitfaden. Damit bieten sie keine weitere Gesamtdar-
stellung des Dreißigjährigen Krieges.[36] Vielmehr werfen sie
Schlaglichter auf diesen Konflikt aus der Perspektive derer,
die ihn mit Blick auf das Himmelsereignis vom Winter
1618/19 beschrieben.[37] Sie lassen jene zu Wort kommen, die
sich anhand dieses Vorzeichens göttlichen Zorns in der Gewalt ihrer Zeit orientierten. Und sie erklären, wie und mit
welchem Erfolg dies geschah.

Dabei werden recht unterschiedliche Akteure ins Blickfeld
geraten, was ihre soziale Herkunft und Entwicklung, aber
auch ihre konfessionelle Zugehörigkeit betrifft. Wie könnte
es auch anders sein: Wer gegeneinander ins Feld zu ziehen bereit war, vertrat auch mit Blick auf den Kriegskometen nicht
immer ein und dieselbe Meinung.

Zudem wird das Augenmerk auf weitere Zukunftszeichen
gerichtet, die die Zeitgenossen ebenfalls mit dem Krieg in Zusammenhang brachten. Dies ist zunächst das Nordlicht von
1630, in dem die Chronisten eine «veldschlacht» am Himmel
erkannten und das der Salemer Zisterziensermönch Sebastian Bürster als Beginn einer neuen Kriegsphase verzeichnet;[38] und es ist eine «monströse» Geburt, die neben manch
anderem bösen Omen die Zerstörung der Stadt Magdeburg
1631 vorhersagt (Kapitel 5). Es ist aber auch jene nächtliche
Erscheinung, die Athanasius Kircher, Jesuitenpater und Universalgelehrter in spe, im selben Jahr in Würzburg gehabt
haben will: eine Vision vom Einmarsch des schwedischen
Königs Gustav Adolf, die ihm und seinen Mitbrüdern Gelegenheit gab, rechtzeitig das Ordenskolleg zu verlassen. Doch
die Warnung, wie wir sehen werden, wurde in den Wind
geschlagen; und auch das konnte nicht ungestraft bleiben
(Kapitel 6).[39]

Bis dahin ist aber noch etwas Zeit. Zunächst werden wir zu den Astronomen zurückkehren. Denn die Sicht der Apokalyptiker konnten sie in der Regel nicht teilen. Am Anfang des Dreißigjährigen Krieges stand nicht nur ein Komet, sondern auch eine scharfe Kontroverse über seine Bedeutung. Astronomen stritten mit Theologen und orthodoxe Lutheraner mit «Schwärmern» und «falschen Propheten»: War der Komet nichts weiter als ein faszinierendes Naturereignis, oder war er Vorzeichen für dreißig Jahre Krieg – wenn nicht gar für das unmittelbar bevorstehende Ende der Welt?

Besonders die Reichsstadt Ulm sollte hier nachhaltige Berühmtheit erlangen als Schauplatz eines Geschehens, das als «Ulmer Kometenstreit» in die Geschichte eingegangen ist und seinerzeit sogar das lebhafte Interesse des jungen René Descartes zu wecken vermochte. Was mit einem gelehrten Kolloquium im Herbst 1619 seinen vorläufigen Höhepunkt erreichte, begann mit einer Kanzelrede des umtriebigen lutherischen Theologen Conrad Dieterich im Ulmer Münster am 2. Adventssonntag des Jahres 1618. Die Predigt war ein Aufruf zu Buße und Besserung, mit dem der Pfarrer zwischen den Extrempositionen zur Kometendeutung einen Mittelweg einzuschlagen bemüht war (Kapitel 2).[40]

Nun mag man aus Predigten schließen, dass das, was sie predigen, nicht beachtet wurde (denn warum wurde es sonst gepredigt?). Doch so ist es natürlich nicht. So mancher nahm sich zu Herzen, was Dieterich von der Kanzel herabrief. Der Ulmer Schuhmacher Hans Heberle etwa. Wie Volkmar Happe nahm er den Winterkometen zum Anlass, zur Feder zu greifen. Er verfasste ein umfangreiches *Zeytregister*, das die Jahre bis 1672 umspannt, von seinen mehr als dreißig Fluchten erzählt und dabei nicht nur das Polarlicht von 1630 aus-

führlich bespricht, sondern zudem zahlreiche weitere himmlische Prodigien protokolliert – und mit all dem seinerseits zu
religiöser Umkehr ermahnt. Der Komet ließ Menschen zu
Kriegschronisten werden (Kapitel 3).[41]

Ähnliches gilt für den elsässischen Zinngießer Augustin
Güntzer. In dessen Autobiographie (die für einen Handwerker ebenso ungewöhnlich ist wie Heberles Chronik) wird
die Zeit des Dreißigjährigen Krieges vom Kometen von 1618
gerahmt: Der Schreiber erwähnt ihn bei seinem Erscheinen
und kommt 1648 auf ihn zurück.[42] Doch für Güntzer gilt
auch noch etwas anderes. Wenn er als junger Mann, nachdem er bald ganz Europa bereist hatte, dem väterlichen Hei-
ratswunsch mit dem Hinweis ausgewichen sei, der gegen-
wärtige Krieg werde «20 oder 30 Jahr wehren» (dies will er
1622 gesagt haben), dann konnte er das, folgt man der Logik
seiner Darstellung, allenfalls deswegen ahnen, weil er auf den
Schweifstern von 1618 zurückblickte, der besonders großes
Unheil verhieß. (Und genauer *wissen* konnte er es, wie alle
anderen auch, erst 1648. Und hätte er es doch früher gewusst,
dann hätte er seine Dinge, wie Andreas Kothe, womöglich
noch ganz «anders disponiret»;[43] vielleicht hätte er sich dann
nicht bewegen lassen, im darauffolgenden Jahr doch noch vor
den Traualtar zu treten.)[44] Und das heißt: Güntzer schrieb
sein Wissen um die Dauer des Krieges und seine Überzeugung, dass dieser Konflikt mit einem Kometen begann, zur
Rechtfertigung seines Handelns in die autobiographische Erinnerung ein. Dieser Komet mahnte ihn nicht nur zur Buße,
sondern gab ihm auch Orientierung in den Entscheidungen
seines Alltags. Er versprach ein Stück Zukunftsgewissheit –
für den, der erkannte, dass erst die Zukunft diese Gewissheit
wirklich verschaffte (Kapitel 4).

Und so schlug auch Güntzer am Ende den Bogen zum
Kometen von 1618 zurück: nach Abschluss der Pax Westfalica und nach einem langen Weg zum allgemeinen und persönlichen Frieden (Kapitel 7). Damit gehörte er zu den Ersten,
die den zu Ende gegangenen Krieg als einen «dreißigjährigen»
in das kollektive Gedächtnis einspeisten, einen Krieg, den
protestantische Historiker, im Anschluss an Friedrich Schiller,
zur Urkatastrophe der deutschen Geschichte erklären sollten,
zum Tiefpunkt und ersten Schritt auf dem unaufhaltsamen
Weg zur Bildung einer preußisch-kleindeutschen Nation.[45]
Die Durchsetzung dieser Sicht in den konfessionellen und politischen Auseinandersetzungen des 19. Jahrhunderts ist mit
dafür verantwortlich, dass die Zeit zwischen Prager Fenstersturz und Westfälischem Frieden das historische Bewusstsein
der Deutschen bis in den Ersten Weltkrieg hinein dominierte.
Erst bei Verdun und an der Somme begann der «Teutsche
Krieg» Memorialkonkurrenz zu erhalten.[46]

Dies betraf nicht nur die neuen Dimensionen des Grau-
ens. Über dem, was 1914 bis 1918 auf den Schlacht-Feldern
geschah, verblasste nicht allein die Gewalt des Konfessions-
krieges. Es trat auch ein neues Zeichen an den Himmel. Ja,
tatsächlich: Selbst der «Große Krieg» gehörte noch zu denen,
die für viele mit einem Kometen begannen – als letzter in
der europäischen Geschichte. Dieser Komet hatte nicht nur
astronomisch eine neue Gestalt. Es gehört zur Geschichte
intellektueller Verirrung, dass ihn die Gebildeten unter den
deutschen Kriegsapologeten in all seiner Schönheit beschrieben. Warum, wird im letzten Kapitel zu lesen sein. Schon jetzt
jedoch sei gesagt: Die Erinnerung an den Schweifstern von
1618 war trotzdem noch immer lebendig.

Diese Erinnerung ist es, die uns hier beschäftigen soll. Da-

her hält sich das Buch von den Katastrophenvergleichen der
Nachgeborenen fern und wendet sich den Einschätzungen der
Kriegsbeteiligten zu. Der Dreißigjährige Krieg war ein euro-
päischer Konflikt, was seine Akteure, aber ein «teutscher», was
die Hauptschauplätze seiner Kampfhandlungen betrifft. Von
den Zeitgenossen wurde seine Gewalt schon bald als eine bis
dato ganz ungekannte beschrieben. Dabei hatten die Territorien des Römischen Reiches keineswegs überall, zu jeder Zeit
und in gleicher Weise unter den Kriegshandlungen zu leiden.
Das eigentlich Verstörende war: Wenn Soldaten jenseits der
großen Schlachten in die Dörfer eindrangen, hielt sich ihre
Gewalt kaum noch an konfessionelle und politische Grenzen.
Denn es galt: Der Krieg ernährt den Krieg. Dass das Prinzip
schon Livius bekannt war, dürfte dabei allenfalls die Humanisten interessiert haben.[47] Dieser Krieg hatte sich selbst zu
ernähren, weil die Schatullen der Fürsten es schon bald nicht
mehr konnten. Zur Versorgung ihrer Heere sahen sich die
Feldherren gezwungen, auf die Gebiete zurückzugreifen, die
sie gerade durchzogen, gleichgültig, zu welcher Partei sie gehörten. Städten und Gemeinden pressten sie Kontributionen
und Einquartierungen ab, und wo auch das nicht genügte,
bedienten sich die Soldaten kurzerhand selbst. Verstreute
Reitertrupps, deren Identität niemand kannte, hinterließen
nicht selten (wenn auch kaum systematisch) verbrannte Erde.
Wer ihre Gewalt erlitt (und überlebte), beschrieb sie als exem-
plarisch; denn in ihr, so schien es, geriet die tradierte gesellschaftliche und religiöse Ordnung ins Wanken.

Das Ausmaß der Verheerung quantitativ zu bestimmen ist
kaum möglich. Zwar ist in der Forschung von einer «Zer-
störungsdiagonalen» zu lesen, die sich vom Südwesten in den
Nordosten des Reiches erstreckte und in der nicht zufälliger-

weise auch die Protagonisten dieses Buches zu Hause waren; und es ist von durchschnittlichen Bevölkerungsverlusten von einem Drittel in den Städten und vierzig Prozent auf dem Lande die Rede.[48] Doch daran bleibt vieles spekulativ. Zudem sagen diese Raten über ihre Genese kaum etwas aus: Kamen sie durch Waffengewalt, Seuchen oder Migration zustande? Und von der Realität des Krieges erzählen sie schon gar nichts.

Mutmaßungen über die Brutalität und Folgen des *bellum tricennale* tragen daher zu seinem Verständnis wenig bei. Ob er «der schlimmste Krieg der Weltgeschichte» war?[49] Die Jahrzehnte zwischen 1914 und 1945 haben dieser Frage neue Nahrung gegeben, doch sie haben sie auch ad absurdum geführt.

Interessanter ist daher, wie die Zeugen des Krieges das, was sie erlebten, beschrieben. Es unterschied sich in den Einzelheiten, wie wir sehen werden, aber in einem waren alle sich einig: Die Gewalt der Soldaten ging zuletzt auf die Gewalt ihres Schöpfers im Himmel zurück. Dies ließ sich in verschiedene Richtungen auslegen. Wer Gewalt erlitt, schlug das Buch Hiob oder die Apokalypse auf, um sich sein Leiden als Strafe oder Prüfung zu erklären und so zu überwinden. Und wer Gewalt verübte, fand in der Bibel die nötigen Argumente zu ihrer Begründung und Legitimation. Im Rückgriff auf Religion, heißt das, ließ sich Gewalt wahlweise lindern oder rechtfertigen. Konfessionell waren die Gewichte hier zunächst unterschiedlich verteilt. Evangelische Theologen suchten in ihrer Religion vornehmlich Trost und weniger einen Grund für Kriegstreiberei. Katholische Geistliche und Feldherren dagegen riefen gern die Jungfrau Maria als Schlachtenhelferin an. Aufs Ganze gesehen jedoch ist die eine wie die andere Seite der Medaille in beiden Konfessionen zu finden. Die katholische Seelsorge ist dafür ebenso ein Beleg wie jene Phase gesteigerter Endzeiterwartung in der Mitte des Krieges, als Gustav Adolf den Protestanten die rettende Hand bot.[50]

In diesem Sinne darf der Dreißigjährige Krieg ein Religionskrieg genannt werden.[51] Zwar wurde in den deutschen Territorien nicht lediglich um Bekenntnisse und die Auslegung des Augsburger Religionsfriedens von 1555 gestritten. Es ging stets auch um die Reichsverfassung und das Verhältnis von monarchischer und ständischer Gewalt. Dieser Streit war jedoch mit dem Konflikt zwischen den Konfessionen unlösbar verquickt (ohne freilich, das machte die Angelegenheit so vertrackt, mit ihm zur Deckung zu kommen). Und auch als später politische Interessen und Mächte ins Spiel kamen, die sich um konfessionelle Belange nicht mehr scherten, kam Politik ohne Religion noch keineswegs aus. Der Kriegseintritt Frankreichs 1635 ist nur das bekannteste Beispiel dafür. Dass Louis XIII. und Kardinal Richelieu sich gegen Habsburg mit protestantischen Herrschern verbündeten, um in Europa eine führende Rolle zu spielen, ist kein Beweis gegen die religiösen Dimensionen des Unternehmens, im Gegenteil. Die Entscheidung war aus Louis' Selbstverständnis als dem «Allerchristlichsten König» geboren und aus Richelieus Vertrauen darauf, dass der Himmel den universalistischen Kampf gegen Spanien für eine europäische Friedensordnung unterstützt und in der gegebenen Notlage auch einen Pakt mit Ketzern gutheißt.[52]

In diesem Sinne also ein Religionskrieg. Und in welchem Sinne nicht? Gewalt konnte mit Religion gerechtfertigt werden, Religion neigte (und neigt) aber nicht per se zu Gewalt. Schließlich wurde mit ihr immer wieder auch zu Frieden und Gewaltverzicht aufgerufen. Der Nachweis gegenteiliger

Behauptungen scheitert an einem doppelten Apriori: einem psychologischen und einem religionskritischen. Wer die Gewalt der Zeit allzu bereitwillig aus religiösen Überzeugungen motiviert sieht, meint Menschen in ihre Köpfe und Herzen schauen zu können, durch den Schleier ihrer Texte hindurch. Doch wer wollte dort viel mehr erkennen als das, was er immer schon glaubte zu wissen? Die kausallogische Verschwisterung von Religion und Gewalt ist zunächst einmal kein reales, sondern ein diskursives Faktum. Sie ist ein Instrument der effektiven Verunglimpfung des Gegners, das in der europäischen Geschichte eine beachtliche Hartnäckigkeit aufweist.[53] Bevor die Historiographie danach fragen kann, ob Religion Gewalt gebiert, sollte sie untersuchen, wer von wem und aus welchen Gründen behauptet, dass sich seine Gewalt religiösen Motiven verdankt. Tut sie dies nicht, geht sie ihren Quellen auf den Leim: den historischen Texten.

So beschränken wir uns – weil strukturgeschichtliche Ursachenforschung hier auch nicht die Aufgabe ist –[54] auf die Analyse historischer Deutungen. Wenn dabei die von Gewalt Betroffenen in den Mittelpunkt rücken (ohne dass jene, die sie ausübten, ganz ausgeblendet würden), so dient das nicht der Authentizitätssteigerung und mikroskopischen Annäherung an einen weit entfernten Krieg. Nein, wenn hier die Brille der Vorzeichendeuter aufgesetzt wird, dann um ihre Zugänge zur Welt aufzuspüren: keine subjektiven Erlebnisse, kein individuelles Leiden und seine ‹Bewältigung› (denn auch das ist eine moderne psychologische Kategorie), sondern die Logiken und Mechanismen des Erkennens im 17. Jahrhundert.

All jene, die hier zu Wort kommen werden, haben die Gewalt, die sie beschreiben, überlebt, nicht wenige von ihnen sogar den ganzen Krieg. Manche überlebten, weil sie im Ernstfall ihre Konfession unter dem Mantel von Verstellung und Täuschung verbargen. Diese kreative Überschreitung der Bekenntnisgrenzen gaben sie allerdings nicht gern zu. Lieber betonten sie (wie alle anderen auch): Dass sie Leid und Gefahr überstanden hatten, war ihrer Glaubenstreue geschuldet. Oder um genauer zu sein: Es war einer göttlichen Vorsehung zu danken, die diese Standhaftigkeit zugleich ermöglichte und mit dies- und jenseitigem Heil honorierte.

Dass Schreiben Überleben voraussetzte, ist insofern keine triviale Erkenntnis. Dieses Schreiben erbrachte den Nachweis, dass es einen Gott gab, der den Schreiber mit gnädigen Augen ansah. In diesem Sinne setzte es das Überleben nicht nur voraus, sondern stellte es als gottesfürchtige Handlung auch weiterhin sicher. Und aus diesem Grund verschafft es uns weder einen privilegierten Zugang zur Geschichte des Dreißigjährigen Krieges noch belegt es dessen katastrophischen Charakter. Autoren und Autorinnen, die die Störung religiöser und sozialer Ordnung beschrieben, stellten diese Ordnung in ihrem Schreiben wieder her.

Ihren Willen (oder: die Zukunft) artikulierte die göttliche Vorsehung durch unterschiedliche Zeichen: durch Kometen, Polarlichter oder Visionen. Ihr Wirken konnte prospektiv geglaubt und retrospektiv erkannt werden. Die historische Erfahrung überführte anfängliche Ungewissheit in schlussendliche Gewissheit und erlaubte so die Verschriftlichung der Zeichen und ihrer Bedeutung. Diese Logik, die wechselseitige Abhängigkeit von Rück- und Vorausschau, sicherte providenzielles Denken für Jahrhunderte gegen seine Widerlegung. Bewahrheitete sich eine Prophezeiung nicht, tat sie es später – oder war eben keine Prophezeiung im unterstellten Sinne gewesen.

Was ist ein Komet, und was zieht er nach sich? Autoren, die diese Fragen zu beantworten suchten, kamen von ihrer Deutung des Phänomens zur naturphilosophischen Beobachtung und historischen Tatsachenfeststellung – und nicht umgekehrt. Genauer: Sie wären nicht auf den Gedanken gekommen, das eine vom anderen zu trennen. Dieses Prinzip ist kein Zeichen intellektueller Rückständigkeit. Die Aufklärung begann sich daran zu stören, seit dem späten 18. Jahrhundert vor allem, aber grundsätzlich ändern sollte sie es nicht. Denn es wirft am Ende die Frage auf: Inwieweit können wir Dinge erkennen, ohne sie zu interpretieren? Wie ermöglicht und begrenzt gegebenes Vorwissen den Erwerb neuen Wissens und damit die Orientierung im Handeln? Die Beurteilung von Sachverhalten setzt Vor-Urteile voraus, im erkenntnistheoretischen, nicht im moralischen Sinne, vergangene Urteile, die für den Augenblick unbezweifelbar scheinen. Sie basiert auf (historischen) Apriloris, die wir durch unsere Beobachtungen zunächst nicht hinterfragen, sondern bestätigen: die die Möglichkeiten von Erkenntnis begrenzen. Es braucht seine Zeit, bis sich die Abhängigkeiten verschieben: bis nicht länger das Apriori die Beobachtung formt, sondern die Beobachtung das Apriori: bis sie es in Frage stellt – und ein neues kreiert. Providenzielle Vorstellungen von Zeit, Vergangenheit und Zukunft sind uns heute in aller Regel sehr fremd.[55] Die Probleme, die in ihnen sichtbar werden, sind es nicht.

ZUR SPRACHE DER QUELLEN

Die Protagonisten dieses Buches kommen nach Möglichkeit
in ihrer eigenen Sprache, dem Frühneuhochdeutschen, zu
Wort. Orthographisch sind daran heute vor allem vier Ei-
gentümlichkeiten gewöhnungsbedürftig geworden: Für ein u
kann ein v gesetzt sein, insbesondere zu Beginn eines Wortes
(wie in *vnd* oder *Vnglück*), nach a oder e steht statt u zuweilen
ein w (wie in *Fewer* oder *Jungfraw*), statt i ist nicht selten ein
j zu finden (wie in *jnwendig* oder *jhnen*), und Konsonanten
werden vielfach verdoppelt (wie in *Straffe* oder *vnnd*). Im Ein-
zelfall werden allzu schwer verständliche Wörter im Text in
Klammern erklärt.

2.

KONTROVERSEN

Johann Baptist Cysat war ein guter Beobachter. Bereits im März 1611 hatte er zusammen mit Christoph Scheiner, seinem akademischen Lehrer, vom Turm der Heilig-Kreuz-Kirche in Ingolstadt mit Hilfe eines Fernrohrs die Sonnenflecken entdeckt. Da nun ein Astronom, der etwas sieht, es gern als Erster gesehen haben möchte (und das galt natürlich schon im 17. Jahrhundert), geriet man im darauffolgenden Jahr in einen heftigen Prioritätsstreit mit Galileo Galilei, der in der fraglichen Zeit ebenfalls den Himmel mit dem Teleskop abzusuchen begann und die solare Erstbeobachtung für sich reklamierte. Dabei wussten die Kontrahenten nicht einmal, dass ein Dritter, der Astronom Johann Fabricius, seine eigene Erkundung der Sonnenflecken bereits 1611 publiziert hatte.[1] Und weil Auseinandersetzungen wie diese schon immer unerfreulich waren, wollen wir sie hier nicht weiter verfolgen und uns wieder dem Jahr 1618 zuwenden, jener Zeit, in der Cysat die Nachfolge Scheiners als Professor für Mathematik und Hebräisch an der Jesuitenuniversität Ingolstadt antrat (aus ihr ging die heutige Universität München hervor) und zeitgleich mit Kepler das Fernrohr auch in das Kometenstudium einführte.

Zwei Teleskope standen Cysat zu Beginn des Winters zur

Verfügung, das größere von beiden maß stolze 9 bis 10 Fuß.[2]
Und so konnte der Jesuit sehr genau hinsehen – genauer, wie
es scheint, als alle anderen. Denn er bestimmte nicht lediglich die Bahn des Kometen und die bemerkenswerte Länge
seines Schweifs, die er mit 55 bis 70 Grad angab.* Darüber
hinaus lieferte er eine präzise Beschreibung der himmlischen
Erscheinung. Deren Visualisierung fehlt in keinem Kome-
ten-Buch, denn sie ist historisch einzigartig: In ihr hat der
Schweifstern keinen Schweif (Abb. S. 33). Und das macht
eines sogleich und mit bloßem Auge erkennbar: Cysat nahm
den Kometen nicht als Einheit, sondern unterschied zwischen
Kopf und Cauda. Im Kern des Haarsterns sah er ein grundsätzlich stabiles, wenn auch im Einzelnen veränderliches Kon-
glomerat mehrerer kleiner Himmelskörper, die selbst nicht zu
leuchten vermögen (also keinen Stern im engeren Sinne dar-
stellen), sondern ihre Leuchtkraft durch Streuung, Brechung
und Reflexion des Sonnenlichts entfalten.[3]

Das hatte Konsequenzen. Cysat gehörte einem Orden an,
dessen Leitfaden für die höheren Studien, die *Ratio studiorum*,
in Fragen der Naturphilosophie nur eine legitime Referenz-
größe kannte: Aristoteles. Und der hatte etwas ganz anderes
gelehrt. Seiner Meinung nach waren Kometen keine Himmelskörper, sondern sublunarische meteorologische Erscheinungen: ephemere Wetterphänomene in der Himmelssphäre
unterhalb des Mondes. Sie gingen, heißt das, wie sie kamen;
waren sie nicht mehr zu sehen, hatten sie auch aufgehört zu
existieren. Anders dagegen Johann Baptist Cysat. Der loka-
lisierte den Schweifstern von 1618 weit jenseits des Mondes

---

* Gemeint ist damit der Winkel, der sich vom Betrachter aus zwischen den
Enden des Kometen ergibt.

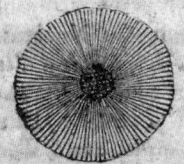

1 December.

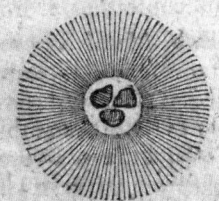

8. Dec.

Diameter Nuclei 2. m.
summum. fulgoris cir-
cumfusi 3. m. totius ca-
pitis 8. m.

Diameter Nuclei
minimum 3. aut
4. m.

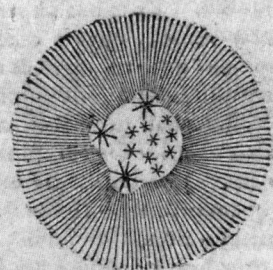

17.18. 20. Dec.

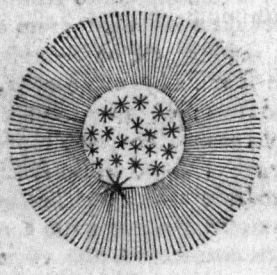

24. Dec.

Nucleus constans ex multis quasi
scintillis, tribus claris stellis, qua-
rum una septetrionem alia Au-
strum, tertia ortü spectabat ma-
ne hora 5. Diameter Nuclei 5.
aut 6. m. erantque prædicta tres
stellulæ æque claræ atque lucidis-
simi Iouis Comites.

Diameter Nuclei
minimum 6. min.
fulgoris circum-
fusi 5. min. tota
Capitis diameter
16. m. circiter.

Der Kern des Kometen.
Kupferstichillustration zu Johann Baptist Cysat:
Mathemata Astronomica, 1619.

und gab ihm zudem noch eine beständige Bahn. Damit durchbrach der Komet, im buchstäblichen wie übertragenen Sinne, die kristallinen Schalen, auf denen sich für bekennende Geozentriker die Planeten um die Erde bewegten.[4] Mit anderen Worten: Wurden Kometen als Himmelskörper erkannt, zersplitterte das gesamte aristotelische System.

In seinem kosmologischen Gegenentwurf folgte Cysat dem dänischen Astronomen Tycho Brahe, dem 1601 in Prag verstorbenen Hofmathematiker Kaiser Rudolfs II. und Vorgänger Johannes Keplers in diesem Amt. Brahe hatte auf die heliozentrische Herausforderung reagiert, jedoch, um es nicht zu übertreiben, einen Vorschlag zur Güte gemacht. Die Planeten, da widersprach Brahe den Kopernikanern nicht, kreisen um die Sonne, aber der ganze Komplex aus Sonne und Planeten kreist nach wie vor um die Erde. In diesem System zogen auch die Kometen ihre zyklische Bahn (Abb. S. 35). Der Kompromiss mag uns heute als ein fauler erscheinen, doch im 17. Jahrhundert war er das keineswegs: Vor 1728, vor James Bradleys Nachweis der jährlichen stellaren Aberration*, war die «große kosmologische Kontroverse» zwischen Kopernikanern und Anhängern Brahes auf empirischem Wege nicht zu entscheiden.[5]

Wer hier in die Einzelheiten gehen will, muss astronomisch gut präpariert sein. Daher kehren wir besser zu Cysat zurück. Entscheidend an dieser Stelle ist: Mit dem Bekenntnis zu

---

* Aberration bedeutet: Aufgrund der Bewegung der Erde um die Sonne und der Endlichkeit der Lichtgeschwindigkeit wird das Licht der Sterne in unserer Wahrnehmung abgelenkt, sodass sich die Sterne im Laufe des Jahres ellipsenförmig zu bewegen scheinen. Aus der Aberration berechnete Bradley die Lichtgeschwindigkeit mit einer Genauigkeit von 99 Prozent.

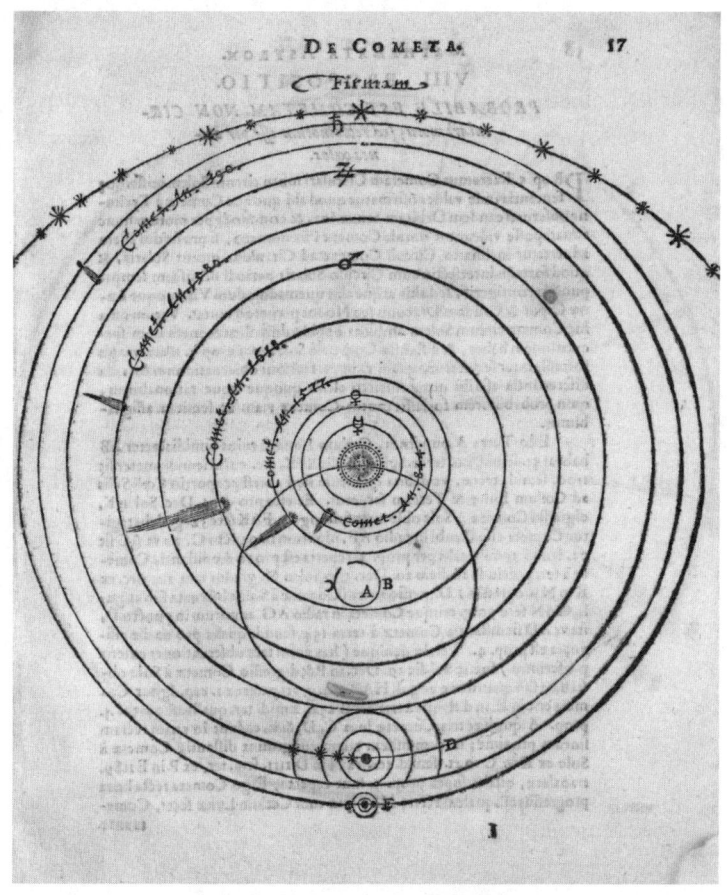

Kometen im Weltbild Tycho Brahes.
Kupferstichillustration zu Johann Baptist Cysat:
Mathemata Astronomica, 1619.

Brahe setzte sich Cysat souverän über die Studienordnung der Societas Jesu hinweg. Einerseits. Andererseits hatte dies für ihn keinerlei negative Folgen. Denn obwohl dieser Orden in vielem Gehorsam verlangte wie kein zweiter, war Aristoteles in der astronomischen Forschung der Jesuiten schon seit geraumer Zeit keine gänzlich unhinterfragte Größe mehr (das wird sich auch bei Athanasius Kircher noch zeigen); und so passierte Cysats Werk ungehindert die ordensinterne Zensur.

Freilich durfte es auch ein angesehener Gelehrter nicht allzu weit treiben. Über kopernikanische Neigungen seines Lehrers Scheiner ist spekuliert worden, aber öffentlich geäußert, wenn er sie denn jemals verspürt haben sollte, hat er sie nicht.[6] Und auch Cysat blieb mit der Geozentrik des tychonischen Systems auf dem Boden der kirchlichen Lehre. Das war mehr als nur strategisches Kalkül. Wer die jesuitischen Gelübde abgelegt hatte, konnte zu dieser Zeit noch nicht meinen, dass die Sonne im Zentrum des Universums stehe und nicht die Erde.[7]

Dies zeigt sich auch in den Details. Cysat, in Anlehnung an Scheiner, setzte die Materie der Kometen mit der der Sonnenflecken gleich.[8] Wie ist das zu verstehen? Die Flecken der Sonne sollten aus Materie bestehen? Wie bereits Galilei vermutete (das war es unter anderem, was ihn vor die Inquisition brachte), stellen die solaren *macula* lediglich eine Veränderung der Sonnenoberfläche dar. Cysat dagegen hielt sie für Himmelskörper, die ihren Stern mondgleich umkreisen.[9] Und warum das? Um die Reinheit der Sonne nicht zu beflecken. Interessant wurde es also (um nochmals auf den Anfang zurückzukommen), wo nicht um Prioritäten gestritten wurde, sondern um Positionen. Denn da waren sie wieder: die Lehre des Aristoteles und das Dogma der Kirche des Papstes.

Die Sonne erscheint damit bei Cysat als ein Stern mit göttlichen Qualitäten. Gleiches gilt, bei Licht besehen, auch für die Kometen. Knapp achtzig Seiten lang analysiert der Autor die natürlichen Ursachen und Wirkungen von C/1618 W1, um, glaubt man der einschlägigen Forschung, mit einer knappen Absage an dessen apokalyptische Auslegung zu enden.[10] Doch ist hier Vorsicht geboten. Cysats Schlussreflexion schließt eine ominöse Bedeutung des Schweifsterns keineswegs aus. *Probabile est*, heißt es dort, *Cometam magna Orbi & Mortalibus mala portendere.* «Wahrscheinlich ist es, dass der Komet der Welt und den Menschen großes Unheil prophezeit.»[11] Jeder Sterbliche musste damit rechnen, dass hier die göttliche Vorsehung ihr Zorneszeichen abgebrannt hatte. Einschränkungen betrafen vor allem die Geographie. Vornehmlich betroffen, so der Autor, war die Äquatorialzone, denn dort war der Komet der Erde am nächsten gekommen, und besonders betroffen war auch das Heilige Römische Reich, wo der Schweifstern am längsten und hellsten am Himmel erschien. Die exegetische Skepsis, wie Cysat sie dann vorbringt, richtet sich allein auf die Möglichkeit *sicherer* und *konkreter* Vorhersagen. Wer sie proklamiere, so Cysat, folge seiner Eitelkeit und dem Prinzip des Zufalls. Denn was die Erscheinung tatsächlich bedeute, könne nur wissen, wer mit göttlicher Inspiration begnadet war (und das, wie wir bald sehen werden, sollte heißen: niemand). Alle anderen mussten langwierige Beobachtungen anstellen – und warten: auf eine einschlägige, die Hypothese verifizierende «Erfahrung» (*experientia*), anders gesagt: auf den Ausgang der Dinge.[12]

Daher (und nur daher) verzichtet der Autor am Ende auf weitergehende Divination und überantwortet die abschließende Deutung des Zukunftszeichens der Zukunft.[13]

Cysat sah den Winterkometen mit eigenen Augen, durch die Linsen des Teleskops. Gleichwohl war aus den Bildern, die das Instrument ihm bot, die alte Bildlichkeit des Schweifsterns keineswegs verbannt. Der Komet als Vorzeichen: diese Möglichkeit, war auch Cysat überzeugt, durfte niemand vergessen.

Wie wenig überraschend das ist, zeigt niemand besser als Johannes Kepler. Der interessierte sich für Kometen, seit er sechs Jahre alt war und seine Mutter Katharina, geborene Guldenmann, ihm in Leonberg den Schweifstern von 1577 gezeigt hatte.[14] Bevor Kepler genug Autorität besaß, um die Mutter vor der Hinrichtung als Hexe zu bewahren (das war 1621, und mit ausschlaggebend scheint Katharinas Standhaftigkeit im Angesicht der Folterinstrumente gewesen zu sein),[15] hatte er in Prag als Assistent Brahes begonnen und war seinem Lehrer, wie erwähnt, im Amt des kaiserlichen Hofmathematikers gefolgt. Einen Teil des Erbes hatte er jedoch nicht angetreten: die semi-geozentrische Kosmologie. Kepler wird gewöhnlich zu den Protagonisten der «Wissenschaftlichen Revolution» gerechnet, weil er sich zum konsequent heliozentrischen Weltbild des Kopernikus bekannte; und dieses schlägt sich auch in seiner Beschreibung des Winterkometen nieder. Gleichwohl steckt in Keplers Kometologie wesentlich mehr Tradition, als man es von Umstürzlern gewöhnlich erwartet. Oder um es noch deutlicher (und mit Steven Shapin) zu sagen: Kepler ist nicht prominenter Zeuge einer Revolution, sondern dafür, dass sie nie stattgefunden hat.[16]

Kepler hat weniger Beobachtungen angestellt als Cysat. Das muss nicht an seiner Sehschwäche gelegen haben, die er einer frühen Pockenerkrankung verdankte;[17] denn in diesem Fall waren weitere Beobachtungen gar nicht erforderlich. Bei

Cysat fand er alle Daten vor, die er brauchte.[18] Auf ihrer Basis errechnete er die Bahn des Winterkometen und vervollständigte so eine frühere Studie, die er anlässlich des Kometen von 1607 publiziert hatte.[19] Auch Kepler verortete die Spur des Schweifsterns weit außerhalb der Sphäre des Mondes. Das lag in der Konsequenz der heliozentrischen Perspektive. Allerdings gab er der Bahn, anders als Tycho Brahe, eine geradlinige Form (Abb. S. 40). (Diese Möglichkeit, wie ergänzt werden muss, hatte sogar Cysat am Ende erwogen, sich dann aber doch nicht festlegen wollen.[20]) Wie konnte das sein? Es hängt mit seinen Vorstellungen von der Kometenentstehung zusammen. Mit der Produktion von Kometen, so Kepler, reinigt sich die Himmelsmaterie gewissermaßen selbst. Die Ausscheidungen des Äthers verdichten sich zu einem halb durchlässigen Körper, aus dem das Licht der Sonne feine Teilchen austreibt und so die Cauda des Kometen erzeugt. Damit ist auch gesagt: Kometen sind nicht immer schon da, und sie vergehen am Ende auch wieder – und daher hat ihre Bewegung einen ungekrümmten Verlauf. Und all das bedeutet: Aristoteles wäre mit diesem Kopernikaner, grundsätzlich zumindest, zufrieden gewesen. Kepler war moderner als Cysat und traditioneller zugleich.

Und es kommt noch etwas hinzu. Mit der Reinigung des Äthers war es wie mit der Reinheit der Sonne: Hinter ihr stand ein göttlicher Schöpfer, der die Welt allerorten von Unreinheit zu befreien bemüht war.[21] So war es nicht der Himmel, der den Kometen auf die Bahn setzte, sondern Gott, die höchste geometrische Intelligenz, und es waren die Engel und Dämonen, deren er sich bediente. Damit wiederum erkannte auch Kepler im Schweifstern eine entzifferbare Bedeutung.[22] Kepler war Astronom, aber sein Verhältnis zur Astrologie im heutigen Sinne

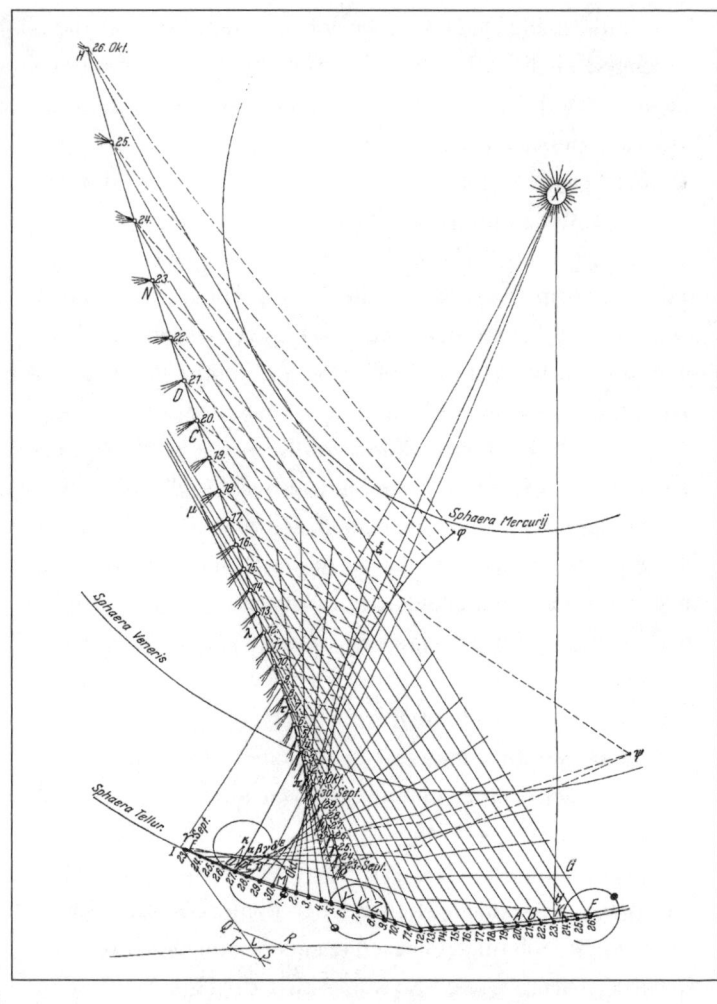

Die Bahn des Kometen im Weltbild Keplers.
Der Komet von 1607 nähert sich zwischen dem 23. September
und dem 26. Oktober auf einer die Sphäre
der Venus schneidenden Geraden der Erde.
Illustration zu Johannes Kepler: De cometis, 1619.

war nicht durch Grundsatzkritik geprägt, sondern durch den Versuch ihrer Mathematisierung und Geometrisierung. Die Erforschung der Sterne und der Glaube an ihre divinatorische Macht gingen auch bei Kepler Hand in Hand.

Den bekanntesten Beweis dafür erbringt Keplers Horoskop für Wallenstein. Die Studie datiert aus dem Jahr 1608 und wurde siebzehn Jahre später neu bearbeitet und präzisiert – nachdem der Auftraggeber, wie seine Randnotizen beweisen, das Eintreffen der vorhergesagten Ereignisse kritisch überprüft hatte. (Der Ereignisse, wohlgemerkt. Was die ebenfalls enthaltene Charakterprognose betrifft, hatte sich Wallenstein, wer weiß, womöglich aufgefordert gesehen, sie selbst zu erfüllen und ebendas zu werden, was sie verhieß: ein Melancholiker im historisch schlechtesten Sinne des Begriffs, ein Mann, der nicht nur im Zeichen von Mars und Jupiter stand, sondern vornehmlich auch des Saturn, der so dazu neigte, Religion und Moral zu missachten, nicht nur unbarmherzig und streitlustig, sondern vor allem auch misstrauisch, lichtscheu und betrügerisch zu sein, neben Unverzagtheit und Mut auch «vergeblich[e] forcht» an den Tag zu legen und aufgrund seiner Ehrsucht mit Feinden ebenso gesegnet zu sein wie mit Ansehen, Reichtum und Gefolgsleuten – kurz gesagt: der Generalissimus des Kaisers, ein Kriegsunternehmer neuen Typs. Doch wer über Derartiges spekuliert, gerät auf methodisch abschüssiges Terrain.)[23]

Als Kepler die Erstfassung des Horoskops erstellte, war er noch in Prag und der böhmische Adlige noch gänzlich unbekannt. 1625 dann lebte der Astronom bereits in Linz und versuchte gerade, die versprochenen kaiserlichen Gelder für die Drucklegung seiner *Tabulae Rudolphinae* einzutreiben (der noch von Rudolf II. in Auftrag gegebenen Tafeln und Regeln zur Vorhersage der Planetenstellungen) – unter anderem in Nürnberg, wo er erfolglos blieb, weil Wallenstein kurz zuvor die städtischen Kassen geplündert hatte. Doch am Ende wurde alles gut. Als Ferdinand II. sein Reformationspatent über Linz verhängte, vertrieb dies Kepler vor allem deswegen aus der Stadt, weil im Zuge der sich anschließenden Belagerung die Werkstatt seines Druckers Johannes Plank in Flammen aufging. (Die kaiserliche Verfügung selbst, die konversionsunwillige Protestanten mit Ausweisung sanktionierte, machte für Kepler ausdrücklich eine Ausnahme – was nicht verhinderte, dass seine Bibliothek zwischenzeitlich versiegelt wurde und man seine Kinder zur Teilnahme am katholischen Gottesdienst zwang.) Der Astronom ging mit der ganzen Familie nach Ulm und brachte dort 1627 endlich seine Tafeln heraus.[24] Und nachdem ihm Wallenstein zwei Jahre zuvor das Honorar für das neue Horoskop schuldig geblieben war, versprach er ihm nun nicht allein die Übernahme der noch ausstehenden kaiserlichen Gehaltszahlungen (sie beliefen sich auf stolze 11 817 Goldgulden), sondern bot ihm zudem eine gut dotierte Stelle als Mathematiker im schlesischen Sagan. Kepler nahm an, denn er sah keine andere Wahl. Mochten Häuser und Städte auch ringsum in Asche liegen und weitere «barbarische Einfälle» jederzeit zu befürchten stehen: der Astronom begann jetzt mit der Edition der Beobachtungen Tycho Brahes. So wurde Kepler vom Krieg nicht nur verschont, er wurde von ihm sogar ernährt. Sein Unbehagen stand dem nicht im Wege. Kepler, das wusste er selbst, war jetzt ein «Kostgänger des Mars» (*Martis alumnus*).[25] Sein erstes Versprechen allerdings sollte Wallenstein, nicht anders als der Kaiser, nie einlösen: Die Lohnschulden gegenüber dem Mathematiker des Hofes wurden niemals beglichen.

Weniger bekannt als diese Vorgänge ist (und damit zurück zur Theorie): Auch Keplers Kometenschrift von 1619 reflektiert den Dreißigjährigen Krieg. Gegenüber der Zukunftsvorhersage aus den Sternen, der sogenannten Judizialastrologie, hegte Kepler große Vorbehalte, wenn sie eine Unausweichlichkeit des Kommenden suggerierte und vergaß, dass der Himmel individuelle Schicksale lediglich beeinflusst und nicht bestimmt (*astra inclinant*, lautete die Formel, *non necessitant*). Denn wo blieb sonst die Freiheit, die «WillChur», des menschlichen Willens?[26] Fatalismus, bei aller Verehrung der Alten, war für Kepler Zeichen von ‹heidnischem› Unglauben und ‹fauler Vernunft›; rechte Christen dagegen, seien es Katholiken oder Protestanten, vertrauten auf eine Vorsehung, die dem Menschen die Wahl ließ, sich für Gut oder Böse zu entscheiden.[27] So hatte sich Kepler denn auch stets geweigert, Wallenstein Auskunft über sein Kriegsglück und die Ursache seines Todes zu geben.[28] Doch wo es eine göttliche Vorsehung gab, daran bestand für Kepler kein Zweifel, dort bediente sie sich auch der Sterne und Kometen, um zu den Menschen zu sprechen. Sein Kosmos mochte um die Sonne kreisen und nicht länger um die Erde; daran, dass er endlich und begrenzt war, umschlossen von der Unendlichkeit seines Schöpfers, vermochte diese heliozentrische Erkenntnis gar nichts zu ändern.[29]

Kepler war wie Cysat von Haus aus Theologe, wenn auch ein lutherischer.[30] Sein Universum war durchgehend beseelt, in ihm korrespondierte die große Welt der Natur mit der kleinen des Menschen. Hier traf christlicher Schriftglaube auf das Erbe der Hermetik, auf die Geheimlehren und Offenbarungen des Corpus Hermeticum, dessen Name sich von seinem mythischen Begründer, dem Gott Hermes Trismegistos, herleitet. Diese spätantike Textsammlung hatte ein okkultes Wissen tradiert, das im Neoplatonismus der Renaissance wiederbelebt und mit der Reformation auch in die Theologie und religiöse Praxis überführt worden war.[31] Für Kepler, heißt das, begann hinter der sichtbaren Welt eine verborgene. Der Raum des Handelns öffnete sich damit nicht nur ins Natürliche, sondern auch ins Übernatürliche hinein. Mikro- und Makrokosmos bildeten eine umfassende und harmonische Einheit, die es Gott im Himmel erlaubte, in der Natur ebenso zu wirken wie in der Geschichte des Menschen und auf diesem Wege seine Zeichen zu senden. Die Natur wurde lesbar wie ein Buch, wie die Heilige Schrift.[32]

Doch wie die Zeichen verstehen? Über die Ähnlichkeit, lautet die Antwort, die Ähnlichkeit mit dem, worauf sie verwiesen. Die Theologen, wie noch zu vertiefen sein wird, sahen im Haarstern schnell eine feurige Rute. Doch auch bei Astronomen wie Kepler, die sich zunächst um eine physikalische Deutung bemühten, schlug das Prinzip weiterhin durch. Und damit wird noch etwas deutlich: In analogischem Denken, wie es das 16. und 17. Jahrhundert prägte, stellten Ähnlichkeitsbeziehungen zugleich Wirkungsbeziehungen dar. Zeichen der Natur bildeten das, was sie bezeichneten, nicht lediglich ab: Sie führten das Kommende selbst mit herbei. Auf die Natur nahmen sie dabei ebenso Einfluss wie auf den Menschen.

Bezeichnen hieß bewirken. Denn die Ähnlichkeit, das Tertium comparationis (oder auch: die *signatura*), entbarg die verborgenen Kausalbeziehungen, die zwischen zwei sich gleichenden Dingen bestanden. Was so abstrakt daherkommt, muss veranschaulicht werden. Nehmen wir den Eisenhut, eines der schönsten Beispiele dafür, nicht nur in ästhetischer Hinsicht: Die Pflanze, meinten lange die Ärzte, vermochte Krankheiten des Auges zu heilen; das erkannte gleich, wer sich die dem

Organ gleichende Form und Figur der Blüte ansah.[33] Entsprechend bei den Kometen: Ihre nebligen Ausdünstungen stanken und waren giftig wie die Pest (denn sie basierten, so die verbreitete Überzeugung, wie so viele atmosphärische und irdische Dämpfe auf Schwefel), und so vermochten sie die gefürchtete Seuche auch zu bewirken. Die Cauda hatte zudem die Hitze des Feuers und konnte daher für die Ursache von Trockenheit und Dürre gehalten werden. Und schließlich führte ein Schweif, der einem Schwert ähnelte (und zuweilen sogar einem blutroten), selbst in den Krieg. Die Argumente sind in vielen Schriften zu lesen, besonders dicht jedoch sind sie beim lutherischen Theologen Conrad Dieterich versammelt (der später in den Mittelpunkt rücken wird).[34]

Epidemien, Hunger, Krieg: All das sah auch Johannes Kepler im Kometen von 1618 gespiegelt. Seine Erklärungen gehen im Einzelnen eigene Wege, speisen sich jedoch aus demselben erkenntnistheoretischen Fundus (auch wenn Kepler die Signaturenlehre – das liegt im Wesen historischer Epistemologien – nicht als solche thematisiert). Um wieder mit den Krankheiten zu beginnen: Der Winterkomet, so Kepler, hatte Epidemien zur Folge, wenn seine Bahn den Orbit der Erde berührte. Dies war nach Keplers Berechnung Anfang Dezember der Fall gewesen, als die Erde einen kosmischen *locus infectus* passierte, eine Stelle im Sonnensystem, die der kurz zuvor, am 25. November, durchgezogene Schweifstern «angesteckt» hatte. Den Beweis, als 1619 *De cometis* erschien, hatte die Erfahrung schon erbracht: Die *significatio naturalis*, die natürliche Bezeichnung und Bedeutung, sieht der Autor durch eine in Böhmen grassierende Seuche bestätigt, die einen Großteil der kaiserlichen und böhmischen Soldaten dahinraffte.[35]

Auch was die Dürre betrifft, sah Kepler sich schmerzlich im Recht. Bis März 1619 wurde Böhmen von extremer Trockenheit heimgesucht, die die Wintersaat in Gefahr brachte, Erdbeben zur Folge zu haben schien (!) und auch für den Rest des Jahres meteorologisch nichts Gutes verhieß. Und was hatte das alles bewirkt? Die *significatio sympathetica*, die sympathetische Bezeichnung, das heißt: ein Kometenschweif, der die Seele der Natur so sehr «erschütterte» und «affizierte», wie es seine ungewöhnliche und unheilverheißende Größe erwarten ließ.[36] Denn das ist es, was «Sympathie» an dieser Stelle besagt: In Keplers Weltharmonie (*Harmonice mundi*) stimmte alles mit allem zusammen. (Und so war es nur folgerichtig, dass Kepler, ungeachtet der Verteidigung seiner Mutter vor Gericht, die Möglichkeit von Magie und «Zaubereÿ» keineswegs ausschloss. Auch wenn seine Welt nicht von Hexen bevölkert war, hatte er Wallenstein, um ein Beispiel zu nennen, 1608 eine melancholische «naigung zuer ... gemeinschafft zue den Gaistern» prognostiziert.[37])

Bleibt noch der Krieg – und damit die dritte Kategorie der *significatio*, ihre Königsklasse gewissermaßen: *significatio significativa*, die reine, die bezeichnende Bezeichnung.[38] Hier kam der Mensch ins Spiel und mit ihm, neben der Freiheit des Willens, auch die Macht seiner «Affekte» und «Gemütsbewegungen» (*animi emotiones*).[39] Der Krieg, hieß das für Kepler konkret, war keineswegs für alle eine Strafe; denn so mancher zog aus ihm seinen Gewinn. Diese Zeitgenossen versetzte der Komet nicht in Furcht, sondern in Freude. Das erklärte sich aus bewusstem Kalkül und der Aussicht auf persönlichen Vorteil, es war jedoch auch eine Frage des Temperaments: Brennende Kometen schienen nicht nur Einfluss auf das Wetter zu nehmen, sondern verstärkten auch die korrespondierenden *Complexionen*: Sanguinische und cholerische Naturen, um nochmals Dieterich zu zitieren, wurden durch sie «zu Zorn/Neid/Mord/Krieg vnnd Blutvergiessen verraitzet».[40] Denn wer die Galenische Säftephysiologie kannte (und das waren eigentlich alle), wer die komplexe Mischung von Blut, Schleim und gelber und schwarzer Galle im Körper durchschaute, der wusste: Diese Menschen, anders als Melancholiker und Phlegmatiker, hatten die Hitze im Leib.[41] Selbst wer Kometen gar nicht für Sterne hielt, wie Kepler es tat, wer also nicht davon ausging, dass sie brannten, konnte ihre Strahlen als «fewrig» beschreiben, ihre Form mit einem «geschwungene[n] Säbl» vergleichen und sie so für eine «Stimulierung des Zornesvermögens» zur Verantwortung ziehen (*stimulatio irascibilis facultatis*).[42]

Das durfte nicht falsch verstanden werden. Diesen Krieg hatte nicht die Natur angefangen, sondern der Mensch. So notierte es Kepler im *Prognosticum* von 1619 auf das darauffolgende Jahr, das mit der Schlacht am Weißen Berg einen ersten Gewalthöhepunkt sah: mit der Auseinandersetzung zwischen den in der Liga verbündeten katholischen Ständen und Kurfürst Friedrich V. von der Pfalz, der nach Ferdinands Absetzung zum böhmischen König gewählt worden war. Von Schuld sprach der Komet hier niemanden frei. Die erste Ursache des Krieges, keine Frage, steckte im Kopf der Menschen, die die «verborgenen Himmlischen Erfrischungen vnd Antriebe jhrer Natur/zu jhrem bösen Fürhaben» missbrauchten.[43]

Dennoch galt auch für Kepler: Der Komet bezeichnete («significirte») den Krieg, weil er ihn selbst (mit) bewirkte («efficirte»).[44] Was mochte da noch alles folgen? Dass C/1618 W1 den Tod des Kaisers Matthias prophezeit hatte (er starb, wir erinnern uns, im März 1619), wäre für Kepler prinzipiell denkbar gewesen, denn dass Schweifsterne den «tödlichen Abgang» von Fürsten bedeuten können, hielt er, wie Dieterich und viele andere auch, für historisch erwiesen;[45] zudem zog im Fall von Matthias der Winterkomet eine judizialastrologisch einschlägige Bahn. Dennoch mochte Kepler nicht glauben, dass der Komet das Ende des Kaisers anzeigte oder hervorrief, denn die Lebenserwartung des Herrschers war zum fraglichen Zeitpunkt ohnehin nicht mehr hoch: Im Februar war er 62 Jahre alt geworden und seit geraumer Zeit bei schlechter Gesundheit. Anstelle des Todes des Monarchen sah Kepler daher eher eine Zuspitzung der Unruhen im Reich voraus; denn Ferdinand, Nachfolger seines Cousins als Kaiser und böhmischer König, brachte, glühend katholisch, Konfessionsparteien und Stände gegeneinander auf – der Prager Fenstersturz war ein erstes Beispiel dafür.[46]

Was war jetzt zu tun? Die Machthaber der einzelnen Lager hätten wie Wallenstein gern eines gesehen: dass Kepler sagte, wer von ihnen den Sieg davontragen würde. Dazu ließ dieser sich jedoch nicht herbei, denn er war ja nicht mit den Geistern der Hölle im Bunde.[47] Getreu seinem Verständnis von Astrologie und im Bewusstsein, dass ihm eine so hochbrisante politische Rolle nicht anstand, beließ er es bei einer Mahnung und einer Bitte: Er forderte den künftigen Herrscher auf, die drohende Ausweitung des Krieges abzuwenden und zu einer interkonfessionellen Verständigung zu gelangen; und er bat Gott, Ferdinand dabei zu unterstützen. Das Zeichen am Himmel, so Kepler, hatte den Krieg bewirkt als göttliche Sanktion für die desolate Lage der Zeit: weil so viele ihr religiöses Gewissen vorschoben, um gottlose Dinge zu tun. Der Komet, das war die Befürchtung und die Logik des Gedankens, brachte Krieg, weil der schon geführt wurde: weil die Religion vergaß, wer meinte, mit ihr Gewalt legitimieren zu können. Er brachte Krieg als Strafe für Krieg, und das hieß auch: um seine Akteure dazu zu bewegen, ihn bald zu beenden.[48] Darin, glaubt man an die Vorsehung, lag sein Gutes. Das freilich, wie die Geschichte beweist, wollte zu dieser Zeit weder Ferdinand noch sonst jemand hören.

Um damit für einen Augenblick innezuhalten: Cysat und Kepler waren Astronomen, die beide wussten, dass mit der ptolemäisch-aristotelischen Geozentrik etwas nicht stimmte. Was sie an deren Stelle setzten, wird jedoch kaum in den Kategorien linearen wissenschaftlichen Fortschritts verständlich; zu fremd bleiben viele ihrer Auffassungen aus heutiger Sicht. «Gleichzeitigkeiten des Ungleichzeitigen» ist man da versucht zu diagnostizieren; doch auch damit würde die Lage allzu modern beurteilt. Es würde vor allem eines ausgeblendet: Für ein «Wunder» im engeren Sinne, darin waren Cysat und Kepler sich einig, konnten beide den Winterkometen nicht mehr halten. Sie nahmen eine feine Unterscheidung vor: Im Schweifstern von 1618 sahen sie keine übernatürliche göttliche Intervention, sondern lediglich ein «außernatürliches» Phänomen (*praeter naturam communem*): eine ungewöhnliche Erscheinung, die nicht gegen die Ordnung der Natur verstieß, sondern nur gegen die Erfahrungen und Erwartungen des Alltags.[49] Die Geheimnisse der Natur zu lüften war jetzt immer weniger verfänglich, und möglich (in menschlichen Grenzen) schien es auch. Die Neugier, nach jahrhundertelanger sündentheologischer Verdammung maßloser und hochmütiger Wissbegierde, avancierte im 17. Jahrhundert zunehmend zu einer legitimen und epistemologisch fruchtbaren Leidenschaft. Dies jedoch unter einer Voraussetzung: dass sie am Ende erkannte, dass hinter allem als *prima causa* Gottes

Schöpfungstat stand.[50] Dieser Gott setzte nicht mehr über-, sondern außernatürliche Ereignisse als böse Vorzeichen ein. «Wundersam», weil ungewöhnlich, waren sie damit noch immer, und das ließ auch sie als göttliche Mahnung erscheinen. Wer durchs Fernrohr blickte, mit anderen Worten, suchte nicht nach Prodigien, mochte aber dennoch welche finden.

So hat, was widersprüchlich scheint, seine eigene Logik; und die kommt bei Astronomen wie Cysat und Kepler ohne einen Schöpfer im Himmel noch keineswegs aus. (Und nicht nur bei ihnen. Noch Isaac Newton hatte an Prophetie, Theologie und biblisch fundierter Religionsgeschichte ein größeres Interesse als an Astronomie, Optik und Mathematik; und er entwickelte eine Gravitationslehre, die zwar als Grundstein der modernen Physik berühmt wurde und ihn zum Helden der Aufklärung machte, jedoch aus seiner Beschäftigung mit der Alchemie hervorgegangen ist, aus der Suche nach dem göttlichen *spirit of nature*.[51]) Was war es dann, wogegen Cysat und Kepler sich wandten? Vor allem falsche, selbst ernannte Propheten – all jene also, die sich von Gott persönlich inspiriert glaubten und sicher zu wissen meinten, was die Zeichen besagten. Für Kepler waren es «Schwärmer» wie Paul Nagel, auf die es hier ein Auge zu werfen galt. Der sächsische Theologe und Astronom nahm Kometen wie 1618 II zum Anlass, um mit dem bevorstehenden Krieg auch ein tausendjähriges Friedensreich zu verkünden: die Herrschaft Jesu auf Erden vor dem Ende der Zeit. Nagel, heißt das, war Chiliast, oder latinisiert: Millenarist – und um genau zu sein: *Prä*-Millenarist; denn er ging davon aus, dass Christus gleich zu Beginn der irdischen Heilszeit zurückkehren würde.[52] In der Konsequenz erschien ihm der Krieg nicht nur als Bedrohung, sondern auch als Verheißung und Recht: als *bellum iustum*.

Und hier wurde es gefährlich; denn welcher Christ war da nicht aufgerufen, sich zu beteiligen (auf protestantischer Seite) zur Verwirklichung des göttlichen Heilsplans? Seit Thomas Müntzer die Bauern in den Krieg gegen die Fürsten geführt hatte, seit bald einhundert Jahren also, war dies der Punkt, an dem bei den lutherischen Autoritäten die Alarmglocken schrillten (denn auch Müntzer war als Prophet aufgetreten; Kapitel 6 wird dies genauer erklären). Und so brachten Nagels Kometentraktate ihrem Autor schnell eine Vorladung vor die theologische Fakultät in Wittenberg ein.[53]

Der Fall lohnte eine genauere Betrachtung, wir wenden uns jedoch aus Zeitgründen einem berühmteren zu. Dazu nehmen wir noch einmal den Weg, den Kepler am Ende seines Lebens einschlug, und reisen von Linz, wo er den Winterkometen entdeckte, die Donau hinauf über Ingolstadt, die Wirkungsstätte Cysats, weiter nach Ulm: aus den Jesuitenhochburgen in ein süddeutsches Zentrum des Protestantismus. Dort fand am 18. Oktober 1619 ein aufsehenerregendes Kolloquium statt. Sein Austragungsort – das Pfarrkirchenbaupflegamt (die Münsterbauhütte) – lässt nicht vermuten, dass hier Schwerwiegendes verhandelt wurde, doch der Eindruck trügt: Es stand viel auf dem Spiel. Treibende Kraft waren Johann Baptist Hebenstreit, Direktor des städtischen Gymnasiums und Freund Johannes Keplers,[54] und der Ulmer Superintendent Conrad Dieterich, der uns schon begegnet ist. Und vorgeladen war Johannes Faulhaber, Schulmeister, Stadtmathematiker und Festungsbauingenieur.[55] Kein herrschaftsarmer Diskurs also, das muss gleich zu Beginn gesagt werden; das Kolloquium als wissenschaftlich zu bezeichnen würde den Kern der Sache verfehlen. Erörtert wurden gelehrte Fragen, aber letztlich glich das Zusammentreffen eher einem Verhör oder, wären wir bei den Katholiken, einem Gericht der römischen Inquisition. Auch wenn Faulhaber hier nicht an Leib und Leben bedroht war: Ziel, nicht viel anders als im Fall Galileis (1633), war der Widerruf einer inkriminierten Lehre (mit dem weiteren Unterschied freilich, dass Galileis Auffassungen in die Zukunft wiesen, überspitzt gesagt, und die Faulhabers eher in die Vergangenheit).

Was war geschehen? Faulhaber hatte zu denen gehört, die im Kometen von 1618 etwas anderes erkannten als ein Phänomen der Natur. Ob der mit oder gegen Aristoteles zu erklären war, trieb ihn nicht um. Als er im Dezember an den Himmel blickte, sah er ein übernatürliches Wunder, das Gott gewirkt hatte, «so I[h]me beliebt», in souveräner Nichtachtung der Gesetze seiner kosmischen Ordnung, und das mit dem Ziel, die Menschen zur Buße zu rufen und sie zu warnen vor dem bevorstehenden Jüngsten Gericht.[56]

Doch Faulhaber wusste nicht nur, was der Komet prophezeite. Er meinte auch, sein Erscheinen im Jahr zuvor selbst vorhergesagt zu haben. Darin liegt die Besonderheit dieses Falls. Zwar handelte es sich bei dem prognostizierten Schweifstern faktisch nicht um den Winter-, sondern um den Sommerkometen, den ersten des Jahres also, denn Faulhaber bemerkte nicht, dass er es hier mit zwei verschiedenen Erscheinungen zu tun hatte. Aber das ist nicht entscheidend. Der Rechenmeister hatte zu den wenigen gehört, die auch den frühen Himmelskörper gesichtet hatten, Ende August, und bereits 1617 hatte er ihn unter dem 1. September in einem Kalender verzeichnet, den er im Auftrag des Ulmer Stadtrats erstellte. Nachdem er auch noch Kaiser Matthias von seiner Prognose in Kenntnis gesetzt hatte (im Februar 1618), hatte das historische Geschehen sie, wie es schien, nun «verificirt».

Und als der Beweis dann, wie Faulhaber irrigerweise meinte, im Dezember für alle zu sehen war, brachte sein Tübinger Freund Daniel Mögling (unter dem Namen Julius Gerhard Goldtbeeg) die ganze Angelegenheit unverzüglich in Nürnberg zum Druck.[57]

Woher diese Vorausschau? Aus einer kabbalistischen Spekulation, behauptete Faulhaber, über die apokalyptische Zahl 666, die Zahl des Antichrist, die in der Offenbarung des Johannes auf ein außergewöhnliches Ereignis und großes Unheil verweist (Apk 13, 18). Die mathematischen Feinheiten, wie Faulhaber sie vortrug, tun hier wenig zur Sache.[58] Entscheidend ist: Mit seinen Operationen erhob der Rechenmeister den Anspruch auf göttliche Inspiration; und der barg, wie schon gesehen, eine besondere Brisanz. Darüber kann auch nicht hinwegtäuschen, dass zunächst ein anderer Vorwurf im Raum stand: Faulhabers Kritiker – neben Hebenstreit tat sich hier vor allem Gymnasiallehrer Simpert Wehe hervor – warfen ihm nämlich vor, dass seine numerische Spekulation nicht auf eigenen Berechnungen basierte, sondern auf denen Johannes Keplers (ausgerechnet).[59] In dessen Ephemeriden, dem astronomischen Jahrbuch für 1618, ist nämlich für den 1. September julianischen Kalenders zwei Mal der Wert 3° 33' zu finden (als ekliptikale Länge des Mars und Breite des Mondes)*, woraus sich, wenn man ihn als 333 liest, die Summe 666 ergibt. Zudem hatte Kepler für dieses Jahr den

---

* Ekliptikale Länge und Breite bezeichnen die astronomischen Koordinaten eines Himmelskörpers des Sonnensystems im Verhältnis zur Bahnebene der Erde, die die Himmelskugel in der Ekliptik schneidet, der scheinbaren Bahn der Sonne um die Erde. Analog zu den irdischen Meridianen und Breitenkreisen werden diese Koordinaten in Grad angegeben.

Durchgang eines Kometen, nachdem seit 1607 keiner mehr
erschienen war, für wahrscheinlich gehalten.[60] Aus dieser
Quelle geschöpft zu haben, gab Faulhaber freilich nicht zu.
Allerdings hat er es auch niemals geleugnet.[61] Denn er wusste sehr wohl: Hier wurde am Ende kein Plagiatsfall verhandelt.[62] Ausschlaggebend war schließlich die Frage, wie er aus
den gegebenen Daten eine tagesgenaue Vorhersage gewann.
Dazu waren weitergehende arithmetische Operationen von-
nöten; und für die proklamierte Faulhaber einen exklusiven
Zugang zu göttlichem Wissen.[63]

Das allein genügte, um die Oberen in Kirche und Stadt
um das Wohl der Jugend und ihre eigene Autorität fürchten
zu lassen.[64] Doch es kam noch etwas Gravierenderes hinzu.
Faulhaber sah nicht nur eine zurückliegende Prophezeiung
bestätigt, sondern leitete daraus, wie angedeutet, auch weitere Zukunftsaussagen ab. Komet 1618 II war für ihn nur
«ein vorlauffer anderer Miraculn vnnd grossen Wunderwer-
cken der Göttlichen Mayestat». Als Faulhabers *Fama* zum
Druck gebracht wurde, hatte der Fortgang der Dinge auch
hier bereits erdrückende Beweise geliefert. Dass die Sonne
am 18. Dezember über Ulm blutrot aufging, war da noch der
am wenigsten spektakuläre. Darüber hinaus gingen Nachrichten aus ganz Europa ein: Bäume schwitzten Blut, hieß es,
Flüsse führten es mit sich oder standen still, Meere verloren
ihr Salz und vervielfachten den Turnus von Ebbe und Flut,
natürlich bebte die Erde, und es stürmte, dass sich die Berge
auftaten, und dann am Himmel: Nebensonnen und weiße
Kreuze, herabfallende Ritterrüstungen und blutige Fahnen
sowie Stimmen, die riefen (wie Ungeborene aus dem Mut-
terleib auch): «Wehe über euch.» Nimmt man dann noch die
«erschröckliche Miß: vnd Wundergeburt» in Kempten von

Anfang Februar hinzu, so stand am Ende eine einzige Botschaft: Die Ordnung der Natur war aus den Fugen und der Weltuntergang nahe.[65]

Doch so weit war es noch nicht. Was die weitere irdische Zukunft betraf, gab Faulhaber einen bildlichen Hinweis (Abb. S. 57). Neben einem Buch mit sieben Siegeln und apokalyptischen Zahlen, neben einschlägigen Zitaten aus der Offenbarung des Johannes und angsterfüllten Beobachtern der Sterne präsentiert die Darstellung einen Löwen und einen dreiköpfigen Adler. Die zitieren zunächst die Apokalypse im vierten Buch Esra, wo der Löwe von Juda mit seinem Kriegsvolk den furchterregenden Vogel, die römischen Besatzer, brüllend vernichtet. Darüber hinaus jedoch trägt der Adler einen Heiligenschein und vertreibt damit jeden Zweifel an seinem zeitgeschichtlichen Bezug. Nimbiert stand er nicht nur für das antike, sondern auch für das heilige Rom, für die Kirche des Papstes und den habsburgischen Kaiser, dessen Wappen, wohlvertraut für die Leser, ebenfalls ein Adler, wenn auch ein einköpfiger, zierte. Der Löwe wiederum verwies auf Kurfürst Friedrich von der Pfalz, der ähnliche Sympathien für die Reformbewegung der Rosenkreuzer hegte wie Faulhaber und diesem, bevor er nach seiner Niederlage am Weißen Berg als «Winterkönig» verspottet werden sollte, als millenaristischer Hoffnungsträger erschien: als «zweiter Christus», ausersehen, vor dem Ende der Zeit den römischen Antichrist zu besiegen und die verheißene Friedensherrschaft auf Erden zu errichten (ungeachtet dessen, dass Friedrich sich zu Calvin bekannte und Faulhaber zu Luther).[66] Auch hier also: eine Prophezeiung kriegerischer Auseinandersetzung, und auch hier, wie bei Paul Nagel, verbunden mit der Aufforderung, sie zu erfüllen. In diesem Kurzschluss zwischen

Altem Testament und gegenwärtiger politisch-militärischer
Lage, in der Analogisierung der beiden Geschehensabläufe,
war der vor Augen stehende Krieg kein ungerechter, keine
Strafe für die eigenen Sünden, sondern ein gerechter: die Bestrafung der Sünden der anderen. Wahre Buße konnte hier
nur noch im Kampf für die Sache des Pfälzers bestehen. Auch
wenn man in Ulm weitgehend protestantisch war und kaum
ein Freund des Bischofs von Rom: Die chiliastische Schrift
barg eine Sprengkraft, die nicht im Interesse einer Handels-
und Freien Reichsstadt liegen konnte, einer Stadt zudem, die
gerade zusammen mit der protestantischen Union eine Vermittlung mit der katholischen Liga anstrebte, um den in Prag
ausgebrochenen Konflikt auf Böhmen zu beschränken.

All das war Anlass genug, die Angelegenheit im Gespräch
zu klären, und dabei arbeiteten Kirche und städtischer Rat
(als deren oberster Herr) Hand in Hand. Was den äußeren
Rahmen betraf, kam man Faulhaber ein Stück weit entgegen
und hielt das Kolloquium auf Deutsch ab. Der Schul- und
Festungsbaumeister hatte es weit gebracht – er stammte
aus einer Handwerkerfamilie –, aber lateinisch disputieren
konnte er nicht. In der Sache dagegen waren Kompromisse
undenkbar. Faulhaber gehörte zu den protestantischen Laien-
propheten, den religiösen «Schwärmern», die im Dreißigjährigen Krieg verstärkt das Land unsicher machten.[67] Ein
«schäbiger Weber» war er, hatte schon Wehe betont (denn
Faulhaber hatte zunächst dieses Handwerk von seinem Vater
erlernt), und der sollte jetzt «von hohen Sachen discurieren»
und die Gelehrten belehren?[68] Und dabei auch noch den an-
gestrebten Frieden gefährden? So wurde denn Auskunft ver-
langt: ob seine «Speculation herruere ohne [eigene] Mittel»,
das heißt, «von göttlicher Eingebung und dem Gayst Gottes,

Schrifftmessige und Cabalistische Andeutung oder Vorbildung
deß neuen Miraculosischen Cometsterns/ Anno 1618.
Kupferstichillustration zu Johannes Faulhaber:
Fama syderea, 1618.

oder durch Mittel von ihme ergriffen sey»:[69] ob sie auf seinen
allzu menschlichen Fähigkeiten basierte. Faulhaber windet
sich und sucht nach unverfänglichen Formulierungen, und
so hakt Rektor Hebenstreit ein ums andere Mal nach. Ob
ihm sein Innerstes versichere, dass «sein Calculus infallibilis
seye», will er dann noch wissen, ob Faulhaber also seine Prognose für unfehlbar halte und ob er hier nicht ein rein selbst-
referentielles Verständnis von Zahlen und arithmetischen
Operationen an den Tag lege? Denn «der gantz Calculus oder
Elaboration seie nur ein sterile, unfruchtbar und lehres Stro
abdreschen»: «Zalen, Zalen, Zalen, poligonal, pyramital und
nichts von den Sachen selbst[,] nemblich von den fürnembsten
Verenderungen, daraus die fromme und sündige Welt Bürger
sich am Leben und Wandel zu verbessern hetten».[70] Der
Befragte empört sich über den Versuch, die «Heimblichkeit»
seines Herzens zu erforschen; und was den zweiten Punkt betrifft, zieht er sich jetzt auf seine Profession als Mathematiker
zurück.[71] Doch zuletzt verfehlt der Druck nicht seine Wirkung; und so nimmt der Disput, wie es scheint, am Abend
einen recht versöhnlichen Ausgang. Faulhaber versichert,
sein Wissen über die biblischen Zahlen allein dem fleißigen
Studium der Arithmetik, der Lektüre der Heiligen Schrift
und gottesfürchtigem Gebet zu verdanken, er verspricht, von
apokalyptischen Offenbarungen künftig Abstand zu nehmen,
und gibt zu: «gesetzt wann ich wiße, wer der Gog und Magog were» (die endzeitlichen Völker, die Satan zum Kampf
gegen die Heiligen verführt), «so were darumb nit rathsamb,
daß man publicè solches aussagte, dann vielleicht einer nicht
sicher sein möchte». Ob mit «Antichrist» der «Papst» gemeint
ist, bleibt also offen,[72] damit ist die politisch-militärische Lage
vorerst entschärft, und so kann Superintendent Dieterich ab-

schließend festhalten, dass «sie nunmehr wie andere recht christliche Freundt sein, heißen und pleiben sollen».[73]

Der Friede währte jedoch nicht lange. Bereits im nächsten Jahr wurde Faulhaber rückfällig und ließ mit neuen Endzeitvisionen von sich hören. Stein des Anstoßes war diesmal ein prognostisches Flugblatt, eine Neufassung und Vereindeutigung des bereits besprochenen Bildes, in der der Löwe den flugunfähig und mit gebrochenem Szepter vom Himmel stürzenden Adler direkt attackiert, mit den Worten des vierten Buchs Esra im Maul. Faulhaber hatte das Blatt auf dem Ulmer Unionstag übergeben und so, allem Anschein nach, unmittelbar politisch zu intervenieren versucht (Abb. S. 60).[74] Auch damit jedoch hatte er keinen Erfolg. Die Gespräche der Repräsentanten, begonnen am 18. Juni 1620, endeten nach französischer Vermittlung am 3. Juli mit dem Ulmer Vertrag: mit dem Versprechen zwischen Union und Liga, sich künftig nicht mehr zu bekriegen, und das bedeutete auch: mit der Zusage der Protestanten, Friedrich V., dem neuen König von Böhmen, gegen Kurfürst Maximilian von Bayern keine militärische Unterstützung zu leisten.[75]

Dies konnte Faulhaber jedoch nicht abhalten, auch im nächsten Jahr von der Schlacht gegen die apokalyptischen Völker zu reden; und so wurde er mit den vorerst härtesten Sanktionen belegt, die der lutherischen Kirche zur Verfügung standen: der Verweigerung der Absolution nach der Beichte und der Aufforderung, nicht mehr zum Abendmahl zu gehen. Ein Prophet freilich war damit nicht zu beeindrucken. Faulhaber wechselte den Beichtvater, um bei ihm die Absolution zu erlangen, und nahm einfach weiterhin an der Eucharistiefeier teil. Doch es war klar, was das nach sich ziehen würde: die Exkommunikation, vollzogen 1621. Als Faulhaber sich jetzt

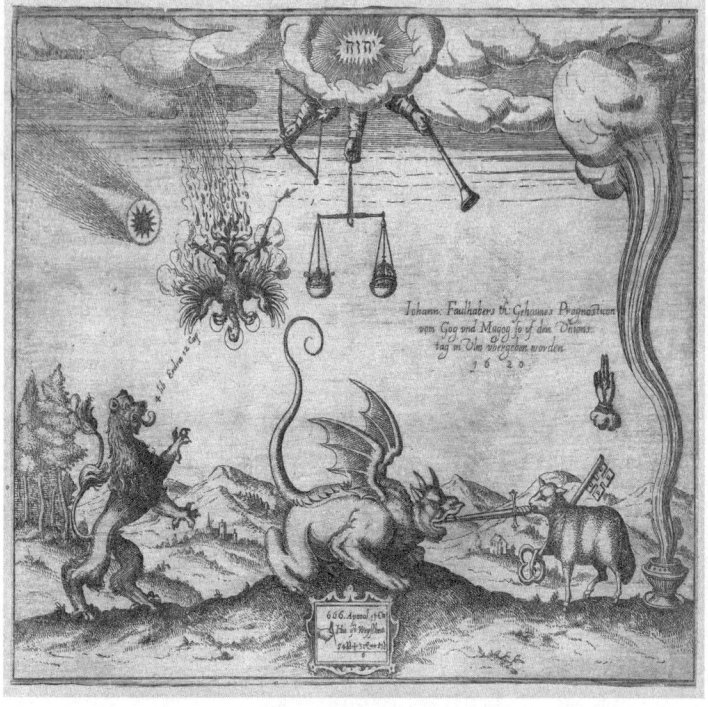

Johannes Faulhaber: Gehaimes Prognosticon
vom Gog vnd Magog, 1620.

noch immer nicht veranlasst sah, die Autorität der Oberen zu
achten, fassten diese die nächste Steigerungsstufe ins Auge:
eine Gefängnisstrafe mit dem Ziel, ihn erneut zu befragen.
Diesem Schicksal entging der Angeklagte durch Flucht, erst
nach Augsburg und dann, da ihm auch dort Brot und Wein
verweigert wurden, weiter nach Tübingen (nach kurzer zwi-
schenzeitlicher Rückkehr nach Ulm).

Dort allerdings holte ihn ein theologisches Gutachten von

den Höhen der Spekulation herunter. Der griechische Text des Neuen Testaments, so die Auskunft der Tübinger Gelehrten, ist dort, wo die Zahl 666 erscheint, verderbt und nicht zweifelsfrei zu entziffern.* Davon ließ sich selbst Faulhaber überzeugen; schließlich war er Protestant und die Grundlage seiner göttlichen Erleuchtung die Bibel. Anfang 1624, mehr als fünf Jahre nach dem Erscheinen des Winterkometen, betrat er wieder den Boden seiner Heimatstadt und unterzeichnete ein kirchenkonformes Glaubensbekenntnis. Damit waren die Wogen geglättet, das apokalyptische Feuer des Schweifsterns schien endlich gelöscht.[76]

Die Brisanz der Auseinandersetzung, ob C/1618 W1 den Dreißigjährigen Krieg prophezeite, zeigte sich in Ulm wie kaum anderswo sonst. Doch auch wissenschaftsgeschichtlich war die Causa Faulhaber mehr als nur ein theologischer Streit um einen lokalen Propheten. Kein Geringerer als René Descartes war es nämlich, der, bevor er als neuer Stern am Philosophenhimmel aufscheinen sollte, von den Ulmer Auseinandersetzungen Kenntnis erhielt und sich, von mathematischer Neugier getrieben, sogleich in die Stadt an der Donau begab.

Die Gelegenheit dazu bot dem Dreiundzwanzigjährigen das Militär. Vom Vater zur Ausbildung in die Niederlande geschickt, hatte er sich dem Heer der katholischen Liga unter Maximilian von Bayern angeschlossen, und zwar nicht primär zur Erprobung seiner soldatischen Fähigkeiten, sondern um die Welt kennenzulernen und interessante Gelehrte zu treffen. Im September, in Frankfurt am Main, dürfte

---

* Als verderbt oder korrupt wird in der Textkritik eine Textstelle bezeichnet, deren Schreibung oder Druck fehlerhaft und daher nicht mehr zu klären ist.

ihm Landgraf Philipp von Hessen-Butzbach die neun Fragen zugesteckt haben, die Hebenstreit im Oktober an Faulhaber richten wollte (denn Philipp hatte sie, entgegen einer internen Verschwiegenheitsabsprache, von Conrad Dieterich erhalten). Und so standen in Ulm – kein Problem für den bekennenden Katholiken – Besuche beim Gymnasialdirektor, dem Superintendenten und Johannes Faulhaber auf dem Programm. Von ihnen erhoffte sich Descartes Auskunft über das *teutsche Colloquium* (wenn er ihm schon nicht beiwohnen konnte, denn es war für die Öffentlichkeit natürlich nicht zugänglich). Just beim inkriminierten Rechenmeister ging der Gast dafür ein und aus – anders als es das Bild erwarten lässt, das die Moderne von diesem vermeintlichen «Rationalisten» nach wie vor gerne zeichnet. Denn eines ist stets zu bedenken: Es war kein Zeichen von Dummheit, sich von Faulhaber, bei aller unorthodoxen Apokalyptik, in mathematischen Bann schlagen zu lassen.[77] Die Überlieferungslage ist dünn, und wir wissen nicht, welche Position Descartes in dieser Zeit zu den verhandelten Fragen bezog; dass er sich mit Faulhaber intensiv auseinandersetzte, ist jedoch nicht zu bezweifeln. Wenn er Jahrzehnte später in Kometen natürliche Himmelskörper erkannte und keine übernatürliche Intervention Gottes, am Ende es also nicht mit dem Kabbalisten hielt, sondern mit Kepler und Cysat, steht das dem nicht entgegen.[78]

Von alldem zeugen vielleicht auch noch die Nachwirkungen. In der Nacht vom 10. auf den 11. November soll Descartes drei divinatorische Träume gehabt haben, die in die Geschichte der Philosophie eingegangen sind, weil sie ihm angeblich den Weg zu jenem methodischen Zweifel wiesen, der ihn berühmt gemacht hat. Da war Descartes schon weiter die Donau heruntergefahren, bis nach Neuburg, wo er Zwischenstation einlegte auf seinem Weg zu Kepler in Linz – dem Hebenstreit den jungen Adligen in einem Begleitbrief empfahl.[79] (Der Fluss entwickelt sich allmählich zu einer Wasserstraße von eminenter wissenschaftsgeschichtlicher Bedeutung.) Hier wirft die Quellenlage noch größere Probleme auf, denn die einschlägigen Erzählungen sind nicht aus Descartes' Feder überliefert, sondern nur aus der seines Biographen Adrien Baillet,[80] und so wissen wir nicht, ob und wie Descartes selbst seine Träume beschrieb und interpretierte. Wer jedoch diese Skrupel für einen Moment beiseitesetzt, ist versucht, bei der Lektüre der Traumberichte schwach verschlüsselte Spuren der Ulmer Szenerie auszumachen. Bedrängt von stürmischem Wind (auf der Suche nach dem Weg seines Lebens), rettet sich der Träumende nämlich hinter die Kapelle eines «Seminars», und wer wollte hier nicht an Hebenstreits Gymnasium denken, das Descartes täglich passierte, auf dem Weg zum Mittagstisch bei den Faulhabers?[81]

Auf der Flucht vor dem Rechenmeister wird sich der Träumende also nicht befunden haben. Faulhabers Kometenspekulationen mögen manchem als deliriöse Verirrungen eines Weltuntergangsbeschwörers erscheinen, doch womöglich waren sie auch Katalysator einer neuen Philosophie. Das konnten sie freilich nur deswegen sein, weil diese Philosophie in vielem längst nicht so neu war, wie es auf den ersten Blick den Anschein hat. Descartes' Kosmologie, obgleich bereits heliozentrisch, betonte entschieden die Unbeweglichkeit der Erde.[82] Auch seine Welt war nicht unbeseelt, ungeachtet seiner Unterscheidung zwischen dem Mentalen (*res cogitans*) und dem Körperlichen (*res extensa*). Und der methodische Zweifel, die erkenntnistheoretische Hypothese, dass unser gesamtes Erleben nur ein Traum ist, wird mit dem Hinweis ausgeräumt,

dass Gott kein Betrüger ist, kein *genius malignus*.[83] Damit griff
Descartes nicht auf die Spätaufklärung vor, sondern auf die
Dämonologie der Frühen Neuzeit zurück.[84]

Nach dieser Abschweifung noch einmal zurück zu den Ini-
tiatoren des Ulmer Kolloquiums. Dieterich und Hebenstreit
erkannten in Faulhaber eine Gefahr, das zeigt ihr Vorgehen,
doch wie sahen ihre Kometentheorien im Einzelnen aus?
Beide hatten sich im Vorfeld öffentlich geäußert, der Schuldi-
rektor mit implizitem, aber unmissverständlichem Bezug auf
Faulhaber[85] und Dieterich noch früher, in einer Predigt am
zweiten Sonntag im Advent (veröffentlicht gleich im Januar
1619);[86] da war die anstößige Schrift des Stadtmathematikers
noch gar nicht erschienen.[87]

Hebenstreit ließ Descartes bei Kepler Grüße bestellen,
doch er selbst hielt es astronomisch weiter mit Aristoteles.[88]
Und das tat Dieterich auch. Dies hatte seinen eigenen theologischen Sinn. Seiner Meinung nach waren Kometen keine
Sterne oder Planeten, aber auch keine übernatürlichen Ge-
schöpfe, geschaffen «auß nichts», aus «Gottes blosser Allmacht».[89] Dieterich bevorzugte eine «mittel Strasse». Die
«Schein=Sterne», nach der «gemeinen Peripatetischen [d. h.
aristotelischen] Opinion», seien nichts «als hitzige/ truckene/
grosse/ dicke/ faiste/ zähe Dunst oder Dämpffe», entstanden aus einer ebenso «hitzigen Schwefelechten [schwefli-
gen] Salpeterischen Irrdischen Materi der Erden», durch
die «Krafft der Sonnen/ deß Monds vnd anderen Planeten»
hinaufgezogen «in die obere Lufft», «von Tag zu Tag/ durch
vnnachlessige Folg vnnd Anklebung der auffsteigenden Materi, darin vermehret» und «so lang gekochet», «biß sie sich
endtlich entzünden/ vnd volgends ein solche erschröckliche
Flamm vmb sich geben.»[90]

Naturphilosophisch war damit alles geklärt. Der Theologe jedoch konnte hier nicht haltmachen; er musste hinter Salpeter und Schwefel noch etwas anderes vermuten. Dämpfe mochten die Kometen erklären, doch was erklärte die Dämpfe? «Vnsere Sünde/ vnsere Sünde», lautete die Antwort; denn die Sünden waren «die rechte Fewrige/ hitzige Dämpffe/ die dicke/ feiste/ zähe/ Schwefelichte Dünste/ welche von der Erden auff empor zu Gott gehen [gegen] Himmel steigen».[91] Die Ähnlichkeit sprang ins Auge, zumindest den Zeitgenossen (und das machte Aristoteles auch für Protestanten so attraktiv). Denn die Rede ist hier nicht von Wasserdampf oder CO_2. Die fraglichen Dünste basierten auf Schwefel, und den, wie erwähnt, charakterisierte sein Gestank. Wo es übel roch, wiederum, da dominierte der Schmutz. Und das war keine bloß physische Kategorie (wie sie es auch heute nicht ist). Im Grunde, meinte Martin Luther, stank die ganze Welt. «Die Welt ist unrein», wusste der Reformator, oder lateinisch gesprochen, weil das paradoxer klingt und die Verbindung auch etymologisch absichert: *mundus est immundus*.[92] Verantwortlich dafür waren freilich nicht die Schwefelquellen. Es galt, weil der Mensch die Erde bewohnt. Der Satz hieß damit eigentlich und weniger gelehrt: Die Welt war ein Sündenpfuhl, und der stank zum Himmel. Für Lutheraner (und für so manchen Katholiken auch) kamen Mensch und Natur olfaktorisch zur Deckung.

Anders als bei Kepler entstanden Kometen hier aus Ausscheidungen der Erde, nicht des Äthers. Die Folge war eine meteorologische Erscheinung. Und das bedeutete auch: Was aus der Emission resultierte, trug das Stellare im Namen (als «Haarstern»), doch ein wirklicher Stern konnte es nicht sein. Wie hell sie auch strahlten: Von der Reinheit der Sonne (der

sie ihr Feuer verdankten) waren Kometen Lichtjahre entfernt.
Genauer und weniger metaphorisch gesagt: Sie brachten
die solare Makellosigkeit erst kontrastierend zur Geltung.
Schweifsterne spiegelten für Dieterich die Unreinheit der
Erde und des Menschen, der sie bewohnte. Und so zogen sie
auch Unreines nach sich: Unwetter, Unfruchtbarkeit, Erdbe-
ben und Pest ebenso wie Krieg, Umsturz im Weltlichen und
Geistlichen und den vorzeitigen Tod von Monarchen und
Fürsten.[93]

Hebenstreit erklärte noch einmal, wie das genau funk-
tionierte. War der Schweifstern erloschen, verteilte sich sein
Rauch mit «Vngestümme» in der Luft und erschütterte so
auch Wasser und Land. Sein cholerisches Temperament
kam erschwerend hinzu. Das brachte nämlich Trockenheit
mit sich und diese natürlich «Hunger und Kummer». «[A]ll-
gemeine Seuchen» und «hitzige Kranckheiten» waren die weitere Folge; und jene, die vom Pesthauch verschont blieben,
zogen dafür einen «Martialischen ... Odem in sich». Sie ver-
folgten ihre «Widerparthey», heißt das, und versicherten sich
dafür auch noch der Unterstützung ihrer Fürsten – die dann
ihrerseits mit der Obrigkeit des Gegners «alte Lumpen zu-
waschen» begannen. Am Endpunkt der Lawine waren neue
«Policey ordnungen» zu besichtigen, der politische und recht-
liche Umbau von Gemeinwesen, ebenso wie «Reformation
vnd deformation in der Religion». All das hatte der Komet
ins Rollen gebracht, dieser desaströse Multiplikator (*Elixir
multiplicativum*), die *quinta essentia* «allerhand gemeiner vnd
sonderbaren Straffen.»[94]

Das mochte wohl nicht jeder gleich glauben, und deshalb
ergänzt Dieterich abschließend eine ausufernde Liste mit historischen Beweisen.[95] Hebenstreit erspart sich diese Mühe

und belässt es beim Hinweis auf die Existenz «gantze[r] Bücher/ja Bibliothecken».[96] So oder so: Wer wollte den Gelehrten jetzt noch widersprechen?

Daher hielt man sich denn auch mit historischen Gegenbeweisen nicht auf,[97] sondern schloss lieber die entscheidende Frage an: Was war jetzt zu tun? Symptome gab es hier nicht zu kurieren, also hieß es einmal mehr an den Ursachen ansetzen: an der Sünde, die den globalen Dunsthaushalt aus dem Gleichgewicht brachte und das Feuer des Kometen mit «Brennholtz» ernährte.[98] Hebenstreit, wie gesehen, wies im Kolloquium darauf hin,[99] und Dieterich betonte es auch: Was allein half, waren Buße und Umkehr. Allein die Tränen der Reue, allein «herbe[s] Hertzwasser» und «heiße[ ] Zäheren», löschten den Brand des Schweifsterns und vertrieben so seinen giftigen Dunst.[100] Was erneut metaphorisch klingt, erhält seine Buchstäblichkeit aus kosmischen, über Analogien organisierten Zusammenhängen von Tun und Ergehen.

Tränen waren eine klar verständliche Sprache.[101] Vor ihr konnte Gott sein Ohr nicht verschließen. Nicht anders als bei Blitz und Donner (die sich die Aristoteliker ebenfalls aus den Dämpfen der Sünde erklärten):[102] Gebet und Gesang ließen dem Herrscher im Himmel kaum eine Wahl. Kamen dann noch obrigkeitlich verordnete Kometenbußtage hinzu und recht verstandenes Glockengeläut (auch darüber hat Dieterich später gepredigt), musste sich Gott fast gezwungen sehen, den Haarstern wieder vom Himmel zu nehmen – und mit ihm das Unheil, das er verhieß.[103] Der Komet, heißt das, brachte die Verunreinigung, aus der er geboren war, aber er bot auch Gelegenheit zur Reinigung, physisch, moralisch und religiös.

Einflussnahme war also noch möglich. Ob man sie magisch nennen soll und für Lutheraner erstaunlich katholisch, ist hier nicht entscheidend.[104] Wichtiger ist: Dies ist der Punkt, an dem sich Dieterich von Millenaristen wie Faulhaber unterschied. Der verkündete nämlich Unausweichliches: das Friedensreich Christi auf Erden und im Anschluss daran den Untergang der Welt. Was für Faulhaber noch zu tun blieb, war die Vorbereitung auf das Jüngste Gericht, um, wenn es denn kam, auf der richtigen Seite zu stehen – durch Reue und Buße zunächst, dann aber auch durch die aktive Bekämpfung des Antichrist (im Wissen, wie die Schlacht ausgehen wird). Dieterich dagegen erblickte im Kometen kein Zeichen der Apokalypse, sondern eines des Krieges (als eines apokalyptischen Zeichens). Der Unterschied liegt in der Verlängerung der Signifikantenkette und ihrer aufschiebenden Wirkung.[105] Denn anders als Faulhaber sah der Superintendent das Ende der Welt noch nicht vor der Tür. Dass das Unglück ein großes sein würde, bewies für ihn die Verweildauer und Helligkeit des Winterkometen ebenso wie der Sturz der kaiserlichen Gesandten aus dem Fenster des Hradschin in Prag.[106] Doch die exakte Dauer des Kampfes kannte er nicht und auch nicht seinen Ausgang. Und das heißt: Für Dieterich ließ sich, was drohte, noch abwenden; der große Krieg war eine Gefahr, aber keine Gewissheit.

Was warf Dieterich Faulhaber also vor? Der Aufruf zu göttlich inspirierter Gewalt war das eine. Doch im Hintergrund stand ein zweites: Der Rechenmeister versetzte die Menschen in Angst und Schrecken, und zwar nicht nur Katholiken, sondern auch Protestanten: in die Furcht vor Kometen, die das Jüngste Gericht prophezeiten. Doch war das so falsch? Grundsätzlich nicht, so Dieterich, aber in dieser Form schon. Das endzeitliche Moratorium, die Abwendung des Krieges und mit ihr der Aufschub der Apokalypse, hing an einer subtilen und traditionsreichen Unterscheidung: an der Differenz zwischen einer rechten und einer falschen Furcht vor Gott. Die Wurzeln dieser theologischen Operation reichen in die hochmittelalterliche Scholastik und weiter in die spätantike Patristik: Augustinus und Thomas von Aquin trennten die «kindliche» von der «knechtischen» Furcht vor dem Herrn (oder, weil beide natürlich lateinisch schrieben, den *timor filialis* vom *timor servilis*). Wer Gott wie ein Sklave fürchtete, besagt die Unterscheidung, der fürchtete seine Strafe als unausweichliches Übel (*malum poenae*) und suchte sich zu retten vor seiner gewaltsamen Hand. (Die Widersprüchlichkeit des Gedankens machte seine Verwerflichkeit aus.) Doch wer Gott fürchtete wie ein Kind, fürchtete nicht die Strafe, sondern das, was Strafe verdiente (*malum culpae*):[107] nicht den Kometen, sondern die Sünde, die ihn hervorbrachte, nicht das Geschaffene, sondern den Schöpfer, der es am Himmel platzierte. Kinder Gottes nahmen das Zeichen nicht als Ankündigung, sondern als Mahnung: als Anlass zur Umkehr, nicht zu verzweifelter Flucht. Und so löschten sie das Feuer des göttlichen Zorns. Aus dem «Rachstern» konnte ein «Gnadenstern» werden.[108] Wer erkannte, dass die Strafe gerecht war, vermochte sie abzuwenden, wer es nicht tat, machte sie unvermeidlich. Was Faulhaber in Dieterichs Augen an den Tag legte (wie die «Heyden» in ihrer «Sterneguckerey» auch),[109] war die knechtische Furcht Gottes – und die, das war das Verheerende, versetzte am Ende auch alle anderen in Angst. Dagegen setzte der Prediger die Bitte um Gnade und die Suche nach Trost: Buße und Besserung, nicht gewaltsamen Kampf.[110]

In Ulm stritt man um theologische Feinheiten, deren Relevanz sich heute nicht immer auf Anhieb erschließt. Zu

Beginn des 17. Jahrhunderts jedoch konnten diese Fragen Freundschaften zerstören (denn Hebenstreit, wie nachzutragen ist, hatte sein Kometenwissen zunächst ausgerechnet von Faulhaber erworben), und sie entschieden mit über Frieden und Krieg. Die eigentlich gewaltsamen Auseinandersetzungen über den Winterkometen drehten sich weniger um Geozentrik und Heliozentrik, sie kreisten eher um die Reichweite prophetischer Ansprüche.

Dies ist nicht allein im Reich zu beobachten. Wenn 1683 der Bostoner Reverend Increase Mather meinte, der Komet von 1618 habe den Ausbruch der Pest unter den «Indianern» Neuenglands verkündet (*which swept them away in such numbers, as that the living were not enough to bury the dead*),[111] hat dies so manchen Europäer womöglich nicht besonders berührt. Doch 1644, als der puritanische Astrologe William Lilly verlautbaren ließ, der Schweifstern habe die Unterdrückung des englischen Volkes und den Tod eines bedeutenden Fürsten prognostiziert, war der Stuart-König Charles I. (er wurde 1649 hingerichtet) nicht amüsiert.[112] In Italien wiederum verteidigte der Jesuit Orazio Grassi Aristoteles gegen Galilei, indem er auf die Dürre, Stürme und Erdbeben verwies, unter denen das Land in der Folge des Winterkometen litt.[113] Anders als Lilly freilich, denn hier ging es nicht um Parlamentarismus, Bürgerkrieg und Revolution, hatte der jesuitische Astronom die Autoritäten auf seiner Seite.

In Ulm (und nicht nur dort) ging aus dem Streit Dieterichs «Mittelstraße» als Sieger hervor. Seine Position war beileibe nicht die «modernste» der Zeit, aber von welcher, wie wir gesehen haben, lässt sich das schon eindeutig sagen? (Selbst Galilei antwortete Grassi, was die Kometen betrifft, noch erstaunlich aristotelisch.[114]) Schaut man nicht auf die astronomischen Voraussetzungen, sondern auf die bußtheologischen Konsequenzen, so war Dieterich von Kepler und Cysat nicht weit entfernt. Naturerscheinung oder nicht, das war mit Blick auf Komet 1618 II für die meisten Kontrahenten nicht die Frage.

Insofern erscheint das «Außernatürliche» als erkenntnistheoretische Kategorie der Stunde (wenn nicht gar dieses ganzen Jahrhunderts naturphilosophischen Umbruchs). Auch deswegen verkündete der Winterkomet den allermeisten nicht das unmittelbare Ende der Welt, sondern die Kämpfe, die ihm vorangingen: die Apokalypse hier und jetzt.[115]

Das gilt auch für die weniger Gelehrten, die Dieterichs Auffassungen durch seine Kometen-Predigt kennenlernten. Unter ihnen hatte die Ansprache des Superintendenten weitreichende Folgen, auch ohne Kriegstreiberei. Welche das waren, davon erzählt dieses Buch.

3.

KRIEGSBERICHTE

D as konnte kein Zufall sein: Für den zweiten Advent schrieb die Perikopenordnung* Conrad Dieterich vor, über die apokalyptischen Verse des Lukas-Evangeliums (21, 25 ff.) zu predigen, die mit den Worten beginnen: «Vnd es werden Zeichen geschehen an der Sonnen/vnd Mond/vnd Sternen/vnnd auff Erden wirdt den Leuten bange sein/vnd werden zagen/vnd das Meer vnnd die Wasserwogen werden braussen/etc.»[1] Der zweite Advent, das war keine zwei Wochen nach der Erstsichtung des Kometen in Ulm am 4. Dezember 1618.[2] Das konnte nur eines bedeuten: Als der Komet erschien, erläuterte der Himmel, dass Perikopenordnung und Schweifstern einem gemeinsamen Generalplan folgten. In diesem Moment war der Gegenwartsbezug der Adventspredigt geklärt. Im ganzen Reich drängte die Kanzelredner jetzt ein wenig die Zeit; sie mussten rasch überlegen, wie sie den bekannten Bibeltext auf das aktuelle Geschehen bezogen.[3]

Die Perikope war sicher auch der Grund, warum Johannes Faulhaber diesen Dezembertag wählte, um «Teutschlands»

---

* In Perikopenordnungen wurden die Bibelabschnitte zusammengestellt, die in protestantischen Gottesdiensten für jeden Sonntag des Kirchenjahres zur Lesung und Behandlung in der Predigt vorgeschrieben waren.

Gelehrte über seine Kometenprognose in Kenntnis zu setzen.
Bevor Daniel Mögling die *Fama syderea* einer allgemeinen
Öffentlichkeit im Druck zugänglich machte, schickte sie Faul-
haber nämlich schon einmal an «alle Philosophos, Mathe-
maticos, Sonderlich Astronomos» in handschriftlicher Form.[4]
An diesem Punkt lagen also Dieterich und sein Kontrahent
noch auf einer Linie. Doch wir haben schon gesehen: Im
Entscheidenden machte sie das nicht zu Brüdern im Geiste.
Denn Faulhaber, meinte der Superintendent, versuchte, fal-
sche Ängste zu schüren.

Ganz ohne Angst allerdings kam auch Dieterich nicht aus.
Wer seine Predigt aufschlägt, dem wird schnell deutlich: Personen wie der Rechenmeister waren nicht sein einziges Problem. Mehr Sorge bereiteten ihm all jene, die im Angesicht
des Kometen gar keinen Anlass sahen zur Furcht: die Gottes
«sonderbare Werck» verachteten und verlachten.[5] Sie meinten
sich auf den Propheten Jeremia berufen zu können, der dem
Volk Israel sagte, es solle «sich vor den Himmelszeichen nicht
förchten» (Jer 10, 2). Doch sie lasen nicht weiter. «Wie die
Heyden sich fürchten», lautet der entscheidende Nachsatz.[6]
Fürchten sollten sie sich durchaus, nur nicht wie Sklaven,
sondern wie Kinder.[7] Diese Menschen galt es, aus dem Schlaf
falscher «Sicherheyt» zu wecken, bevor es zu spät war.[8] Wir
befinden uns zwar in der Adventszeit, doch der Stern von
Bethlehem ist noch weit. (Den, nebenbei bemerkt, hielten
Lutheraner – anders als noch der Kirchenvater Origenes –
kaum mehr für einen Kometen; denn er verhieß ja große
Freude und kein Unheil.[9])

Dass Dieterich an diesem Morgen gegen den Predigtschlaf
ankämpfte (den der Gemeinde, denn der wurde zu seiner
Zeit vielfach beklagt), ist nicht wahrscheinlich; seine Gottes-

dienste hatten in der Regel guten Zulauf.[10] In übertragener
Bedeutung jedoch war das Problem des Schlafs der Anlass
seiner Rede. Dass «die rohe sichere Welt solches vnsers
mündlichen Predigens nicht achtet», donnerte er gleich nach
der Eingangsliturgie von der Kanzel des Münsters herab,
«Sondern alles schreyen vnd ruffen darvon vergeblich in die
Lufft geschehen lesset».[11] (Sollte doch ein Besucher geschlafen haben, im buchstäblichen Sinne, dürfte er spätestens zu
diesem Zeitpunkt erwacht sein.) Das war kein Eingeständnis
eigener Unfähigkeit. Dieterich wollte sagen: Bei solch einem
Kirchenvolk musste Gott die Angelegenheit selbst in die
Hand nehmen. Wer vor der menschlichen Predigt die Ohren
verschloss, bekam eine himmlische zu hören.[12]

Dies war freilich metaphorisch gesprochen, denn diese
Verstärkung war ja visueller Natur. Das wiederum hieß: Die
Botschaft des Kometen war nicht ohne weiteres verständlich;
sie bedurfte eines kompetenten Übersetzers. Und der stand
in Ulm zur Verfügung. Gott hatte einen «Cometen Prediger»
an den Himmel gesetzt und Dieterich – jetzt war er wieder
gefordert – zu seinem «Dolmetsch» ernannt.[13]

Dieterich hat seine Zuhörer nicht geschont, im Gottesdienst nicht und in der gedruckten, erweiterten Fassung, die
gleich 1619 erschien, erst recht nicht. Hier erreichte seine
Predigt-Arbeit einen Umfang von über fünfzig Seiten Oktav.
Ob sie sich jetzt jemand zu Herzen nahm (die Botschaft des
richtigen Propheten, nicht des falschen)?[14] Sicher wissen wir
es nur von einem: von Hans Heberle, einem Schuhmacher
und Kleinbauern aus dem Ulmer Territorium.

Gehört, aller Wahrscheinlichkeit nach, hat Heberle
die Predigt zwar nicht; denn der 21-Jährige hielt sich, wie
gewöhnlich, in diesen Adventstagen nicht in der Stadt auf,

sondern in Neenstetten, jenem gut zwanzig Kilometer von Ulm entfernt gelegenen Ort, in dem er 1597 das Licht der Welt erblickt hatte. Aber er hat sie gelesen.

Eine Selbstverständlichkeit war das nicht. Weniger deswegen, weil Heberle der Einzige gewesen sein dürfte, der in seiner Familie eine Schule besuchte (in den Wintermonaten, wenn keine Feldarbeit anstand, und vor seiner Schuhmacherlehre, die er im Alter von vierzehn Jahren begann).[15] Vor allem erstaunt es deswegen, weil ein Handwerker wie er in der Regel das Geld für gelehrte Druckwerke nicht aufbringen konnte oder wollte. Und allzu preisgünstig dürfte auch Dieterichs vorweihnachtlicher *Sermon* nicht gewesen sein; denn durch Kürze zeichnete er sich ja nicht aus. Was der Theologe zu sagen hatte, lässt sich schlussfolgern, stieß bei Heberle auf weit offene Ohren. Hier war er zu investieren bereit. Nicht selten, wenn «docter Conradt Düeterich[,] der gelehrte hoche und weüt berüehmbte» Superintendent,[16] seine Predigten zum Druck brachte, fanden sie auch den Weg ins Haus des Schuhmachers aus Neenstetten – nicht nur anlässlich des Winterkometen, sondern beispielsweise auch der Pest, die 1634/35 in Ulm und Umgebung grassierte.[17]

All dies wissen wir aus Heberles *Zeytregister*, einer Chronik, die auf 350 Manuskriptseiten verzeichnet, was im Ulmer Territorium zwischen 1618 und 1672 (das war fünf Jahre vor Heberles Tod) geschah. Der Chronist hatte den Text für seine Nachkommen verfasst, mit der Ermahnung, ihn aufzubewahren, «so lang das Heberles geschlecht weret, und solt es leben biß an den jüngsten tag».[18] Dieser Schuhmacher hat also nicht nur gelesen, er hat auch geschrieben. Und daher wissen wir auch noch mehr: Heberle hat vom Winterkometen nicht allein über die Predigtlektüre erfahren, er hat ihn auch selber gesehen.[19]

Was Heberle erblickte, beeindruckte ihn nachhaltig. «[S]chröcklich und wunderlich» anzusehen war der «commet», und daher war klar, dass er «etwas gross bedeüten und mit sich bringen» würde. Heberle, heißt das, hat sich vor dem Schweifstern gefürchtet, und zwar ganz in der Art, wie Dieterich es wollte: verbunden mit Erstaunen und Ehrfurcht angesichts dieses göttlichen Wunders. Was war nun zu tun? Sich in Sicherheit bringen? Nicht buchstäblich, denn kaum jemand meinte zu dieser Zeit, dass der Himmelskörper zur Erde stürzen könnte. Aber im übertragenen Sinne. Der Komet, gibt der Schuhmacher Auskunft, «bewegt mich in meinem gemüet, das ich anfang zu schreiben». Seine ‹Emotion› (der Begriff meint ursprünglich eine «Bewegung» der Seele)[20] fuhr ihm direkt in die Hand, und so griff er unverzüglich zu Feder und Tinte. Und was begann Heberle jetzt zu verfassen? Das *Zeytregister* eben, den «bericht» und Nachweis, dass «solches geschehen ist», mit anderen Worten: die Exegese des göttlichen Zeichens.[21] Der beste Schutz gegen das Unglück, das der Haarstern verhieß, war die chronikalische Entzifferung seiner Bedeutung.

Der Anlass seines Schreibens also, wie der Autor in seiner «Vorred» erklärt, war Komet 1618 II. Was Heberle dann im Einzelnen beschreibt, wird unten genauer betrachtet. Zunächst ist zu fragen: Warum musste Heberle sich überhaupt erklären? Lebte er nicht in einer Zeit, die dankbar war für jede Nachricht von fernem (und nahem) Geschehen, «von weiten und frümden landen»?[22] Über alles (und das war vieles), was nicht selbst gesehen und erlebt werden konnte? Sicher. Doch es gab ein Problem. Heberle war Handwerker und Bauer, und als solcher, wie nicht wenige meinten, hatte er anderes zu tun. Es war mehr als ein Sprichwort: Der

Schuster hatte bei seinen Leisten zu bleiben. Relationen und Chroniken zu verfassen, wie Heberle sie selbst für seinen Geschehensbericht neben dem eigenen Erleben immer wieder heranzog, war seine Aufgabe eigentlich nicht.

Noch brisanter waren Geschichten aus dem eigenen Leben, wie der Autor sie hier ebenfalls präsentiert. Wer von sich selbst erzählte, setzte sich dem Verdacht aus, die eigene Person eitel über Gott und die Mitwelt zu stellen. Gegen diese Unterstellung suchte sich jeder, der dennoch schrieb, zu verwahren. Die *causa scribendi*, in der einen oder anderen Form, war immer auch legitimatorischer Natur.[23]

Heberle nun hatte eine gute Begründung für seine Chronik zu bieten. Wenn er nach getaner Werkstattarbeit die Feder zur Hand nahm, ging es, wie er gar nicht ausdrücklich sagen musste, ganz zuletzt um ihn selbst. Hier stand Größeres auf dem Spiel. Heberle wusste: Der Komet hatte Schlimmes zu bedeuten, doch was das genau hieß, wusste er nicht. Um Gewissheit zu erlangen, notierte er alles, was in den darauffolgenden Jahren in seinem Umfeld an Unheil geschah. So hatte es, mit Herodot, auch Conrad Dieterich nahegelegt.[24] Mit seiner Schreib-Arbeit sammelte Heberle Material zur Klärung der Lage. Nach Abschluss der Beweisaufnahme dann, das heißt: in der Retrospektive, wurde sein Text zur Erklärung: zur Erläuterung, die der Schuhmacher seinen «nachkomen» gab.[25] Auch dies stellt bereits die Vorrede klar. Sie dürfte somit, auch wenn das vorangestellte Vanitas-Emblem – der barocke Titel des *denckbüechleins* in Form einer Sanduhr – auf 1618 datiert ist,[26] ganz zuletzt verfasst worden sein: als der Nachweis der Nichtigkeit und Vergänglichkeit der Welt eindrucksvoll erbracht war.[27]

Doch was nützte die Interpretation von Zukunftszeichen

post factum, erst dann, wenn das Angekündigte bereits eingetreten war und die Welt vor vollendeten Tatsachen stand? Das *Zeytregister*, lautet die Antwort, schaute zurück, um vorausschauen zu können: um zu ermahnen. Der Ausgang der Dinge bewies dem Verfasser: Der Komet hatte die Bestrafung der Menschen prophezeit; und worin die bestand, wird im Text ausführlich erzählt. Die Chronik stellt jedoch ebenfalls klar: Diese Sanktion war zu keiner Zeit unausweichlich. «Anno 1618», heißt es bei Heberle, «ist ein grosser comet erschine in gestalt einer grossen und schröckhlichen rutten [Rute], welcher unß von und durch Gott hefftig tröwet [droht], von wegen unsers sindtlichen lebens, die [Rute] wir vüllfaltig verdient und noch teglich verdienen».[28] «Drohet» ist hier das entscheidende Wort. Dahingehend hatte sich auch Conrad Dieterich geäußert: «Gott strafft niemand/es sey dann/daß er jhn zuvor erinnert/erschreckt/vnd das Vnglück oder die Gefahr ankündigt habe.»[29] Der Krieg, mit anderen Worten, wurde hier zunächst nicht prophezeit, es wurde vor ihm gewarnt. Und das bedeutet: Ende 1618 hätte er noch verhindert werden können. Doch auf welche Weise? Durch Buße und Umkehr, das wurde in Kapitel 2 schon erwähnt, darüber hinaus aber auch durch die schriftliche Erinnerung, die dazu ermahnte. Die Beschreibung der Gewalt besaß die Macht, ihr früher oder später den Anlass zu nehmen. Hans Heberle hat das beherzigt.

Am Himmel wurde Heilsgeschichte geschrieben. Doch die – darum wurden Chroniken ja überhaupt nur verfasst – offenbarte sich im Geschehen auf Erden. Wer davon ausging, dass es eine Vorsehung gab, war daher auf «hiestorien» zu deren Bestätigung angewiesen. Irdische und himmlische Zeit stellten keinen Gegensatz dar, sondern griffen direkt ineinander, und so machte die eine die andere verständlich. Chronisten wie Heberle waren Historiker *sub specie aeternitatis*. Das hieß aber auch: Geschichtsschreibung war keine Glaubensfrage. Und so stellte Heberle der heilsgeschichtlichen Erklärung seines Schreibens einen seinerzeit üblichen Authentifizierungstopos an die Seite. Er habe, wie er versichert, nur «verzeichne[t], was ich für gewiß und wahrhaffte höere und auch selbs mit meine augen und ohren gesehen und gehert», ja mehr noch: «was ich selbs erfahren und erlebet hab».[30] Auf Gerüchte, sollte das heißen, gab Heberle nichts. Wer sich nicht auf Augenzeugenschaft berufen konnte, sei es die von anderen oder – besser noch – die eigene, der konnte keine Glaubwürdigkeit für sich beanspruchen. Heberles Beteuerung bedeutet nicht, dass seine Berichte heutigen Kriterien und Standards genügen, aber es heißt, dass sich der Schreiber auch hier «gerechtvertiget» sah, nicht nur religiös oder moralisch also, sondern gewissermaßen auch wissenschaftlich: als verlässlicher Gewährsmann.[31]

Was der Chronist dann berichtete, das betont er wieder und wieder, war «nit gnugsam zu beschreiben».[32] Eigentlich, heißt das, konnte er gar nicht angemessen davon sprechen. Verstummt ist er deswegen nicht. Denn auch diese Rede war nur eine topische Wendung. Wer Unsagbares sah oder hörte, schwieg nicht still, sondern erzählte so ausführlich wie möglich davon.[33] Die Folgen des Kometen mochten unbeschreiblich erscheinen; doch was war es, das dies «fleißig außweißet» (ausweist)? Heberles «büechlin».[34]

Der Verfasser beschließt diese Präliminarien mit einem Bericht von der genauen Gestalt des Kometen. Doch um aufkommende Neugier gleich im Keim zu ersticken: Diese «erzelung» ist verloren gegangen. Ein Drama, andererseits,

ist das nicht, denn es handelte sich ohnehin nicht um eine
Schilderung des Autors, sondern um einen beigelegten Aus-
zug aus Dieterichs Predigt. Damit müssen wir uns jetzt also
nicht weiter aufhalten. Es folgt, wie nicht ungewöhnlich bei
Chroniken dieser Art, eine kurze Familiengeschichte, die bei
Heberles Großeltern einsetzt und mit seinem jüngsten Bruder Bartholome, der 1617 geboren wurde, abschließt.[35] Auch
diese Genealogie jedoch ist nicht mehr als ein Vorspann zu
dem, was in den Jahrzehnten nach 1618 geschah.

Oder um präziser zu sein: nach 1617. Denn der erste
ausführlichere Eintrag des *Zeytregisters*, wie es sich für eine
protestantische Chronik gehört, ist das «evangelisch jubelfest», das hundertjährige Reformationsjubiläum, das gefeiert
wurde, weil «Doctor Martin Luther, der hocherleichte [hoch-
erleuchtete], theür proveth in dem Teüschland das hele liecht,
das göttlich wort widerumb an tag gebracht hatt».[36] Dieses
Fest wurde mit Gottesdiensten begangen, unter tätiger Mithilfe Dieterichs, dessen gedruckte Predigt sich ebenfalls in
Heberles Besitz befunden haben dürfte;[37] und es wurde durch
eine Gedenkmünze, ein «jubelgeltlin», versüßt. Das hat die
Katholiken, wie der Schuhmacher notiert, «ubel in die augen
gestochen». Und so mochte es für manche von ihnen «ein
anfang des kriegs gewessen» sein.[38]

Aber natürlich nur für die Katholiken. Für Protestanten
wie Heberle begann der Krieg mit dem Winterkometen des
darauffolgenden Jahres, den das *Zeytregister* jetzt noch einmal
anspricht, als göttliche Strafrute und Auftaktereignis des Be-
richts, den er initiiert hat.[39] Über den Prager Fenstersturz, der
sich bereits im Mai ereignet hatte, verliert Heberle kein Wort.
Politisch und militärisch interessant wird es für ihn erst, als
Ferdinand II. 1619 zum Kaiser gewählt wurde und in Böh-

men «ein grossen krieg angefangen» habe.[40] Als das begann, was der Schweifstern verhieß.

Das waren nicht nur die Gewalttaten der Kriegsheere, sondern auch deren Folgen. Das war die Kipper- und Wipperzeit, die ihren Höhepunkt zu Beginn der 1620er Jahre erreichte und Gelegenheit gab, mit Geld Geld zu verdienen, durch Minderung des Materialwerts im Umlauf befindlicher Münzen: durch das «Wippen», das betrügerische Auswiegen der Geldstücke, und ihre Beschneidung, das «Kippen», mit dem Ziel, aus dem gewonnenen Material neue, mit Kupfer, Zinn oder Blei versetzte Münzen zu prägen.[41] Das waren Teuerung und Hungersnot, die nicht allein auf das Konto plündernder Soldaten gingen, sondern auch auf eine klimatische Verschlechterung, die ganze Ernten vernichten konnte und in der Forschung als «Kleine Eiszeit» geführt wird.[42] Und das waren Seuchen und Epidemien, die vor allem in den Städten Tausende dahinrafften, wo die Bedingungen für sie besonders günstig ausfielen. Nichts davon vergisst Heberle zu erwähnen.[43] Denn schon die Kometendeuter hatten gesagt: Die apokalyptischen Reiter Krieg, Hunger und Pest ritten gewöhnlich gemeinsam, und das nicht nur in der Kunst. Der eine spornte den anderen an und nährte so immer wieder den vierten: den Tod (Abb. S. 82).

Aber auch wenn in diesem Krieg an Hunger und Seuchen mehr Menschen starben als an der Gewalt der Soldaten: Mit dem militärischen Geschehen hatte alles oft erst begonnen. Diese Gewalt traf auch Hans Heberle immer wieder am eigenen Leib. Und zwar weniger in seinem Einsatz als «rechte[r]» Soldat. Im Ulmer «außschuß», der aus den wehrfähigen Bewohnern der Herrschaft zusammengestellten Landesdefension, die die Stadt gegen kaiserliche Truppen zu verteidigen

Krieg, Pest und Hungersnot:
Der Winterkomet prophezeit die Zerstörung Europas. Frontispiz
zu David Herlitz: Kurtzer Discvrs Vom Cometen, 1619.

hatte, wurden ihm «auff das scherpffigste alle kriegsartickhel
fürgelessen», jene Bestimmungen und Strafandrohungen, mit
denen die Kriegsherren ihre Truppen zu disziplinieren versuchten; und er musste «mit auffgeregten» (hochgereckten)
Fingern den Fahneneid leisten, «wie es im krieg bräuchig
ist».[44] Seine Rekrutierung erfolgte jedoch nicht öfter als drei
Mal (1620, 1625 und 1631), die längste dauerte gerade einmal
elf Wochen, und Gelegenheit, Wein zu zechen, «mit etlichen
gesellen» und «umb ein wolffeil gelt», bot sie auch.[45] Dass
Heberle in dieser Zeit an Leib und Leben bedroht worden
wäre, berichtet er nicht.

Viel gefährlicher wurde es, wenn Soldaten kamen und Heberle sich zu Hause in Neenstetten aufhielt, ohne Schutz und Bewaffnung.[46] Wieder und wieder zogen Reiter und Fußvolk durch die Ulmer Landschaft, und je länger der Krieg dauerte, desto gleichgültiger wurde es, auf wessen Seite sie kämpften: ob sie zur kaiserlich-katholischen Partei gehörten, zur protestantischen, die nach zwölf Kriegsjahren Unterstützung durch Gustav Adolf von Schweden erhielt, oder zur Krone Frankreichs, die sich 1635, nach dem Prager Frieden zwischen dem Kaiser und evangelischen Reichsständen, in den Konflikt einzugreifen entschloss, nunmehr unabhängig von konfessionellen Belangen. Während dieses Krieges, insbesondere seit Beginn der 1630er Jahre, hatte Heberle, glaubt man seinem Bericht, vor allem damit zu tun, im Durchmarschgebiet des Ulmer Territoriums zu überleben.

Wenn Soldaten nach Neenstetten kamen, ging es kaum noch um Religion oder Politik. Es war in der Karwoche 1635, als ein Regiment kaiserlicher Reiter ganz in der Nähe einfiel, in Lonsee und Urspring. Die Bewohner, berichtet Heberle, wurden «in große engste und schreckhen gebracht» und hatten keine Chance sich zu wehren. Sie alle, Männer, «weib und kinder», rannten um ihr Leben, «in die welder und helzer [Gehölze] getrieben», «gejagt, wie die wilde thier». Doch nicht alle waren schnell genug. Wen die Soldaten «gefunden, den habens ubel geschlagen oder woll gar erschoßen, und jederman alles genomen». Denen, die dennoch entkamen, so Heberle, mochte die Dichte des Waldes Schutz und Versteck bieten, doch natürlich nicht auf Dauer, «von wegen deß hungers, den sie außgestanden haben».

Zogen die Reiter nicht bald wieder ab, gab es Sicherheit nur noch hinter den gut befestigten Stadtmauern Ulms.[47]

Auch Heberles Familie fand dort ihre Zuflucht (zum vierten Mal bereits), sodass zu dieser Zeit «vast niemandt mehr auff dem land ist gewessen».[48] Dass sie in Ulm die Pest erwartete, die im November in der überfüllten Stadt ausgebrochen war, hielt sie davon nicht ab.[49]

Der Großteil der Flüchtlinge, wie Heberle erzählt, blieb bis zum Sommer. Der Schuhmacher selbst dagegen war spätestens am 28. April in Neenstetten zurück; denn er übernahm das Haus seines Vaters, der war zu Beginn des Monats gestorben. Doch lange sollte es ihm nicht vergönnt sein zu bleiben. Am 12. Juni erreichte ihn die Nachricht, «keysserisch volckh» würde sich wieder nähern, jene Reiter, die schon zu Lonsee und Ursprung «hefftiger gerumoret dan vormals sie nie gethan haben», und die im Anschluss auch noch Albeck niedergebrannt hatten. Heberle wartete noch den Einbruch der Dämmerung ab, «der sonne nidergang zu 8 uhr». Dann verließ er erneut mit seiner Frau und den «kinderlein» das Haus. Bis zum frühen Morgen des 13. sollte er es nicht schaffen, Ulm zu erreichen; zu oft, so ist zu vermuten, musste sich die Familie vor umherziehenden Soldaten verstecken. Die «gantze nacht» liefen sie «durch heckhen und stauden, berg und thall, uber steckh und bleckh [Felsblöcke], durch früchten und uber greben», dass Heberle meinte, er «werde nimmermehr nach Ulm könden komen». Am Ende gelang es der Familie dann doch noch.[50] Nachdem der dreijährige Sohn Thomas eine Flucht im Oktober nicht überlebt hatte,[51] fanden diesmal alle halbwegs wohlbehalten den Weg in die Stadt. Trotz ihres glücklichen Ausgangs jedoch blieb dies Heberles «alersäuriste reiß», «von meiner jugendt an biß auff dise tage».[52]

Kein Wunder; denn in die Nacht hinauszugehen, man vergisst das leicht in Zeiten selbstverständlicher Straßenbeleuchtung, war in der Frühen Neuzeit tunlichst zu vermeiden, zumindest außerhalb fest umfriedeter Siedlungen. In der Nacht war es einfach zu finster.[53] Wer in sie hinauszog, um sich in Sicherheit zu bringen, setzte sich unkalkulierbaren Risiken aus. Zwar bot ihre Dunkelheit mitunter auch Schutz: Als die Flüchtlinge das Dorf Beimerstetten erreichten, brach dort eine Feuersbrunst aus, wohl versehentlich verursacht durch die Wachfeuer des einliegenden «kriegsvolckh[s]»; doch alle, so Heberle, waren «hefftig erschrocken. Dan es gibt ein grossen helle, als wan es tag were. Da ferchten [fürchten] wir, die reiter möchten unß erhaschen und unß ubel schlagen.»[54] Aber abgesehen von Situationen wie diesen, war die Dunkelheit, in die sich die Gruppe anschließend wieder zurückzog, das Problem und nicht seine Lösung. *Sie* war es, die Angst machen konnte, und nicht ihre Vertreibung.

In die «finster nacht» rannte nur hinaus, wer «gejagt» wurde «wie das gewildt»: wer jeden Augenblick «ertapt und ubel geschlagen», wer «gehauwen, gestochen» oder gar «erschoßen» werden konnte und wer wusste, dass er, wenn die Verfolger ihn einholten (und er überhaupt überlebte), ohne ein «stückhle brot und kleider» zurückkehren würde.[55]

Wie oft er all dies erlebt hatte, schrieb Heberle noch einmal im Herbst 1648, als es endlich vorbei und der «edle friden» erreicht war, als es Grund gab, Gott zu «loben und preißen», und der Chronist beruhigt zurückschauen durfte. Jetzt konnte er für sich eine Bilanz des Krieges erstellen. In ihr listet er all seine Fluchtbewegungen auf: wie oft er fliehen musste in dunkler Nacht und «gefehrlichkeit mit dem kriegsvolckh», «in schne und große kelte» und «in die heltzer und wäldt». Seine Fluchten waren in der Summe so viele, dass es dem Autor «nicht möglich» schien, «alle zu schreiben». Aber

verstummt, das wissen wir schon, ist er deswegen nicht. Heberle wählt lediglich aus: Er beschränkt sich – denn unendlich viel Zeit und Raum hat er nicht – auf die kostspieligsten:
seine Aufenthalte in Ulm. Sie hat er, das zeigen einschlägige
Marginalien in der Chronik, in der Retrospektive gezählt und
durchnummeriert. Heberles *Zeytregister* ist auch ein Register
seiner Vertreibung.

Wer etwas über die subjektive Qualität und Intensität von
Heberles Leiden zu erfahren hofft, darüber wie sich der Schuhmacher bei alldem ‹gefühlt› hat, sieht sich bei der Lektüre der
Chronik enttäuscht. Es wäre dem Schreiber nicht in den Sinn
gekommen, über Derartiges Auskunft zu geben. Ein Innerstes,
das hätte nach außen gekehrt werden können, war in der Mitte des 17. Jahrhunderts noch kaum einem bekannt. Heberle
quantifiziert, was er erlitten hat, so wie es andere Autoren seiner
Zeit auch taten. Die Rede von der Unbeschreiblichkeit bringt
dies besonders deutlich zum Ausdruck. Denn die besagte ja
nur: Das zur Verfügung stehende Papier bot nicht hinreichend
Platz, um sämtliche Leiden zu fassen.[56] Damit folgt Heberle
einer buchhalterischen Heilsökonomie, die menschliche
Leiden auszählte (und die «heyßen trenen», mit denen sie zu
beweinen waren) und dazu die Sünden, die sie gebaren, und
– bei den Katholiken – die Werke, die sie sühnten.[57]

Bemerkenswerter noch als diese Quantifizierung ist, welche konkrete Summe seines Leidens der Autor am Ende er-
mittelt. Die letzte Flucht, auf die sich Heberle im November
1648 begab, wird als die neunundzwanzigste gelistet – gerun-
det, und das ist entscheidend, auf die «ungefehr 30[.]».[58] In
der abschließenden Gesamtbilanz fällt dann auch noch das
Eingeständnis dieser kleinen arithmetischen Großzügigkeit
weg, und so bleiben glatte «30 fluchten, die allein nach der

stat Ulm geschehen sindt».[59] Kann das ein Zufall sein? Wer bedenkt, dass der Schuhmacher hier eine bewusste Auswahl getroffen hat, muss zu dem Schluss kommen: Nein, kann es nicht. Heberles «30-jerige[r] krieg» (den er unter dem Jahr 1667 selbst so bezeichnet)[60] bestand aus dreißig Fluchten aus Neenstetten nach Ulm. Aufs Ganze gesehen, jedes Jahr eine. Was Heberle litt, hieß das, entsprach dem, was alle erlitten.[61]

Auf den Kometen kam der Schuhmacher nach dem Westfälischen Frieden nicht mehr zurück. Das tat er zu einem früheren Zeitpunkt: Was der Schweifstern «bedeüt, was auch darauff volgen wirdt», so Heberle, hatte er «woll erfahren … anno 20 büß anno 30». Das musste er zwölf Jahre nach der Himmelserscheinung notiert haben (als ihn seine Erinnerung offenbar schon so weit im Stich ließ, dass er meinte, sie seinerzeit bis zum «frieling» gesehen zu haben), und ein- bzw. nachgetragen wurde es, wie schon erwähnt, unter dem Jahr 1618.[62] Noch eine Dreißig also. Hier verweist die Zahl nicht auf die Dauer des Krieges, sondern auf eine einschneidende Zäsur in seinem Verlauf: auf das Jahr der Landung Gustav Adolfs von Schweden auf der Ostseeinsel Usedom.

Daraus spricht, wie es scheint, die Hoffnung des Lutheraners, diese Intervention könnte die Rettung bringen und der Krieg damit bereits ausgestanden sein: die Hoffnung, dass mit dem Beweis für die Bedeutung des Kometen auch ein Ende der Strafe einherging. Denn jetzt hatte «Gott, der alles enden und wenden kan, … den in gruben gefelt, der es graben hat». In der Grube, meint das, lag der Kaiser, und hineingestürzt hatte ihn, mit Gottes Hilfe, «der könig auß Schweden», in einer Situation, in der «es ubel umb die evangelische religion an allen orten» stand und es beinahe «umb der teütschen fürsten geschehen gewessen» wäre.[63]

Hinzu kommt noch, dass in diesem Jahr erneut ein Jubiläum gefeiert werden konnte: «das danckhfest, … an welchem tag man zu Augspurg die evangelisch confeßion ubergeben hatt durch etliche fürsten und stendt deß Heiligen Reichs, dem großen keysser Carlo den 5 diß namens.» Die Rede ist von der hundertsten Wiederkehr der Kodifizierung des lutherischen Bekenntnisses, der Confessio Augustana, am 25. Juni 1530.[64] Wurde jetzt nicht alles gut?

Andererseits: Friedensstiftend, das hatte der Chronist mit Blick auf 1617 ja selbst schon bemerkt, waren derartige Gedenkveranstaltungen eigentlich nicht. Und so muss es Vermutung bleiben, ob Heberle in diesem Jahr 1630 wirklich meinte, mit den jüngsten Entwicklungen werde der gewaltsame Konflikt schon ans Ende kommen. Was wir aber sicher wissen: Der Krieg sollte auch für den Schuhmacher jetzt erst richtig beginnen, mit seinen dreißig Fluchten und mit all den Schlachten, von denen er durch seine Flugschriftenlektüre detaillierte Kenntnis besaß und die er im Anschluss ebenfalls in einem Register verzeichnet – 23 waren es; die Geschichte gehorcht der Magie der Zahlen eben doch nicht uneingeschränkt.[65]

So gesehen, brach 1630 ein neuer Krieg aus, den viele Historiker bis heute den «schwedischen» nennen. Passend dazu erschien an seinem Anfang auch ein neues Vorzeichen am Himmel: ein Nordlicht, das von den Zeitgenossen nur als Feldschlacht zweier Kriegsheere interpretiert werden konnte, von Heberle ebenso wie von zahlreichen anderen Beobachtern auch. Dazu später mehr.

An dieser Stelle dagegen kehren wir noch einmal zu Volkmar Happe und seiner thüringischen Chronik zurück und mit ihm an den Anfang des Krieges.[66] Auch Happe, denn er war Lutheraner wie Heberle, könnte im Advent 1618 eine Kometenpredigt gehört haben; und vielleicht war ihm sogar Conrad Dieterich ein Begriff. Überliefert ist das allerdings nicht. Sicher ist nur: Happe hat den Winterkometen gesehen – und zwar in seiner Erinnerung sogar zwei Wochen länger als alle anderen: bereits seit dem 3./13. November.[67] In diesem Irrtum stellte er den Schweifstern gleich «etzliche Monath» an den Himmel und ließ ihn so noch bedrohlicher werden. Die Konsequenzen, die Happe daraus zog, waren ganz im Sinne des Superintendenten aus Ulm. Und sie entsprachen ganz dem, was Hans Heberle tat.

Als der Schweifstern über der Grafschaft Schwarzburg-Sondershausen aufzog, stand Happe kurz vor einer folgenreichen Entscheidung seines beruflichen Lebens. Er stammte aus einer Familie von Kaufleuten, die mit dem Handel von Wein, Tuch und Waid, einem vor allem in Thüringen angebauten und verarbeiteten Blaufärbemittel, ein recht ansehnliches Vermögen erwirtschaftet hatten; und so betätigte auch er sich zunächst in diesem Metier. Dann aber beschloss er, Jura zu studieren (schon die Generation seiner Eltern hatte vereinzelt lokale Amtsträger hervorgebracht). Dafür absolvierte er einen typisch protestantischen Parcours. 1607 ging er nach Tübingen und danach für jeweils ein oder zwei Jahre nach Straßburg, Altdorf und Jena. Zurück in seiner Heimat, stieg Happe anfänglich wieder ins Handelsgeschäft ein. 1619 jedoch eröffneten sich noch bessere Perspektiven: Dem studierten Juristen wurde von den schwarzburg-sondershäusischen Grafen in den Ämtern Keula und Ebeleben eine Anstellung als Schösser, als Wirtschaftsverwalter, in Aussicht gestellt. Dieses Angebot konnte Happe nicht ablehnen, und so erfolgten Anfang November Berufung und Einführung ins

Amt.[68] Volkmar Happe ging an den Hof; und die Chronik spricht Gott dafür «Lob und Danck» aus.[69]

Gleich darauf jedoch nimmt der Text, der dies berichtet, eine unvermittelte Wendung. Denn vor dem «Hofeleben», so Happe rückblickend, habe ihn sein «seeliger Vater» eigentlich immer gewarnt – und ihm zur Begründung eine Geschichte erzählt: Es seien «zwey Brüder gewesen, deren einer ein bürgerliches, stilles Privatleben geführet, der andere were ein vornehmer Hofrath an einem Herren Hofe worden. Einsmahls wer der Hof Rath unversehens in Mittage ... zu seinem Bruder kommen, welcher Kraut und Fleisch auf dem Tische gehabt. Da hette der Hofmann gehsagt: Ey Bruder, sietzestu hier und issest die geringe Speise, ich will dich nach Hofe bringen, da du wohl ander Speisen haben kannst.» Doch der andere war klüger: «Lieber Bruder, ich will lieber mit dieser geringen Speise in Freyheit vorlieb nehmen und Gott darbey loben und preisen als zu Hofe ein Knecht und schendlicher Mamelucke werden, der denen Herren wieder Gott und Recht mit seinem ewigen Verderben nur nach dem Maule reden muss.» «Hofbisslein sind Höllenküchlein», lautete daher sein griffiges Fazit, «und sind alle mit zeitlichen und ewigen Verderben überzuckert.»[70]

Hier muss der Chronist nun bekennen, «als ein junger Mensch, in Bauer und Bürgerstande erzogen», von dieser höfischen «Gottlosigkeit» keine Vorstellung gehabt zu haben. Mittlerweile um diese Erfahrung bereichert, so Happe weiter, wünsche er sich von Herzen, dass er «niemahls darzu kommen were». Das gräfliche Angebot, mit anderen Worten, hatte sich als ein unmoralisches entpuppt, und es wäre besser gewesen, er hätte es abgelehnt.[71]

Aber «Gottes Schickunge» hatte andere Pläne mit Volkmar

Happe gehabt, und so stand es dem Hofrat nicht an, mit des Herrn unergründlichen Wegen zu hadern. Was ihm blieb, war daher eine Bitte: «Gott, der liebe Gott, bringe mich zu einem ehrlichen Schluss umb Jesu Christi willen, Amen, Amen, Amen.»[72] Was konnte das heißen? Happe, so scheint es, verstand sein Hofleben als Prüfung: als Aufgabe, in einer Welt der Verstellung aufrichtig, ehrlich und unverstellt zu bleiben – und seine Amtspflichten gewissenhaft zu erfüllen.

An dieser Stelle tritt wieder der Winterkomet in Erscheinung. Für Happe, das haben wir schon gesehen, war er kein schönes Ereignis, sondern ein «schreckliches», denn in seinen Augen folgten ihm immer wieder Krieg, Pest und Teuerung auf dem Fuß. Und so nahm auch Happe den Schweifstern zum Anlass, all dies zu beschreiben – um seine genaue Bedeutung zu klären und so die Warnung zu beherzigen, die er enthielt. Das Festhalten des Kommenden, Vergehen für Vergehen, Leid um Leid, seine Entschlüsselung Zeichen für Zeichen, wurde zu einem Akt jener gottesfürchtigen Besinnung und Reue, die allein die Sanktion irgendwann wieder abzuwenden vermochte.

Happe schrieb und schrieb. Am Ende füllte seine Chronik nicht 176 Blatt, wie Heberles *Zeytregister*, sondern etwa das Fünffache – und das, obwohl der Schösser seine Schreibtätigkeit bereits 1642 einstellte und nicht erst, wie der Schuhmacher aus Neenstetten, dreißig Jahre später. Nicht anders als Heberle notierte Happe Familiäres ebenso wie lutherische Großereignisse: das Reformationsjubiläum von 1617 etwa (und die Gegenveranstaltungen der Katholiken, mit denen sie «sich sehr höhnisch über der armen Lutherischen Jubelfest gemacht» haben)[73] oder den Einfall Gustav Adolfs von Schweden im Reich und seinen «ritterlich[en]» Tod in der

Schlacht bei Lützen im November 1632.[74] Vor allem aber hielt
er minuziös all die Gewalttaten fest, die durchziehende Sol-
daten, gleichgültig, ob Freund oder Feind, in Schwarzburg-
Sondershausen begingen: sämtliche Verluste, Diebstähle und
Schäden, die ihm in seinem näheren Umfeld zu Gesicht oder
Gehör kamen.[75]

Auch wenn das *Chronicon* nicht zur Vorlage beim Dienst-
herrn bestimmt gewesen sein kann (den hätte Happes Hofkri-
tik nicht erfreut): Hier schrieb unverkennbar ein Amtmann.
Doch nicht nur das. Es schrieb ein Amtmann, der sich als
ehrlicher, fleißiger und aufrichtiger Bürger zu präsentieren
bemühte. Auch das beweist die hier aufscheinende Selbst-
reflexion, auch wenn sie die Chronik sonst nicht bestimmt.
Es zeigt sich in Happes Abrechnung mit den «falschen Zungen, Verleumdern» und «Fuchsschwentzern», den Schmeich-
lern also und «heimtückischen Lügnern, der es zu Hofe viel
giebt». Und es zeigt sich in der bitteren Klage über das «karge
Hertz» Graf Christian Günthers, den Happe sechzehn Jahre
später nur unter Androhung seines «Abschieds» davon ab-
bringen konnte, ihm die Besoldung zu kürzen.[76] Vielleicht,
heißt das dann, stand der Komet 1618 nicht nur über Thüringen, Deutschland und Europa, sondern auch über Happe
persönlich. Vielleicht muss man das unermüdliche Schreiben
dieses Schössers auch als apotropäische, Unheil abwendende,
Handlung eines Lutheraners begreifen. Vielleicht bot es den
nötigen Schutz in einer Welt von Höflingen, die ihn zu gott-
loser Unehrlichkeit und Verstellung zu verführen versuchten.
Vielleicht also war das Protokoll der Gewalt für Happe die
einzige Möglichkeit, ein richtiges Leben im falschen zu führen – und so eine bessere Antwort auf den Kometen als ein
Kündigungsschreiben zu finden.

Vor persönlichem Leid konnte das seine Familie und ihn selbst nicht bewahren. Auch darin erging es ihm wie Heberle und so vielen seiner Zeitgenossen. Darauf wird in Kapitel 6 zurückzukommen sein. Im Augenblick ist festzuhalten: Der Schuhmacher und der Wirtschaftsverwalter waren keine Naturforscher, und so beschrieben sie in ihren Chroniken weniger den Kometen als seine Bedeutung: die Strafe, mit der Gott die Sünder bedrohte. Sie sammelten die Zeichen auf Erden, die es erlaubten, das Zeichen über ihren Köpfen zu entschlüsseln; denn erst so wurde wiederum mit Hilfe des himmlischen Geschehens das irdische lesbar. Diese Register mussten noch umfangreicher ausfallen als die Traktate der Gelehrten. Denn sie nährten sich aus der beständigen Frage: Was war im Angesicht des Kometen praktisch zu tun? Eine klare Antwort war hier im Vorhinein nicht zu erwarten. In diesem Sinne schuf der Komet erst die Ungewissheit, die er mit seinem Verweis auf die Zukunft eigentlich zu beseitigen versprach. Und dennoch: Durch die Beschreibung der angekündigten Gewalt, so scheint es, fanden sich die Chronisten in der Gewalt, die sie beschrieben, besser zurecht.

Doch nicht nur durch ihre Beschreibung. Auch in konkreten Entscheidungen des Alltags, auch im beschriebenen Geschehen also, konnte der Winterkomet Aufgaben eines Leitsterns erfüllen. Wie genau, zeigt das nächste Kapitel.

4.

LEBENSENTSCHEIDUNGEN

Hinterher ist man immer schlauer. «Hette [ich] gew[u]st, das es ein dreysigjähriger Kreich bedeuten solte», notierte der katholische Ratsherr Andreas Kothe aus Wiedenbrück in sein Hausbuch, als er 1648 an den Winterkometen zurückdachte, «hette meine Sachen anders disponiret.»[1] Wie im Einzelnen, würde man gerne erfahren, doch das behält Kothe für sich – bedauerlicherweise. Noch interessanter jedoch ist: Es gab jemanden, der, nachdem er den Kometen erblickt hatte, seine Angelegenheiten tatsächlich anders geregelt zu haben scheint: Augustin Güntzer, reformierter Zinn- und Kannengießer aus der elsässischen Reichsstadt Oberehnheim. Jedenfalls lässt er uns das glauben; denn dass der Komet dreißig Jahre Krieg anzeigen sollte, konnte natürlich auch er vor dem Westfälischen Frieden nicht wissen. Aber offenbar ahnte er gleich, als der Schweifstern am Himmel erschien, dass es Krieg geben würde. Und er hat daraus, so berichtet er es in seiner Autobiographie, wiederholt seine Konsequenzen gezogen.

Als der Ständeaufstand in Böhmen begann, war Augustin Güntzer nicht zu Hause. Er befand sich in Italien. Weit entfernt vom Geschehen also, aber dennoch, wie wir gleich sehen werden, nicht in sicherer Distanz. Neun Tage vor dem

Prager Fenstersturz, am 14. Mai, hatte er seinen 22. Geburtstag gefeiert, nachdem er knapp drei Jahre zuvor, im August 1615, die Reise angetreten hatte, die für junge Handwerker wie ihn obligatorisch war: die Tour der Gesellen. War das Unternehmen selbst auch verbindlich, die gewählte Route war es nicht. Nachdem ihn der Vater aus der Lehre entlassen hatte, ergriff Güntzer die Gelegenheit, so viel wie möglich von Europa zu sehen. Sein Weg in «frömpte Landt»[2] führte ihn zunächst nach Norden bis Frankfurt am Main, dann nach Südosten bis Wien, im Anschluss wieder nach Norden, nach «Mitternacht», bis Dresden und Leipzig, sodann zurück über Erfurt, Nürnberg und Ulm bis nach München und anschließend noch weiter nach Süden, bis nach Triest. Ende 1617 dann, als im Friaul der Krieg zwischen dem venezianischen Dogen und dem Erzherzog von der Steiermark, dem späteren Kaiser Ferdinand II., beigelegt war, verließ der Kannengießer habsburgischen Boden und setzte nach Venedig über.[3] Von dort schließlich war es nicht mehr weit bis in den Kirchenstaat. Nach weiteren 450 Kilometern und einer Wanderung mit Seeblick, die adriatische Küste entlang, war Rom, die *città eterna*, erreicht.

Weil Güntzer auf dem Rückweg nicht vergaß, auch noch Siena, Florenz und Bologna zu besuchen, darf mit Fug und Recht gesagt werden: Der Kannengießer absolvierte eine Tour, mit der er es mit jedem bildungsbeflissenen Bürger und Aristokraten aufnehmen konnte – und mit jedem guten Katholiken auch.[4] Da stellt sich natürlich die Frage: Was trieb diesen calvinistischen Handwerker an? Die einfache Antwort lautet: die Neugier.

Die jedoch hatte ihren Preis. Im Geruch der Todsünde, wie schon gesehen, stand sie zu dieser Zeit nicht mehr. Doch

brachte sie nach wie vor große Gefahren mit sich, für die
Seele wie für den Körper.

Das hatte auch mit den Gründen für Güntzers Neugier zu
tun. Der Kannengießer verfolgte nicht primär ein humanis-
tisches Bildungsprogramm, wie es andere Protestanten taten,
die das Risiko für das Heil ihrer Seelen nicht scheuten;[5] und
er war auch nicht im Begriff zu konvertieren. Im Gegenteil.
Er wollte sich gegen die Versuchungen und Verlockungen des
Katholizismus immunisieren. Wer seinen Gegner bezwingen
wollte, versicherte er seinem Gott und seinen Lesern, der
musste ihn kennen: «es macht hernacher alererst standthafftige Christen, so die Abgöttery gesehen und erfahren haben».[6]
Güntzers Neugier richtete sich nicht auf Kunst, Technik oder
Land und Leute, sondern war konfessionskämpferisch begründet. Genauer: Was der Kannengießer praktizierte, war
Ethnographie im Zeichen der Ewigkeit. Ihn, der sich schon
früh als *miles christianus*, als «geistlicher Ritter», verstand, führte die Reise ins Herz katholischer Finsternis.[7] Wer von dort
heil zurückkehrte, hatte die Probe auf die Treue zum calvinistischen Glauben bestanden und sah sich in seinem Bekenntnis gestärkt.

Um dies zu erreichen, besuchte Güntzer nicht nur die Kirchen der Ewigen Stadt, sondern, auf dem Weg dorthin, auch
zwei Messen in der Marienkapelle von Loreto, dem wich-
tigsten Wallfahrtsort katholischer Pilger: «[d]armit ich … von
ihrem Götzenwerck etwaß konde sagen». Aber unnötig zu
betonen: Er fand dort «wenig Trost und Krafft».[8] Es war ja
auch zu merkwürdig, abstoßend geradezu, was Güntzer hier
zu sehen bekam. Dass das «Volck» vor dem Marienbildnis
auf die Knie fiel, mochte noch angehen. Aber «[a]ußerhalb
um die Capel gingen die Leidt auff den Kneyen herumber

[umher] und lecketen die Capel in alen Orten, gleich wie die Geißen die Mauren.»[9] Und das Gleiche in Rom, da benetzten die «Menschen, jung und alt» und ebenfalls kniend, mit ihren Zungen «deß Babst Biltnuß die Fies».[10]

Güntzer selbst hielt sich bei alldem «aufrecht» und fern von «Steinen und Steinengetzen» (steinernen Götzen).[11] Denn er musste feststellen: Praktisch gesehen, war aktive Immunisierung mit schwer kalkulierbaren Risiken behaftet. Vor langfristigem Schutz brachte sie zunächst akute Ansteckungsgefahr mit sich. Und das war wörtlich gemeint. Nachdem Güntzer die Marienkapelle in Loreto wieder verlassen hatte, kam bei ihm nämlich die «Ungarische Krankheit» zum Ausbruch. Eine unangenehme Geschichte, dieses Leiden ist heute als Fleckfieber bekannt. Wie konnte das passieren? Güntzer war überzeugt: «wegen des starcken hitzigen Weins und des Gestanckes der Knobloch und Wax, so ich in mich geschlucket habe in der Capel zu Loreta durch den Atem.»[12] Mit anderen Worten: durch böse, schmutzige Luft, durch «Miasmen», wie es gelehrt hieß, die ihre infektiöse Wirkung in diesem Fall, wie der Messwein auch, aus der Unreinheit des katholischen Glaubens bezogen.

Daher hütete sich Güntzer auch vor direktem Kontakt mit der Statue des Papstes in Rom.[13] Denn «da die fihrneme Leidt [Leute] in Seiden und Samet ihme die Fieß kißen, so mießte ich ihme den Arsch kißen, dieweil ich sehr unsauber, zerrißen Kleider trug, dieselbige voler Leiß und Fle [Läuse und Flöhe]. Ließ es derohalben underwegen, ihne zu kißen, dan ich fröchte [fürchte], er möchte zu sehr von der Abgöttery stincken, dirffte mich alererst kein neye Kranckheitt anstoßen.»[14] Dass Güntzer stank, lag an der langen Reise. Bei der Papstkirche aber lag es an der Götzendienerei. Gefährlich,

heißt das, waren nicht nur die Katholiken, sondern auch die
Symbole ihrer Frömmigkeit. Denn die waren mehr als bloße
Zeichen. In ihnen war, was sie repräsentierten, im ganz körperlichen Sinne präsent. (Und das nicht nur in den Augen
ungebildeter Handwerker.[15])

All das wäre womöglich nicht passiert, wäre Güntzer nicht
ohnehin schon an Leib und Leben bedroht worden. Sei es
auf dem Weg nach Rom oder beim Besuch der Kirchen der
Stadt, überall suchten ihn aufmerksame Mitmenschen in die
Beichtstühle der Jesuiten zu führen. Und überall befürchtete
er, erkannt, «ins Feihr» gesetzt und «im Rauch gen Himel geschickt» zu werden: den Ketzertod auf dem Scheiterhaufen zu
sterben.[16] Tatsächlich hätte er von der römischen Inquisition
wohl keinen «pludtdirstigen Mordt»[17] zu gewärtigen gehabt,
sondern lediglich seinem Glauben abschwören müssen. Denn
die Inquisitoren waren nicht auf Märtyrer aus, sondern auf
gerettete Seelen und setzten daher auf langwierige Verhandlungen, nachdrückliche Überzeugungsarbeit und die Qualen
der Kerkerhaft, auf einen schleichenden Tod also, nicht einen
schnellen.[18] Dazu allerdings gehörte auch die Drohung mit
Folter, die viele als schlimmer empfanden als den Tod, dessen Rechtmäßigkeit die Tortur zu erweisen versuchte.[19] Und
insofern konnte sich Güntzer, ungeachtet seiner konfessions-
polemischen Fehleinschätzung, durchaus vor die Wahl gestellt sehen, seine Seele zu gefährden oder sein körperliches
Leben. Diese Aussicht konnte einem Calvinisten schon Angst
machen. Diese Angst wiederum – und das ist hier zunächst
das entscheidende Problem – setzte ihn der Gefahr erst wirklich aus; denn sie machte den Kannengießer besonders empfänglich für das miasmatische Gift.

Das muss schlussfolgern, wer die Schriften der Mediziner

studiert. Und wer dazu keine Zeit hat, schlage Johann Heinrich Zedlers *Universal Lexicon* auf, das größte Wissensreservoir
des frühen 18. Jahrhunderts, das im Artikel zum Ungarischen
Fieber zusammenfassend erklärt: Die Furcht vor religiös be-
gründeter Gewalt öffnete den Krankheitserregern die Tore
des Körpers.[20] Zedler verweist dafür auf die tödliche Furcht
christlicher Soldaten in ihrem Kampf gegen die «Türken»
in Ungarn (denn so kam die Seuche zu ihrem Namen). Bei
Güntzer dagegen, diesem primär «geistlichen Ritter», ist es
die Furcht vor den Soldaten des Papstes. Wer die Katholiken
allzu sehr fürchtete, hatte wirklich Grund, sie zu fürchten;
denn sein Körper war gegen die konfessionelle Bedrohung
nicht hinreichend gewappnet.

Zu allem, was Katholizimus atmete, ging Güntzer also
besser auf Abstand, zu den Menschen genauso wie zu ihren
Bildern. Das allerdings warf ein neues Problem auf; denn damit gab er sich ja als Protestant zu erkennen. Und so halfen
am Ende, wo der Fluchtweg versperrt war, nur Lüge und
Täuschung. Hier ließ Güntzer nichts aus, was die Gemüter
der Theologen und Moralisten erhitzte und ihre Unter-
scheidungsmaschinerie antrieb. Ob er nun einem zudring-
lichen Mönch erzählte, der Wind habe seinen Beichtzettel
ins Wasser geweht, obwohl er natürlich nie einen besessen
hatte (denn er unterlag ja nicht den Bestimmungen des Kon-
zils von Trient, das mindestens eine Beichte pro Jahr mit
schriftlicher Bescheinigung vorschrieb);[21] ob er in der Litanei
«Dabiß, dabiß» rief, um nicht «Ora bra [pro] nobiß» rufen zu
müssen;[22] ob er seinem Banknachbarn, der das bemerkte, erklärte, er sei eigentlich «besser catolisch» als er;[23] oder ob er
zum «Schein» einen hölzernen Paternosterersatz bei sich trug,
der nur einen Kreuzer wert war, den ein kluger Esel schon

in der Nähe von Loreto zertreten hatte und den er gleichwohl auf der Rückreise in Trient als vom Papst gesegnet
ausgab, um damit eine Schuhreparatur zu bezahlen: Überall hat Güntzer «die Wahrheitt gespartt».[24] Ob er also seinen
Glauben offen verleugnete oder ihn nur nicht zu erkennen
gab, ob er auf Gleichklänge, doppeldeutiges Sprechen und
mentale Vorbehalte zurückgriff oder die Papstdiener mit
ihren eigenen Betrügereien betrog: die Klaviatur der Halb-
und Unwahrheiten, der *dis/simulatio, aequivocatio* und *reservatio
mentalis*, wusste der Kannengießer versiert zu bespielen.[25]
Hätte er sich nicht zum Calvinismus bekannt, könnte man
geneigt sein zu sagen: ein rechter Jesuit.

Dabei war ihm eines vollkommen bewusst: Eigentlich
hatte er den Bogen überspannt und die Grundsätze seines
Glaubens verletzt; denn was er getan hatte, um sein Leben zu
retten, hätte vielleicht noch Luther, in keinem Fall aber Calvin gebilligt. Güntzer hatte das Gebot der *constantia* missachtet,
zu deren Festigung seine ganze Italienreise angeblich diente.
Und so folgte, nach dem glücklichen Ausgang der Dinge, die
Reue auf dem Fuß. Noch in ihr jedoch scheint ein raffinierter
Rechtfertigungsversuch auf: «Ich muß leider, Her, fihr dihr
[vor dir] bekenen, daß die rechten Bekener Gottes, so in dißes
Landt nacher Rom reißen, etwaß hichlen [heucheln] mießen,
welches ich leider auch gethan habe, aber es macht hernacher
alererst standthafftige Christen, so die Abgöttery gesehen
und erfahren haben.»[26] Das ist interessant: Güntzer begründet seinen Mangel an Standhaftigkeit eben aus der Aufgabe,
Standhaftigkeit zu erlangen. Dass Gott und seine Leser das
überzeugte, schien er allerdings selbst nicht zu glauben. Und
so legte er sicherheitshalber noch ein Argument nach: «Es ist
zwar vohr dihr, Her, verbotten die Hicheley, aber Her, wehr

ist ohne Sindt, der hieb den ersten Stein auff.»[27] Gott beim Wort nehmen muss man das nennen.

Warum ist diese Geschichte hier von Bedeutung? Weil das Problem gerade im Dreißigjährigen Krieg sehr virulent war. Nicht nur Dichter wie Andreas Gryphius beweinten: Es gab etwas, das war «ärger als der Tod» und «grimmer denn die Pest/ und Glutt und Hungersnoth», nämlich dass «auch der Seelen Schatz/ so vilen abgezwungen».[28] Gemeint ist die «Verfierung» (Verführung), diesen Schatz, das eigene Bekenntnis, als «einen verdampten teifflischen» zu bezeichnen. Sie, klagte auch Güntzer, «ist vill taußent Mall erger dem Menschen, als das Leben laßen».[29] Protestanten fürchteten hier besonders die Mission der Jesuiten, deren Namen sie gern als «Jesuzuwider» ausbuchstabierten (wenn ihre Kinder nicht gerade ihre geschätzten Schulen besuchten).[30] Daher verwundert es nicht, dass Güntzer wiederholt die Bereitschaft bekundete, im Ernstfall den Weg des Martyriums zu gehen, wenn sich nur so das Seelenheil retten ließ.[31] Zur Stärkung hatte er die Geschichte der Märtyrer studiert. Er hatte vorbildliche Historien all jener gelesen, die um des göttlichen «Namens willen vil Schmach undt den zeitlichen Dodt erlitten haben».[32] Und er hatte sich über die Bartholomäusnacht informiert, jenes Massaker, dem 1572 viele tausend französische Protestanten zum Opfer gefallen waren.[33]

Doch die Bereitschaft ist das eine und die Tat etwas anderes. Zum Martyrium war nicht jeder geboren. Als Güntzer sich in Italien vor dem Ketzertod fürchtete, bevorzugte er in jedem Falle die Flucht, und zwar auch dort, wo die sich nur mit unlauteren Mitteln bewerkstelligen ließ. Und es kam noch etwas hinzu: Nicht nur dass Güntzer zweifelhafte Wege wählte, um sein Leben zu retten. In die fragliche Not hatte er sich selbst überhaupt erst gebracht. Das unterschied ihn von den italienischen Konvertiten, denen Calvin zu emigrieren anriet, falls sie ihrem Glauben nicht treu zu bleiben vermochten, wenn es zum Äußersten kam.[34] Und so rechtfertigte sich Güntzer nicht nur für seine Lügen, sondern auch dafür, sich in die Gefahren begeben zu haben, die sie erforderlich machten. Anders gesagt: Zum Martyrium bereit zu sein gehörte zum guten Ton geistlicher Ritter, es zu suchen und zu provozieren dagegen nicht. Vielleicht war Güntzer ja doch allzu neugierig und verführbar gewesen. Zu dem Kampf, den er in Italien ausfocht, hatte ihn niemand rekrutiert. Mit dem Leben musste er das nicht bezahlen, wohl aber mit seiner Gesundheit.[35]

Doch bei aller körperlichen und seelischen Brisanz: Am Ende konnte Güntzer seine Exkursion in den südlichen Katholizismus als erfolgreichen Schritt zu konfessioneller Standhaftigkeit verbuchen. Manchmal heiligte der Zweck eben die Mittel, nicht nur für Jesuiten, sondern auch für Calvinisten, und so durfte der Kannengießer mit Gottes Großzügigkeit rechnen. Wäre er in Italien gestorben, hätte das keinem geholfen. Güntzer kehrte als *miles christianus* zurück, gestärkt für die Kämpfe, die jetzt vor ihm lagen und immer weitere, immer gewaltsamere Kreise zu ziehen begannen.

Es war Anfang November 1618, als Güntzer wieder Reichsboden betrat, in Trient seinen falschen Rosenkranz gegen besseres Schuhwerk eintauschte und sich damit auf den Heimweg ins Elsass begab. Nachdem er Ende des Monats Schwaz in Tirol erreicht hatte, wurde er dort bald in besonderer Weise begrüßt: Zwei Wochen lang, bis Weihnachten vor der Tür stand, konnte er jeden Morgen um fünf für eine Stunde den Winterkometen am Himmel betrachten. Der Schweifstern

beschäftigte Güntzer so nachhaltig, dass er ihn nicht nur beschrieben, sondern auch gezeichnet hat – und mit ihm auch
noch die ganze Landschaft, die er bedrohte (Abb. S. 104).

Auch für Güntzer war klar, dass dieser Himmelsbote
nichts Gutes verhieß, und er wusste natürlich auch, warum:
«Ach Herr, Gott, ich kan mihr nichts anders einbilten undt
erklören, als daß du unß hartt wirst straffen mitt Andeutung
dißes Cometsternen undt Rudten in unßerm deischten Landte. So zichtige [züchtige] du unß mitt Maß undt nicht in deinem Grim.» Sündenbekenntnis ebenso wie Bitte um Gnade
bezog er dabei nicht nur auf das Römische Reich im Ganzen,
sondern auch auf sich persönlich: «*Herr*, diße Rudten wirdt
mich auch tröffen, dan ich bin auch ein großer Sinder. *Herr*,
kan es sien, so bite ich dich, gibe mihr deinen heiligen Geist
zu Bößerung [Besserung] meines Lebens.»[36]

Was das im Einzelnen hieß, musste sich zeigen. Als Güntzer
seine Handwerksarbeiten in Tirol abgeschlossen hatte, zog er
weiter und allmählich in seine Heimat zurück. Im Juni 1619
erreichte er das Elternhaus, wo ihn der Vater mit Tränen der
Freude empfing – und mit der Bemerkung (wie es Eltern so
tun), er «solte nicht so lang ausplipen sien». Doch Kinder sind,
wie sie sind, und Augustin Güntzer war es einmal mehr und
hielt eine wenig tröstliche Antwort bereit: «Ich bin nicht lang
außgeweßen, sonder ich verhoffe, alererst recht zu reißen in
die mitnöchtischen [nördlichen] Lender und in Intia [Indien]
zu schiffen und alhie nicht lenger zu verpleipen dan 4 oder
5 Tag.»[37] Kaum zurück also, wurden schon wieder Reisepläne
geschmiedet. Den Süden Europas kannte Güntzer jetzt, nun
stand der Norden auf dem Programm. (Nach Indien allerdings, das sich viele als Paradies auf Erden ausmalten, reiste
er nur in der Phantasie.[38])

Der Komet über Deutschland.
Zeichnung in Augustin Güntzers Autobiographie.

Eigentlich sah Güntzers Lebenslauf jetzt etwas anderes vor: Ehestand und Arbeit im Meisterbetrieb; denn Meistersöhne ließ die elsässische Kannengießerordnung auch ohne Anfertigung eines Meisterstücks zur Meisterschaft zu.[39] Doch Güntzer dachte gar nicht daran; denn er erinnerte sich an einen Traum. Und zwar an keinen guten. Als er durch Tirol, das Allgäu und die Schweiz gezogen war, hatte er «auff die 8 Wochen lang balt ale Nöcht sehr schwere Treim gehapt ...‚ wie ich mit dem Vatter mein zancket und streittet undt ander

Leidten [Leuten], auch mit den jungen Gesellen stetig schlag mit Feisten [Fäusten] undt Degen. Ferchte derohalben, meine Treim mechten mihr wahr werden.» Und deswegen: «Name also mihr vohr, nicht lenger dan 3 oder 5 Tag bey Hauß zu verpleipen.»[40]

Noch ein Vorzeichen also, diesmal ein inneres. Wie so viele seiner Zeitgenossen erkannte Güntzer nicht allein in Himmelsphänomenen eine divinatorische Bedeutung, sondern auch in den Bildern, die er im Schlaf zu sehen bekam. Und auch dieser Traum sollte schnell Wirklichkeit werden.

Güntzer war kein geselliger Mensch, sondern eher von «melancolischer Natduhr» – wie er gleich einleitend zum *Kleinen Biechlin* bemerkt, um sein autobiographisches Schreiben zu legitimieren.[41] Er mied die Gesellschaft, die von so vielen als Anti-Melancholicum empfohlen wurde, denn in seinen Augen machte sie alles noch schlimmer. Und warum? Weil sie zu «Unkischheidt» und Gottlosigkeit verführte. Die Gesellen seiner Zunft gehörten dabei zu den Ärgsten. Wollte Güntzer ihren Rügeritualen entgehen, musste er sich «ihrer Grobheitt undergeben, mit ihnen Dag und Nacht zechen und grob, lustig sien».[42] Das jedoch setzte sein Seelenheil in größte Gefahr.

Daher war Güntzer lieber allein, doch das konnten seine Genossen nicht akzeptieren. Sie schlugen den Außenseiter, wie er berichtet, mit Fäusten und Degen.[43] Das hat Güntzers Melancholie nicht therapiert. Um ihrer Gewalt künftig zu entgehen und vor allem um nicht in Versuchung zu geraten und weitere Schuld auf sich zu laden durch «Schweren und Fluchen, Freßen und Sauffen»,[44] beschloss Güntzer, sein Vaterland erneut zu verlassen.

Dies nun erzürnte den Vater «so sehr, daß er seinen Sei-

dendögen von der Wandt wolte nehmen» und seinem Sohn
«denselbigen uber den Kopff wolt schlagen».[45] Ein ebenso ge-
waltsamer wie symbolischer Akt; denn Seitendegen trugen
Handwerker als Zeichen ihrer Ehr- und Wehrbarkeit zur
Schau.[46] Und auch das war nicht hilfreich. Was Güntzers Entschluss rückgängig machen sollte, hat ihn allererst zementiert.
Jetzt war dem Kannengießer klar: Kein Weg führte an einem
erneuten Aufbruch vorbei.

Als Güntzer seine Heimatstadt zum zweiten Mal verließ,
das war im Frühjahr 1620, hatte sich die Traum-Prophetie in
frühneuzeitlicher Weise selber erfüllt. Die geträumten Rauf-
händel hatte Güntzer nicht nur als Ankündigung verstanden,
sondern auch als Warnung beherzigt. Der Entschluss zur Ab-
reise, der daraus resultierte, provozierte dann die Schläge des
Vaters, die wiederum dem Entschluss zum Aufbruch seine
Endgültigkeit gaben. Güntzers Traum war Prophezeiung und
Handlungsanleitung zugleich. Es kam am Ende, wie verheißen und wie geplant – nur dass der Kannengießer nicht vier
oder fünf Tage im Elternhaus blieb, sondern so lange, bis
die Bedeutung der Zeichen und Verhältnisse geklärt war: ein
knappes Jahr.

Güntzer hatte guten Grund, den Traum zu beachten, denn
es war nicht der erste seiner Art. Was der Wanderer in den
Alpen im Schlaf zu sehen bekam, konkretisierte eine nächtliche Erscheinung, die er bereits als zehnjähriges Kind gehabt
haben will. Eines Mittags, geht diese Erzählung, läutet der
Teufel an der Tür und fordert den Jungen herunter, denn er
will mit ihm «streitten und schlagen» und ihn im Anschluss
ermorden. Augustin, er kann nicht anders, nimmt die Herausforderung an, aber er sieht schon jetzt, dass er den Kampf,
so schwer er auch ist, mit der Hilfe Gottes und seiner Engel

gewinnt.[47] Seitdem, sagt der Autobiograph, stand sein Leben im Zeichen dieser Erscheinung: ein Leben voller Leid, Prüfung und göttlicher Gnade. Wiederholt musste er später an diesen Initialtraum zurückdenken,[48] und auch wenn er es nicht ausdrücklich sagt: sicher auch bei seiner Rückkehr ins Elsass im Jahr 1619.[49]

Doch es war nicht nur der Traum, der den Kannengießer im darauffolgenden Frühjahr erneut in die Fremde hinaustrieb. Es kam noch etwas hinzu: «daz leidiche Griegsweßen im Römischen Reich», das «sich von Tag zu Tag heiffet [häuft]». In den «E[he]standt zu schreitten», wie der Vater und die Geschwister es wollten, sich «ein Weib zukoplen» zu lassen, kam Güntzer daher noch nicht in den Sinn.[50] Das Elend dieses Krieges hatte der Komet Monate zuvor an den Himmel geschrieben – und dabei offengelassen, was noch alles bevorstand. Und nicht anders als der Traum hatte er dabei auch Güntzer persönlich vor der Sünde gewarnt. Angesichts der Ungewissheit der Lage und der moralischen Verhältnisse in seiner Stadt, angesichts dieser Kombination unheilvoller Zeichen, war an Familiengründung noch längst nicht zu denken. Bevor der Krieg nicht beendet war, musste Güntzer, wollte er nicht wahlweise der Sünde oder der Armut verfallen, den Ort der Gefahr wieder verlassen.

Auf die Zustimmung seiner Familie konnte er dabei nicht hoffen. Der Begründungsaufwand, den er deswegen trieb, unterscheidet seine zweite Wanderung von der ersten. Vor seiner obligatorischen Gesellentour sorgte sich Güntzer, wie viele Reisende es taten, vor allem vor den sündigen Verlockungen der Fremde (neben Krankheit, räuberischem Überfall und Mord).[51] Nach seiner Rückkehr dagegen wurde die omnipräsente Verführung zu Hause zur Legitimation für eine

Fahrt, die die anderen – um es humanistisch zu sagen – nicht
mehr als *peregrinatio* betrachten konnten, als Bildungsreise,
sondern nur noch als zielloses Umherschweifen (*vagari*).[52]
Hier traf Güntzer eine Entscheidung, die gegen die Erwartungen seines Umfelds verstieß; und er begründete sie mit einer
Vorsehung, die sich aus Träumen und Kometen erschloss.

Darüber hinaus unterschieden sich natürlich die Routen.
Nachdem Güntzer seinen Schöpfer um den Beistand seiner «lieben Engelin» und um Schutz vor allen Sünden und
«falsche[m] Gottesdienst» gebeten hatte (er wusste jetzt, wo-
von er sprach),[53] verließ er das Elsass befreit in nördliche
Richtung. Jetzt konnte er noch einmal «ein wenig die Welt
beschauen, wie sie aussicht».[54] Diese neunzehnmonatige
Reise sollte ihn die ganze Nord- und Ostseeküste entlang-
führen und im Anschluss sogar übers Meer nach Westen bis
nach England. Zuvor und danach jedoch zog er durch bereits vom Krieg gezeichnetes Gebiet: durch die Niederlande
und Frankreich. Und so wollen wir ihn auch dabei noch ein
wenig begleiten.

Schon als er nach Lothringen kam, musste er feststellen,
dass es in Kriegszeiten unterwegs nicht sicherer war als zu
Hause, vor allem für jene nicht, die allein unterwegs waren, wie es Güntzer jetzt oftmals geschah. Nachdem er im
Stutzbachtal eine von Wegelagerern bevölkerte «Merder-
grub» glücklich passiert hatte, wollten ihn wiederholt loth-
ringische Bauern «zu Dodt schlagen». Denn die hielten ihn
für einen der fünfundzwanzigtausend flandrischen Soldaten,
mit denen Generalfeldmarschall Ambrogio di Spinola durchs
Land zog. Der sollte im Auftrag der spanischen Krone Kaiser
Ferdinand unterstützen und die Kurpfalz aus den Händen der
Reformierten befreien (was mit dem Sieg in der Schlacht am

Weißen Berg 1620 gelang). Von diesen «Soldaten wirden die Einwoner auffs eißerst verderbet gepeinigt und geschlagen», und so nahmen sie an jedem Rache, dessen sie habhaft werden konnten.[55]

Doch durch ein «wolbedachts Weib» wurde der Kannengießer «von den groben, bößen Bauren erleßt», wanderte nach Trier und schiffte sich dort nach Köln ein, über Mosel und Rhein.[56] Weiter ging es ins Herzogtum Jülich, wo sich ihm ein Wollkämmergeselle anschloss. Der war «zwar der babistischer Religion», aber auf seine Glaubensverwandten noch schlechter zu sprechen als Güntzer – insbesondere auf Jesuiten und Spanier; denn die hatten ihn angeblich in Santiago de Compostela verbrennen wollen, bloß weil er vier Jahre im pfälzischen Frankenthal «bey den Higonotten» gearbeitet hatte. Mit Gesellen wie diesen war gut wandern.

Aber mit Güntzer ja eigentlich auch. Mit ihm ließen sich im Ernstfall sogar geistliche Aufgaben erfüllen. Nahe Lüttich sprach eine altgläubige Bauersfrau die Reisenden an und bat sie um Fürbitte für ihre sterbende Mutter und um tröstenden Zuspruch. Die beiden zögerten nicht. Güntzer verzichtete lediglich darauf, vor Ort das Zeichen des Kreuzes zu schlagen, denn: «ich hette ohnedaß offt mehr Chreitz, als mihr lieb wahr.» Nun war den Frauen natürlich klar: Dieser Mann war «nicht ihrer Religion». Aber schrien sie jetzt nach den Autoritäten? Nein, taten sie nicht. Warum auch? Jetzt musste eben, so Güntzer, «mein Gesel mehr betten dan ich». So wurde das geistliche Amt erfolgreich verrichtet, die Frauen dankten, gaben Speise und Trank und den versprochenen Lohn, ihr Ablasswerk gewissermaßen, und die Wanderer zogen weiter «und ließen die alt Muder sterben».[57]

So ging es also auch. Viel gefährlicher als diese frommen

Frauen waren im Augenblick Spinolas Soldaten. Immer wieder wollten sie die beiden Handwerker zwangsrekrutieren, für den Kampf gegen die Pfalz. Und wenn sie nicht Militärisch-Politisches im Sinn hatten, kamen sie, um Güntzer auszuplündern.[58] Aber der konnte immer wieder entkommen. Er zog das Land bis nach Emden hinauf und an der Küste bis ins Baltikum weiter. Auch das war natürlich eine beschwerliche Tour. Doch ob Räuber oder Mörder, ob Krankheiten oder drohender Schiffbruch: Nichts konnte Güntzer abhalten, «Stett und Lender zu erfahren».[59] Dabei trieben den Zinngießer seine zahlreichen berufs- und reisebedingten Beschwerden nicht selten an den Rand der Verzweiflung. Doch Gott war stärker als der Teufel, der große Versucher, und führte den Auserwählten wieder und wieder aus lebensgefährlicher Schwermut heraus.[60]

So gelangte Güntzer zuletzt bis nach England und von dort zurück auf den Kontinent. Als er Frankreich durchzog, standen ihm schon wieder Gewalthändel bevor. Erst waren es die Gesellen eines Lyoner Zinngießers, die ihn «in ein dieffes Gewelb zu stirtzen» versuchten, als er sich weigerte, sein eben verdientes Geld zu «versauffen». Das kannte er von zu Hause. Doch dann geriet er zwischen die Fronten des hugenottischen Aufstands, den Henri II., Duc de Rohan, gerade gegen Louis XIII. anführte. Mittlerweile schreiben wir das Jahr 1621. Die Soldaten des Königs befanden sich im Alarmzustand und examinierten jeden, der ihnen ein Protestant zu sein schien. Und so auch Augustin Güntzer, da hatte er Lyon kaum verlassen. Jetzt wurde es noch einmal lebensbedrohlich. «Du bist ein Higonott», habe einer der Häscher gesagt, «du must sterben», und ihm ohne Verzug mit dem Degen «auff den Leib» gestochen.

Dass die Sache schon hier tödlich endete, verhinderte ein hinreichend starkes Wams. Doch dass die Soldaten den Wanderer im Anschluss an einem Baum aufhängten, ließ sich nur abwenden, indem er sein «chalvinisches Handtbuchlin» in einer Wacholderstaude versteckte und sich als «chatolischer Christ» ausgab – und das Kreuzzeichen schlug. Diesmal war es keine Frage: «Ich sagt, ich bin recht abostolisch catolisch, bin ein rechter Christ. Ich machte daz Chritz, sie laßen mich hernachen baßieren [passieren].»[61] Als rechten Christen sah Güntzer sich sicher und notfalls auch als «apostolisch katholisch» in einem überkonfessionellen Sinne des Begriffs. Und die Bekreuzigung: Wer wollte in ihr nicht zunächst eine allgemeinchristliche Praxis erkennen? Das Kreuzzeichen jedoch, auch wenn es in einigen lutherischen Riten überlebt hatte, war de facto mit Beginn des 17. Jahrhunderts aus dem Protestantismus, insbesondere dem reformierten, verbannt.[62] Wenn Güntzer sich bekreuzigte, war dies also, nicht anders als das, was er sagte, wieder gelogen. Mehr konnte er sein Gegenüber kaum täuschen. Mit seinem Gott dagegen, auch wenn der ein calvinistischer war, hatte Güntzer offenbar die Bedeutung der Worte und Gesten geklärt. Wie sonst hätte er ihm am Ende danken können, dass er nicht nur seinen Körper gerettet hatte, sondern auch das, was nicht körperlich war: «daß ich nicht um mein Leib undt Selle komen bin»?[63] Am 8. Dezember 1621, sehr zur Freude des Vaters, kehrte Güntzer nach Oberehnheim zurück.

Lange allerdings, wie konnte es anders sein, mochte er auch diesmal nicht bleiben. Denn in der Zwischenzeit hatte der Magistrat der Stadt den Protestanten die Religionsausübung untersagt. Augustins Vater hatte sich offenbar arrangiert, aber der Sohn verstand sich als standhafter Calvinist und vermochte das nicht. So verlor er das Bürgerrecht und war gezwungen, ins nahe gelegene Colmar zu gehen. Dort heuerte er als Leibgarde an, bei Hauptmann Daniel Birr, und als er dazu «kein Lust mer» hatte, zog er weiter nach Straßburg, um andere Dienste zu finden. Dort lernte er die Waffenbaukunst, aber dies war eigentlich nicht, was er wollte. Immer noch hegte er den Plan, «in Krieg und ferne Landt zu ziehen». Doch dazu bot sich jetzt keine Gelegenheit mehr. Als Güntzer das realisierte, wusste er «weder auß und an».[64]

Sein Vater freilich hatte etwas für ihn: «den E[he]standt». Nicht schon wieder, mochte Güntzer da gedacht haben, und verwies einmal mehr auf die Kriegsläufte: «dißer Krieg wirdt 20 oder 30 Jahr wehren, derohalben ich mich deß Estandts noch enthalten will undt zusehen, wie es ein Außgang mit dißem Krieg gewinnen wirdt.»[65]

Dachte Güntzer auch jetzt wieder an den Kometen von 1618? Die Situationen ähneln sich in auffälliger Weise. Güntzer stand wieder vor der Entscheidung zur Ehe, und der standen wieder drei Dinge entgegen: der Krieg und die Unklarheit, wann er zu Ende sein würde; ein falsches Leben, diesmal in Straßburg (denn in «dißem Landte» war er «lustig und gudtes Mudts, aber … lepte auch in schwehren Sinden»[66]); und aus all dem resultierend: der Wunsch, das Elsass bald wieder zu verlassen. Diesmal blieb Güntzer zwar im Land, aber die Hochzeit hatte auch jetzt noch zu warten. Und das heißt: Einmal mehr tat er, was Andreas Kothe nicht tat, nachdem er den Kometen am Himmel erblickt hatte: Er disponierte seine «Sachen anders».[67] Er tat es in der bemerkenswerten Prognose eines bis zu dreißig Jahre dauernden Krieges, in die aber offensichtlich schon das retrospektive Wissen des Autobiographen eingeflossen ist; und er tat es im Ausblick auf einen gewaltsamen Konflikt, der in seinen Augen nicht mit dem Prager Fenstersturz begann (denn der wird nirgends im *Biechlin* erwähnt), sondern mit dem schrecklichen Kometen von 1618.

Ein Jahr später allerdings ließ sich Güntzer dann doch noch zur Heirat bereden. Und er machte keine schlechte Partie. Als er Maria Goeckel zum Traualtar führte, öffneten sich ihm die Türen zur respektabel-vermögenden Gesellschaft der Stadt Colmar. Jetzt fanden seine Wanderjahre endlich ein Ende.

Der Krieg jedoch war für Güntzer damit noch längst nicht vorbei. Nachdem schon Oberehnheim rekatholisiert worden war, ereilte die Stadt, in der er sich jetzt niedergelassen hatte, im Februar 1628 dasselbe Schicksal. Güntzer stand vor der Wahl: Entweder konvertierte er «zurr böbstischer Religion» und tanzte «auff dem Seill wie der Teiffel auff dem Gerist»; oder er verließ Colmar in Halbjahresfrist.[68] Güntzer sah sich ein weiteres Mal gezwungen zu emigrieren. Er suchte zunächst Zuflucht im nahe gelegenen Reichenweiher, das zum (protestantischen) Herzogtum Württemberg gehörte, zusammen mit knapp zwanzig anderen Familien, und erbat dann im Sommer desselben Jahres Aufnahme in der Stadt Straßburg. Die wurde ihm vom Rat nicht verwehrt, jedoch unter einer Bedingung: dass er zuvor seinem alten Bürgerrecht abschwor. Das tat Güntzer, nach fünf Colmarer Jahren, und fiel so aus den sicheren sozialen Bindungen heraus, in die ihn seine Frau eingeführt hatte.

Güntzer hatte seinen Glauben gerettet, doch der Preis, den er dafür zahlte, war hoch: materielle Not und sozialer Abstieg. Dies ist der zweite Grund, warum Güntzer sein *Biechlin* verfasste. Er wollte seinen Nachkommen erklären, dass sein

Niedergang nicht persönlichem Versagen geschuldet war, sondern der «Bestendigkeitt [s]eines Glaubens»:[69] nicht göttlicher Verdammnis, sondern der Tatsache, dass eine gütige Vorsehung ihn auserwählt hatte, seinem Bekenntnis treu zu bleiben. Auch in diesem Sinne war die Melancholie seines Schreibens Zeichen der Gnade.

Nach Colmar begab sich Güntzer jetzt nur noch in geschäftlichen Dingen. Unterwegs fiel er dabei wiederholt unter Soldaten des Kaisers, im September 1630 beispielsweise. Doch da er sich hier «unerschrocken» und ohne Bedenken als kaiserlicher Unterkommissar ausgab (und da er zudem «etwaß statliches gekleidet wahr»), kam er «mit gudter Manier von dißen Soldadten».[70]

Noch eine Lüge also. Aber wer wollte sie ihm verdenken? Wie sollte er seinen Glauben verfechten, wenn er Situationen wie diese nicht überlebte? Diese kleine Unwahrheit wird denn auch von Güntzer nicht einmal mehr problematisiert. Außerdem ist es ohnehin die letzte, von der er erzählt. Denn jetzt begann sich das Blatt allmählich zu wenden: Gustav Adolf betrat den Kriegsschauplatz und wurde auch von Güntzer, obwohl der Calvinist war, emphatisch als Retter des Protestantismus begrüßt. «*O du starcker Gott*», dankte er seinem Schöpfer, «*wie wunder*barlichen Hilten [Helden], nemlichen den großmöchtisten Kenig in Schweden, schickest du jetzmallen in daß Römische Reich, deine Kindter, die evanielische Christen, zu erretten auß des Keißers Gewalt, der großen Vervolgung. … So du, *Herr*, nicht Hilffe gethan hast durch dißes Instramendt, den Kinig auß Schweden, so hette der Keißer mitt sine böbistischen [papistischen] Anhang uns gantz undt gar vertripen undt zu Bedler gemacht. Du bist aber jederzeit unßer Gott undt Helffer in den großen Nöden, du bewahrest unßere Sellen vohr dem helischen Wolff und seinem Anhang, daß Antichristes Wietten [Wüten] undt Toben.»[71]

Auch in diesem Gebet kennt Güntzer schon den Ausgang der Geschichte: Im Dezember 1632 wurde Colmar gewaltlos eingenommen, vom schwedischen Feldmarschall Gustav Horn, es wurde mit der Lutheranisierung der Stadt begonnen und dem Kannengießer so Anfang 1633 die Rückkehr ermöglicht. Dieses Unternehmen hätte Güntzer gern als Geschützmeister unterstützt, um sich an denen zu rächen, die ihn dereinst vertrieben. Doch der Straßburger Rat brauchte ihn in der Waffenschmiede der Stadt und bei der Sicherung des Kehler Rheinübergangs und gab dem Rekrutierungsgesuch daher nicht statt. Und als Güntzer dann doch noch helfen sollte, die Reichsstadt Offenburg und die Festung Benfeld zurückzuerobern, lag er mit Krankheit im Bett.[72] Es sollte nicht sein. Aber vielleicht hatte das ja auch sein Gutes. Vielleicht hätten wir von Güntzer, wäre er jetzt noch einmal losgezogen, niemals etwas gehört.

An dieser Stelle müssen wir den Kannengießer für eine Weile verlassen. Doch wir werden ihn wiedersehen, wenn er, wie auch Andreas Kothe und einige andere es taten, noch einmal auf den Kometen zurückkommt: im Jahr des Friedens, 1648. Aber im Augenblick ist dieser Friede noch sehr weit entfernt.

5.

FELDSCHLACHTEN

Am späten Abend des 4. Februar 1630 bekam Sebastian Bürster etwas Unglaubliches zu sehen. Über seinem Kopf begann sich «der himmel gelb und roth, ganz feyrig» zu färben, «alß wen eß ain erschröckliche große brunst vorhanden were». Und damit nicht genug. Wolken zogen hin und her und durcheinander, «als wan zway große läger oder starke armaeae ainanderen mit scharsieren und scharmizieren [in Attacken und Scharmützeln] hetten angrüffen und ain großes bluetbad fürübergüng». Bürster war es, als stünde er inmitten des grausigen Geschehens: «alle wehr und waffen, mit welcher sie ainanderen angrüffen, spüeß, stangen, bücken, ja auch allen tampf und rauch der mußqueten, stück und schießen, ja auch alleß keren und wenden, hin und wider laufenß hat man gesehen, alß wan man darbei were und ain rechtes treffen und veldschlacht were.»[1]

Dass Bürster hier Zeuge eines Polarlichts wurde, konnte er noch nicht ahnen; denn das Nordlicht und sein Zusammenhang mit dem Erdmagnetismus wurden erst von Edmond Halley im 18. Jahrhundert beschrieben. Gleichwohl hätte er die Erscheinung für ein *metheorum* halten können, wie andere es seiner Aussage nach taten, für ein ganz natürliches Wetterphänomen.[2] Er hätte sie auf Dämpfe und Ausdünstungen zu-

rückführen und sich dabei auf Aristoteles beziehen können.[3]
Doch davon wollte der Autor nichts wissen. Für ihn stand
fest: Er hatte ein «prognosticon» vor sich, mit unheilvoller
«vorbedeutnuß».[4]

Damit stand er nicht allein. Zahlreiche Beobachter, vor
allem Lutheraner, beschrieben und interpretierten dieses
Nordlicht in ähnlicher Weise, Hans Heberle etwa, wie wir
noch sehen werden, oder der Tübinger Astronom Wilhelm
Schickard. Der verwies zum Beweis auf die historische Erfahrung – und erinnerte an den Kometen von 1618; denn der
habe ja «laider allzu wohl gelehrt/ daß die vorgestellte Himels
Zaichen/ nicht falsche Träwungen [Drohungen] seyen!»

Für übernatürlich hielt Schickard das «Wunder» des Polarlichts zwar nicht, denn man hatte von dergleichen schon gehört. Die Natur, hieß das, stand hier nicht Kopf. Aber wider
die «ordentliche Gewonheit», *praeter naturam* also (außerhalb
der natürlichen Ordnung), war es dann doch.[5] Ob Bürster
diese feine Unterscheidung nachvollzogen hätte, wissen wir
nicht. Sicher ist aber: Das Ereignis für ein bloß natürliches zu
halten kam ihm nicht in den Sinn.

Bürster beobachtete die Aurora borealis von Kloster Salem
aus, einer Zisterzienserabtei bei Überlingen am Bodensee.
Hier wirkte der Mönch als Brotverwalter und Almosenverteiler. Seit dem denkwürdigen Februarabend jedoch betätigte
er sich auch als Chronist. Denn er hatte, wie Heberle und
Volkmar Happe, die Bedeutung des bedrohlichen Zeichens
zu klären; und dafür musste er notieren, was in den kommenden Jahren in Salem und dessen Umfeld geschehen würde:
«[W]ie und warum [Gott] unß wegen unser großen und vilen
sünden welle strafen, insonders daß hohe [obere] Teutsch-
und unser vatterland, über welches dieser glanz mehrerthail

ergangen, wirstu, günstiger [geneigter] leser, in allen nach-
volgenden jahren gnuogsamb laider überauß [im Übermaß]
und zuevil vernehmen» – und zwar zunächst bis zum Jahr
1643;[6] denn dann, so Bürster, ließ Gott ab von seinem Zorn
und schickte dem Kloster «hülf von oben herab».[7]

Vorerst, wie ergänzt werden muss; denn schon wenig
später setzte das Schicksal seinen verhängnisvollen Lauf fort.
Seit 1632 war die Reichsabtei immer wieder geplündert und
um Kontributionen erpresst worden, von durchziehenden
Truppen unterschiedlicher Couleur. Langfristig hatte sich nur
retten können, wer sein Heil in Flucht und Exil suchte, und
das hatten so viele getan, dass sich der Abt 1641 veranlasst
sah, den Konvent aufzulösen. Zwei Jahre später dann keimte
Hoffnung auf: Die mittlerweile in den Krieg eingetretenen
Franzosen räumten vor Salem ihr Lager, zusammen mit den
Weimarischen, die seit dem Tod Herzog Bernhards, des bekanntesten deutschen Feldherrn der protestantischen Partei,
unter französischer Oberhoheit standen. Die Patres erhielten
den Auftrag zur Rückkehr, und Bürster konnte die zitierte positive Zwischenbilanz ziehen. Doch die Besserung war nicht
von Dauer. Noch 1647, das Jahr, in dem die Chronik endet,
weiß Bürster lediglich von vier Geistlichen in der Abtei zu
berichten, sich selbst eingeschlossen.[8]

Mit der Detuung des himmlischen Zeichens lieferte der
Konventuale zugleich eine Begründung seines Schreibens.
Bürster beschäftigte dabei allerdings weniger, was Handwerker wie Heberle oder Güntzer umtrieb. Rechtfertigungsbedürftig schien ihm nicht, dass er überhaupt schrieb, sondern *was* er schrieb und auf welche Weise. Er sorgte sich, dass
manchen «diser tractat zue leßen möchte molest [beschwer-
lich], überlästig und maßlaidig [verdrießlich] sein», dass sie

sagen könnten, er «seye nur lappen und narren werk» und
hätte «kain rechte ordnung» und «schönen stilum». Außerdem war das Ganze natürlich fern davon, Vollständigkeit beanspruchen zu können; denn hätte der Chronist «so viler böser buoben», so vieler gewissenloser Menschen, «alle ihr böse
buobenstück» und bösen Possen beschreiben wollen, «deren
nun jezo uber die 20 jahren hero so vil 1000 und abermalen
vil 1000 taußend allhie [hier] an dem closter ... füruberzogen»,
er «hette nit zeit und weil, federen und dinten noch papeyr
gnuog ufftreiben oder bekomen kenden». All das konnte den
Mönch aber nicht abhalten, zur Feder zu greifen. Denn, gibt
der Autor zu bedenken, was würden die Nachkommen sagen,
wenn sie sich erinnern wollten an die einst so berühmte und
wohlhabende und jetzt verarmte und fast gänzlich verlassene
Abtei, und wenn sie dann nichts Schriftliches vorfänden?

Bürster, der als einer der ganz wenigen bis zum Ende des
Krieges im Kloster verblieb, überführte die Unordnung der
Gewalt in die Ordnung der Memoria: Er gedachte der Störung, er zog aus ihr die fällige Lehre und leistete so seinen
Beitrag zur Heilung der Wunde. Wenn er nach getaner Arbeit
die Feder zur Hand nahm, zeigte er sich nicht als «saumbsee-
lig» und «faul», sondern meinte sich als «vleißig» bezeichnen
zu dürfen.[9] Und das mit Recht. Da er seine Aufzeichnungen
nur dann aussetzte, wenn er die Hoffnung hegte, dass das
Unheil bald ein Ende nehmen würde,[10] wurde sein Text länger
und länger. 1643 brachte er seine bisherigen Notizen in Rein-
schrift und setzte danach die Chronik kontinuierlich fort. Das
Ergebnis waren knapp vierhundert handschriftliche Seiten.

Was Bürster beschrieb, nachdem er die Feldschlacht am
Himmel erblickt hatte, bezeichnete bereits der Kitzinger Pas-
tor Bartholomäus Dietwar im Rückblick als «schwedischen

Krieg». Dieser Krieg im Krieg, den Dietwar ebenfalls auf das «schreckliche Feuerzeichen» zurückführte,[11] hat unter diesem Namen in das klassische Periodisierungsschema des Dreißigjährigen Krieges Eingang gefunden. Doch warum «schwedisch»? Oder um historisch genauer zu fragen: Warum dieses neue Zeichen am Himmel?

Anders als der Winterkomet wies das Prodigium von 1630 keine besondere Verschlüsselung auf. Es ließ kaum Zweifel daran, was es konkret vorstellte; der Spielraum seiner Auslegung war viel klarer begrenzt. Ja, mehr noch: Für Autoren wie Bürster und Dietwar wurde das, was sie sahen, allein in der allegorischen Bildlichkeit der Feldschlacht auch als natürliches Ereignis fassbar; denn für das Phänomen selbst hatten sie noch keinen Begriff.[12] Hier kam die Deutung nicht nach, sondern Hand in Hand mit der beobachteten Erscheinung. Und so präzisierte und konkretisierte dieses Zeichen das von 1618; es formulierte es gewissermaßen aus. Der Krieg, den es prophezeite, fand in ihm bereits seine bildliche Darstellung; denn der war jetzt nicht mehr nur die Zukunft, sondern – viel stärker noch als nach dem Fenstersturz zu Prag – auch schon Gegenwart und Geschichte.

Also noch einmal: Was war der historische Sinn des Nordlichts von 1630? Im März des vorangegangenen Jahres hatte der Kaiser das Restitutionsedikt erlassen, mit dem er die katholische Auslegung des Augsburger Religionsfriedens von 1555 zu exekutieren begann. Der Frieden von Augsburg hatte den Landesherren das Reformationsrecht eingeräumt, das *ius reformandi*, nach dem Grundsatz des *cuius regio, eius religio* (wessen Herrschaft, dessen Bekenntnis, 1604 auf diese Formel gebracht). Zugleich hatte er das Zugeständnis durch den «geistlichen Vorbehalt» eingeschränkt: Wandte sich ein geistlicher Fürst vom alten Glauben ab, verlor er seine Herrschaftsrechte; sein ehemaliges Territorium blieb katholisch. Die Protestanten hatten die Regelung nur deswegen geschluckt, weil sie ihrerseits noch einmal eingeschränkt worden war: durch die *Declaratio Ferdinandea*, die bei lutherischen Adligen und Städten in geistlichen Territorien eine Ausnahme machte (und nach Ferdinand I. benannt worden war, der in Vertretung seines Bruders Karl V. in Augsburg die Verhandlungen geführt hatte). All das allerdings stand vor allem auf dem Papier. So wie die katholische Seite massiv gegen die *Declaratio* verstieß, begann die protestantische bald, den Vorbehalt zu missachten. Da der Religionsfrieden zudem keine Regelung für den Umgang mit Kirchengütern in weltlichen Herrschaften vorsah und da Kaiser Ferdinand II. meinte, auch hier die Bestimmungen des Vorbehalts anwenden zu können, leitete er 1629, auf dem Höhepunkt seiner Macht, umfangreiche Korrekturmaßnahmen ein. Ein geistlicher Besitz nach dem anderen, der von den Lutheranern seit 1552 säkularisiert worden war, wurde von Wallenstein, Ferdinands Generalissimus, in den Schoß der Papstkirche zurücküberführt. Die protestantischen Stände des Reiches gerieten jetzt immer mehr unter Druck. Und so sah Gustav Adolf von Schweden die Gelegenheit gekommen, zu ihrer Rettung in den Krieg einzugreifen. Da seit dem Frieden von Lübeck von Christian IV., seinem dänischen Rivalen, keine Gefahr mehr ausging, landete er im Juli 1630 mit 13 000 Soldaten auf der Ostseeinsel Usedom. Der militärische Konflikt auf Reichsboden trieb neuen Dimensionen entgegen.

Das befürchtete auch Hans Heberle, als er fünf Monate zuvor das Nordlicht zu sehen bekam. Dabei war er ja an sich hocherfreut, als ihn die Neuigkeit vom Nahen Gustav Adolfs erreichte: dass dieser «der betrangten [bedrängten] religion wolle zu hilff komen» und «der päpstlich abgötterey ein stoß geben». Denn auch mit dieser Nachricht bewahrheitete sich ein göttliches Zeichen, diesmal aber ein gutes, «denen evangelischen burger zum sondere trost». Noch ein halbes Jahr früher nämlich, im August 1629, hatte Heberle ein weiteres Polarlicht am Himmel gesehen: «ein grosses kriegsher», dem «ein gewaltiger reiter mit einem bloßen, glantzenden schwert» voranzog. Das war der «hoch und löbliche[ ] könig in Schweden», und so hatte all das «bedeütet, das Gott sein volckh von der trangsall erreten ... und durch den reiter mit dem schwert schützen und erlesen» wollte.[13] Für Heberle stand fest: Gustav Adolf war der «Löwe aus Mitternacht», ein Heiland, der den Protestantismus vom Joch des Papstes und seines Erfüllungsgehilfen, des Kaisers, befreite.[14]

Wunderzeichen verkündeten also nicht nur Unheil, sondern mitunter auch Heil. Doch das war die Ausnahme, wie sich bald zeigte. Denn das zweite Nordlicht von 1630 ließ auch in Heberles Augen nichts Gutes erahnen. Der Schuhmacher beschrieb es ähnlich wie Bürster, ungeachtet seiner entgegengesetzten Haltung zu den kaiserlichen Restitutionen und der schwedischen Intervention. Er beschrieb die himmlischen Heere und ihre «grosse[n] schlachten und scharmitzel». Er beschrieb, wie «man das kriegsvolckh sehen herziehen mit lange spießen» und dass es «mit stuckhen und bixen [Geschützen und Büchsen] geschoßen und gespilet, das man den rauch so eügendtlich hatt könen sehen, als wan es leiblich auff erden gewesen wer». Und drei Mal habe sich dabei der Himmel «in grosse zirckh [Kreise] herumb mit blut und in blut verwandlet».[15]

Und Heberle beschrieb Feuer: «feürflamen» und «feürstromen», die den Himmel entzündeten, als wollten sie ihn «gantz zerbrinen». Wer derart Apokalyptisches sah, so der Autor, «ist in grossen angsten, zütern und schröckhen gewessen».[16]

Mit gutem Grund. In den nächsten Jahren sollte vieles verbrennen, nicht die ganze Welt, aber Häuser, Kirchen und Dörfer, und das an vielen Orten des Reiches. Ein Brand hat dabei verstärkte Leuchtkraft entfaltet, nicht nur physisch, sondern auch symbolisch: der Brand der Stadt Magdeburg im Mai 1631.[17]

Wie war es dazu gekommen? Das Erzbistum Magdeburg war ein besonders langer Dorn im Auge des Kaisers. Schon nach dem Schmalkaldischen Krieg 1546/47 zwischen Karl V. und einem Bündnis protestantischer Fürsten hatte die Stadt einer Belagerung durch Moritz von Sachsen widerstanden. Der hatte für Karl die Reichsacht zu vollstrecken versucht, weil Magdeburg der Religionsordnung des Augsburger Interims die Zustimmung verweigerte, jenem kaiserlichen Ausnahmegesetz, das in Fragen des Glaubensvollzugs den Evangelischen nur geringe Zugeständnisse einräumte und die endgültige Regelung der kirchlichen Verhältnisse im Reich auf ein Generalkonzil verschob. Das war 1550/51. Seitdem verstand sich die Stadt als «Unseres Herrgotts Kanzlei»: als Bastion des Protestantismus im Norden.[18] Daher dachte sie auch gar nicht daran, den geistlichen Vorbehalt im Augsburger Religionsfrieden zur Kenntnis zu nehmen. 1566 war im Erzbistum mit Markgraf Joachim Friedrich von Brandenburg erstmals ein Administrator eingesetzt worden: ein gewählter lutherischer Bischof. Seit 1608 hieß er Christian Wilhelm, das war der Sohn. Ferdinand II. war nicht gewillt, das länger zu tolerieren.

Ungeachtet dessen jedoch war die Stadt immer auch auf

einen Ausgleich mit dem Kaiser bedacht; denn sie spekulierte auf den Status der Reichsfreiheit. Als sich die Restitutionsbestrebungen abzuzeichnen begannen, schickte das Domkapitel daher den in Ungnade gefallenen Christian Wilhelm in die Verbannung und ersetzte ihn durch August von Sachsen-Weißenfels; denn der war mit dem Kaiser verbündet. Doch das Kalkül ging nicht auf. Nach der Veröffentlichung des Restitutionsedikts wurde in Stift und Stadt nach Kräften rekatholisiert, und bald standen auch noch Wallensteins Truppen vor Magdeburgs Toren. 1629 wurde die Stadt zum zweiten Mal in ihrer Geschichte belagert.

Auch diesmal jedoch ohne Erfolg. Die Hanse trat vermittelnd ein und erreichte eine Aufhebung der Blockade. Magdeburg erwies sich damit einmal mehr als «wohlgebawtes Hauss»,[19] und so sahen die Protestanten in der Bürgerschaft gegenüber den Kaiserfreundlichen im Rat ihren Rücken gestärkt. Leopold Wilhelm, dem Sohn des Kaisers und designierten neuen katholischen Erzbischof, wurde die Huldigung verweigert, der frühere Administrator Christian Wilhelm faktisch wieder ins Amt eingesetzt und über ihn ein förmliches Bündnis mit Gustav Adolf von Schweden geschlossen.

Der war froh über die Verbindung, denn anders als er selbst glauben machen wollte, wurde er von den protestantischen Ständen im Reich zunächst keineswegs mit offenen Armen empfangen. Für viele von ihnen zählte die ständische Freiheit vorerst mehr als die Gemeinschaft im evangelischen Glauben. Hinter Gustav Adolfs Intervention witterten sie eher eine weitere Gefährdung *teutscher Libertet* als deren Schutz. Für Magdeburg jedoch war der Schwedenkönig zur letzten Hoffnung geworden.

Die allerdings wurde bald herbe enttäuscht. Im Herbst

1630 rückten kaiserliche Truppen erneut ins Erzbistum ein, um die magdeburgische Renitenz jetzt endlich zu brechen und ein entscheidendes Zeichen zu setzen. Zu dieser Zeit sah sich Gustav Adolf militärisch noch nicht in der Lage zu helfen. So wurde die Stadt seit März 1631 erneut eingeschlossen – jetzt unter dem Kommando der Grafen Johann Tserclaes von Tilly und Gottfried Heinrich von Pappenheim; denn die katholischen Kurfürsten hatten Wallensteins «kometenhaften sozialen Aufstieg» nicht länger ertragen und bei Ferdinand II. seine Entlassung erwirkt.[20] Als die Not der Bevölkerung zu groß wurde, mehrten sich wieder die Stimmen, die auf Vermittlung mit den Kaiserlichen drängten, doch setzten sie sich am Ende nicht durch. Das Angebot der Belagerer, bei Übergabe der Stadt auf Sturm und Plünderung zu verzichten (der sogenannte Akkord), wurde trotz schwankender Haltung des Rats nicht rechtzeitig angenommen, und da die schwedische Unterstützung nicht eintraf, wurde die Stadt am 20. Mai gewaltsam erobert. Und gewaltsam heißt: Die Soldaten richteten unter der Bevölkerung ein Massaker an.[21] Unter ungeklärten Umständen brach dazu ein Großfeuer aus und zerstörte weite Teile der Stadt. Etwa 20 000 Menschen verloren innerhalb von Stunden ihr Leben.

Die Zerstörung überstieg deutlich das bis dato gewohnte und hingenommene Maß. Selbst dem Soldaten Peter Hagendorf, der «mit sturmer handt» beteiligt war, war sie «von herdtzen leit gewessen».[22] So legitim Gewaltausübung gegen eine widerständige Stadtbevölkerung auch war: In diesem Fall war sie rechtfertigungsbedürftig geworden. Auch wenn der Papst dem Kaiser zum erfolgreichen Coup gratulierte, sahen sich Tilly und Pappenheim veranlasst, sich gegen den Vorwurf der Unchristlichkeit zu verwahren.

Das fiel ihnen allerdings nicht sonderlich schwer. Denn die Magdeburger, wie ein publiziertes Sendschreiben aus dem Hauptquartier festhielt, hatten ja «den Kayser verworffen vnd sich dem Schweden ergeben/ auch denselben vor jhren Heylandt außgerueffen/ der sie doch im wenigsten/ alß wie Er verheissen/ der belägerung/ vnd von jhrem Vnglück erledigt [befreit] hat». Die Apotheose eines Menschen, sollte das heißen, hat sich noch immer gerächt. Und so hieß es auch: «Gott vnd der Mutter Gottes ist diese wunderliche Victori zu zuschreiben».[23] Eine zeitgleich veröffentlichte Flugschrift sagt es noch deutlicher: Hier hatte die «göttliche Allmacht dero lang angetrohete/ außgestreckte Hand» über Magdeburg «fallen vnnd sincken lassen», «durch Heroische Mitwürckung» des «Herrn Graven von Tylli vnd dessen hochberühmbten Sieghafften Soldatesca», durch die Mithilfe dieses «alten frommen Josuæ vnd dapfern Heldens», der sein Heer in den Kampf geführt hatte wie einst der Nachfolger Moses' die Israeliten. Gott hatte «seinen vnvermidlichen Zorn gegen höchstgedachter Kays[erlicher] Mayest[ät] Feind vnd vngehorsame Bürger dergestalt Handgreiff= und Augenscheinlich ... außgelassen/ daß wol darvon zu singen vnd zu sagen/ auch von vndencklichen Jahren dergleichen nicht erhört worden». Was geschehen war, heißt das, hatten die Magdeburger selbst zu verantworten: Ihr «groß Vnglück und Ruin einer so schönen Statt/ auch aller ihrer der Bürger Güter verlust an Leib/ Ehr vnd Blut» war «niemand anders/ als ihrem selbst eignen verstopfftem halßstarrigem Gemüth vnd Vngehorsamb zu zuschreiben», zumal sie sich «keines vbereylens/ vil weniger das keine Gnad statt finden wöllen/ zu beklagen» hatten.[24]

Eine heilsgeschichtliche Gewaltenteilung also. In Magdeburg, so die Flugschrift, agierte Tilly nicht als grausamer

Mörder, sondern als langer Arm Gottes. Seine Kriegstaten ließen an biblische Vorbilder denken. Und das war angeblich auch den Soldaten bewusst. «Ehe man den Angriff thette», vermeldete das Sendschreiben aus dem Feldlager, «schrye alles Volck einhelligklich/Jesus/Maria/Tylli.»[25] Auch die Truppe hegte also keinen Zweifel: Die Magdeburger hatten es nicht anders verdient. Sie hatten die ausgestreckte Hand zurückgewiesen und würden dafür die fällige Strafe kassieren.

Und noch etwas: Der Stein des Anstoßes war nicht die gewaltsame Eroberung der Stadt, sondern dass sie in Flammen aufging. Auch dafür hielten die Angreifer eine Erklärung bereit. In ihren Augen ging selbst der Brand auf das Konto der Städter, und zwar in diesem Fall ganz unmittelbar. Das Feuer, waren kaisertreue Berichterstatter überzeugt, hatten die Magdeburger selber gelegt. Doch warum das? *Ex desperatione*, so die einhellige Meinung: «aus Verzweiflung».[26] Und zwar aus einer frühneuzeitlichen: nicht um die Not nicht länger erleiden zu müssen, sondern im Wissen, sie verdient zu haben. Wer verzweifelte, kaum jemand sah das anders, beging eine todbringende Sünde, denn er vertraute nicht mehr auf die Gnade des Herrn. In der *desperatio* stellten die Bewohner ihre Strafwürdigkeit unter Beweis: «Wer solte sich nit vber dieser Menschen verkerten Sinn vnd Boßheit/der Höllen würdig/verwundern? in dem sie sich sambt dem jhrigen eher vnnd lieber ins Fewer stürtzen vnnd verbrennen thetten/alß in der vnserigen Hände kommen wollen.»[27] Die Magdeburger lieferten so den besten Beleg: Als die Stadt verbrannte, wurde nicht der Wille des Kaisers oder seiner Feldherren ausgeführt (denn die hätten ihre Beute lieber erhalten), sondern der ihres Oberbefehlshabers im Himmel. Als die Bewohner verzweifelten, so schien es, erwiesen sie die Strafe, die über sie verhängt wurde, als gerecht.

Und wenn jemand noch immer nicht überzeugt war? Für diesen Fall lenkt das Sendschreiben den Blick an den Himmel. «Es bezeugen jhrer viel», heißt es dort, dass «sie wenig Tag vor eroberung der Statt in der Lufft gesehen haben streitende Kriegsheer/auch Bluettige vnd fewrige Wolcken». Mit anderen Worten: ein Vorzeichen für «diese so herrliche Victori».[28] Wer wollte es jetzt noch bezweifeln: Was geschehen war, lag im Willen der Vorsehung Gottes.

Noch ein gutes Omen also. Allerdings nur für Tilly und Ferdinand, nicht für die andere Seite. In der Stadt wurde die Himmelserscheinung ebenfalls gesichtet, aber dort verhieß sie Niederlage und nicht Sieg. Es ist erstaunlich genug: Die Protestanten erklärten sich das, was sie erlitten, auf ähnliche Weise wie jene, die ihr Leiden gebracht hatten: als göttliche Strafe. Dies war jedoch nicht allein im politischen Sinne gemeint. Neben der Zerstrittenheit der Ratselite habe die Zerstörung der Stadt eine allgemein grassierende Sünde und Unbußfertigkeit sanktioniert. Und das heißt auch: Das Schuldbewusstsein der Protestanten setzte die Angreifer nicht etwa ins Recht (wie diese selber vermeinten), sondern, nicht anders als die Angegriffenen, ins Unrecht.[29] Gerecht zu sein, konnte hier niemand von sich sagen. Gott bediente sich, um Böses zu strafen, des Bösen (sonst wäre es ja keine Strafe gewesen); er vergalt Sünde mit Sünde. Einen «verborgenen» nannten ihn daher die Theologen (*deus absconditus*) und das besagte Verfahren *permissio Dei*, die göttliche Erlaubnis: Gott ließ den Teufel agieren, solange der damit göttliche Zwecke erfüllte.[30]

Aber zuvor erhielt, wer sich um Gerechtigkeit bemühte, stets eine Chance. Im Rückblick rieb sich so mancher die

Augen: Magdeburg war beizeiten gewarnt worden, schon im vorangegangenen Jahr, und zwar nicht vom Kaiser und von seinem General, sondern vom Herrscher des Himmels.

Am 11. August 1630 predigte Reinhard Bake, wie liturgisch vorgeschrieben, im Dom über Lukas 19, Vers 42 bis 44, wo Jesus die künftige Zerstörung Jerusalems beweint: «Wenn doch auch du erkenntest zu dieser Zeit, was zu deinem Frieden dient! Aber nun ist's vor deinen Augen verborgen. Denn es werden über dich die Tage kommen, daß deine Feinde werden um dich und deine Kinder einen Wall aufwerfen, dich belagern und an allen Orten ängstigen; und werden dich schleifen und keinen Stein auf dem andern lassen, darum daß du nicht erkannt hast die Zeit, darin du heimgesucht bist.» Bake, berichtet eine zeitgenössische *Relation*, hoffte inständig, dass die Elbmetropole von diesem Schicksal verschont bleiben würde. «Gott wolle gnädigst abwenden», habe er auf der Kanzel gesagt, «daß dieses nicht ein böses Omen sei und es Magdeburg wie Jerusalem gehen möge.»[31]

Aber dann war es doch so gekommen. Dann war es «gewiß», dass «seyd der Zerstörung Jerusalem, kein gewlicher Werck vnd Straff GOttes gesehen worden» – wie nicht nur die Betroffenen bemerkten, sondern auch Pappenheim; denn der, wir erinnern uns, war ja nicht schuld, sondern nur ausführendes Organ.[32] Noch eine prophetische Perikope also, wie schon am zweiten Adventssonntag 1618. Und warum entfaltete sie auch diesmal eine derartige Kraft? Weil auch diesmal niemand hören wollte, so die *Relation*, und die meisten sich lieber auf den zurückgekehrten Markgrafen Christian Wilhelm und das Bündnis mit den Schweden verließen.[33] (Hier gibt sich der Berichterstatter, obgleich Protestant, als «Käyserlich=gesinnter» zu erkennen.[34])

Daher kam auch der Kasseler Hofprediger Theophil Neuberger, als er ein Jahr später wieder über Lukas 19 zu sprechen hatte, an diesem historischen Vergleich nicht vorbei –
und ging dabei rückblickend sogar noch einen Schritt weiter:
Die Zerstörung Magdeburgs sah er als noch «grawsamer» als
jene Jerusalems an; denn sie war nicht von «heiden» ange-
richtet worden, sondern von solchen, die die Frechheit besaßen, sich als «freunde vnd beschutzer» der Stadt auszuge-
ben.[35]

In Bakes Predigt hatten somit viele geschlafen. Doch damit
nicht genug. Sie hatten nicht allein die Ohren verschlossen,
sondern auch ihre Augen. Denn der Eislebener Bäckermeis-
ter Steffan Neuwirdt hatte zu berichten: Einige Tage vor dem
20. Mai 1631 war «ein weißer geharnischter Mann über der
Stadt am Himmel gesehen worden, so sich in blutroth ver-
wandelt gehabt». Blut quoll auch aus dem Magdeburger Wall
und gab dem Stadtgraben und der Elbe eine schlachtverhei-
ßende Färbung. Sturmwinde hatten geweht: Bäume wurden
entwurzelt, und Kirchturmspitzen stürzten herab. Und zu
guter Letzt gab es im Dom eine eiserne Tür, «die hat sich
in der Zeit der Belagerung in Mitternacht von sich selbsten
aufgethan».[36]

Deutlicher konnte die Sprache kaum sein; und doch hatte
sie niemand verstanden. Die Erscheinungen (wenn sie denn
tatsächlich zu beobachten waren) wurden nicht weiter beachtet.[37] Oder es wurden womöglich ganz natürliche Erklärungen gegeben; denn die standen selbst im Fall des «Blut-
wassers» bereits zur Verfügung: Eisenerz etwa, Töpferton,
Raupensekret oder Tierblut.[38] Allerdings hätte dieser Verweis
auf die Natur einer divinatorischen Deutung an sich nicht im
Wege gestanden.[39] (Nach heutigem Erkenntnisstand, neben-

bei bemerkt, ging die Rotfärbung vermutlich auf Mikroalgen oder rote Flöhe zurück.[40])

Und dann hatte sich noch etwas ereignet, etwas, das natürliche Erklärungen von vornherein ausschloss: eine «sonderliche Wundergeburt in der Newstadt». Von ihr berichtet der Autor einer 1631 gedruckten Eislebener Flugschrift. Zunächst klagt auch er, dass Gott die Magdeburger «mit einem so Ruchlosen vnd Teuffelischen Volck/ als diß Tyllische wahr … heimgesucht» hatte.[41] Und auch er bekennt, dass es guten Grund dazu gab: weil man sich in der Stadt nicht selbstlos und entschlossen genug gegen den Kaiser gestellt und damit die Verteidigungsfähigkeit geschwächt hatte (dieser Schreiber stand also aufseiten der Schweden),[42] vor allem aber «weilen auch in Magdeburgk/ wir etwas Hochmühtig wahren»: weil «etliche der Geistlichen», da sie «auch Menschen» waren «vnnd jhre nervos [Triebe] hatten/ jhre eigene Ehre so gar rigorose suchten/ vnd sich … mit den Herrn des Rahts/ darinnen viel junge Ehr begierige Leute[/] vmb die Narrenkappen zancketen» – und weil die anderen Geistlichen, die aufrechten, mit ihren «Straffpredigten» auf taube Ohren gestoßen waren.[43] Und dann erzählt er, was das Unheil vorausgesagt hatte.

Die schwangere Ehefrau eines Corporals hatte etliche Tage an ihrer «Geburt laboriret, aber gantz nicht jhrer Bürden entbunden werden können». Sie spürte offenbar, warum, und so bat sie die Anwesenden, bevor sie im Kindbett verstarb, ihren Leib zu öffnen und «die Frucht [zu] besichtigen». Dies geschah, nach ihrem Tod, und was wurde gefunden? Ein «Knäblein in wunderbahrer grösse/ einem Kinde von 3. Jahren fast gleich». Das war aber kein Anlass zur Freude. Denn auf dem Haupt trug der Junge eine Sturmhaube, «am Leibe ein Waffen» und an den Beinen Stiefel nach der neuesten Mode; und all das

war «von subtiler Haut/ wie Pappier/ daß man es gar füglich
hat abziehen können». Und weiter: «Vber dem Leibe hieng
eine grosse Patron Tasche von Fleisch/ gar zierlichen/ die war
jnwendig Rauch [rau] wie ein Schaffs oder Kühmagen/ darinnen waren zwey runde Knoten gewachsen/ in der gestalt
vnd grösse/ wie Musqueten Kugeln.»[44]

Die Umstehenden sahen die Gestalt «mit grosser verwun-
derung» an, widmeten ihr dann aber keine weitere Aufmerk-
samkeit. Doch das hätten sie besser getan. Denn das Kind,
so der Autor, wies «auff den Blutgierigen Pappenheim» hin,
den eigentlichen Kommandanten des Angriffs, von dem die
Magdeburger Neustadt bei der Erstürmung «den grösten
schaden» erlitt.[45]

Zur Erläuterung geht der Verfasser, nicht ohne die üblichen rhetorischen Mittel, in historische Details. Pappenheim habe nämlich «ärger als Türcken gewühtet» und «mit
Niederhawen/ beydes der Weiber vnnd kleinen Kinder/ auch
Schwangern Weiber in Häusern vnd Kirchen/ auch an Geistlichen Personen also Tyrannisiret», dass die Tilly'schen Soldaten, obwohl sie «in anderer Tyranney/ jhnen nicht viel
zuvor gegeben [kaum nachstanden]/ darüber ein Abschew
gehabt».[46] Wer die Warnung in den Wind schlug, lautete hier
in der Summe die Botschaft, der ließ auf eine unbußfertige
Sündhaftigkeit schließen, die Gott mit der gnadenlosen Bestätigung des monströsen Zeichens bestrafte: mit unüberbiet-
barer Grausamkeit. (Und damit auch möglichst viele die
Nachricht vernahmen, druckte Matthäus Merians *Theatrum
Europaeum* die Geschichte noch einmal ab.[47])

All diese Ankündigungen hätte jeder wahrnehmen können,
der sich seit Sommer 1630 in Magdeburg aufhielt. Mancher
Leute Gedächtnis aber reichte noch weiter zurück. Das der

Humanisten vor allem. Als die Stadt in Schutt und Asche
lag, erinnerten sie sich an eine *Elegia*, die der Dichter Petrus
Lotichius Secundus achtzig Jahre zuvor, anlässlich der Belagerung durch Moritz von Sachsen, verfasst hatte. Doch sie lasen
sie jetzt mit anderen Augen. Im Gewand einer Traum- und
Wachvision beweinen Lotichius' Verse Magdeburgs damali-
ges Schicksal und befürchten den Untergang der bedrängten
Stadt; vor allem aber äußern sie dabei die Hoffnung, dass
Rettung rechtzeitig eintreffen und die Geschichte gut ausgehen werde. Und so sollte es dann ja für einige Jahrzehnte
auch kommen. Für jene allerdings, die 1631 den Text aus den
Schubladen zogen, hatte sich nicht die Hoffnung bewahrheitet, sondern die Sorge. Und damit machten sie aus dem
Klagegesang etwas, das er nie war: eine «Propheceyung».[48]

Ein Akt exegetischer Gewaltanwendung, möchte man
meinen. Aber das wäre zu modern gedacht. Hier liegt eine
Übersetzung vor, und zwar nicht nur aus dem Lateinischen
ins Deutsche, sondern auch aus einem historischen Kontext in einen anderen. Und dabei ist unter der Hand aus der
Beschreibung einer Gegenwart eine vergangene Zukunfts-
beschreibung geworden.

Wenn Lotichius das gewusst hätte: dass Magdeburg tatsächlich zerstört werden sollte – und dass man dann der Ansicht sein würde, er hätte das schon immer gewusst, dann
hätte er, denn er wollte ja nicht als Prophet auftreten, seine
Elegie vermutlich nie publiziert. 1631 jedoch war die Angelegenheit nicht weiter verfänglich. Das Lamento konnte als
Prophezeiung wiederaufgelegt werden, weil dies erst in der
Retrospektive geschah.[49]

Doch mit der Brisanz schwindet zuweilen auch der Nutzen.
Nach der Eroberung Magdeburgs wurden einschlägige Zu-

kunftszeichen, im Gegensatz zum Kometen von 1618 und
zum Nordlicht von 1630, nicht lediglich rückblickend *interpretiert*: Sie wurden jetzt, als die Zukunft Geschichte war,
überhaupt erst entdeckt. Und mit Blick auf die Lotichius-
Elegie lässt sich sogar sagen: Zum Teil wurden sie jetzt erst
erfunden. Möglich wurde dies, so scheint es, bei einem Ereignis, das in seiner Individualität kaum vorhergesagt werden
konnte und durfte. Dann jedoch stellt sich die Frage: Was
sollte das, als alles schon vorbei war, noch helfen? Wo Prodigien übersehen und überhört worden waren, war die Botschaft noch klar: Beachtet künftig die Zeichen! Im Fall des
humanistischen Lamentos aber hatte das Omen ja in dieser
Form vor 1631 gar nicht existiert. Wie hätte es dann beachtet
werden können? Und das heißt: Was war die Aussage der
Lotichius-Übersetzung? Nur eine Antwort scheint möglich.
Der Text erbrachte den historischen Nachweis, dass Gott in
der Geschichte des Menschen zu wirken vermochte. Und er
rief damit die Unbußfertigen zu künftiger Bußfertigkeit auf.
Das Suchen und Finden von Zeichen gehörte zu den Lehren,
die aus der Geschichte gezogen werden mussten. Dem Ge-
staltungsspielraum waren dabei wenig Grenzen gesetzt.

Damit könnten wir Lotichius' Adepten wieder verlassen,
bedürfte es nicht noch eines Nachtrags. Denn eines machte
den Text besonders anschlussfähig: seine Bildsprache. Konkret: Es ist eine «Magd», die das humanistische Lamento an-
stimmt, und damit ist nicht ein Dienstmädchen, sondern eine
«Jungfraw» gemeint. Angesichts des Namens und Wappens
der Stadt kann das nicht überraschen. In der Konsequenz
wird deren drohende Erstürmung als Schändung und Verletzung ihrer geschlechtlichen Ehre allegorisiert.[50] Was 1551 nur
angedeutet worden war, wurde 1631 dann Gewissheit. Wo

die Eroberer «Hochzeit» gehalten hatten (denn sie bedienten sich gern, auch wenn das zynisch war, derselben Bildlichkeit), dort hatten ihre Opfer eine Vergewaltigung zu beklagen: eine «Bluthochzeit». Kaum eine einschlägige Flugschrift vergisst das zu erwähnen; denn es besagte: Hier war die städtische Ordnung zerschlagen.[51]

Dabei ist nicht allein an den tatsächlichen sexuellen Missbrauch vieler Frauen zu denken, der kaum zu bezweifeln ist (auch wenn der Nachweis im Einzelnen nicht geführt werden kann, weil auch aus den Augenzeugenberichten zunächst einmal die Bluthochzeitsallegorie spricht);[52] es ist darüber hinaus an die Wundergeburt zu erinnern. Auch die Schwangere, die den dreijährigen Feldherrn gebar, wurde – nicht anders als die Stadt, in die er auf diese sehr eigene Weise eindrang – ein Opfer geschlechtlich konnotierter Gewalt: Sie bezahlte den monströsen Akt mit dem Leben.

Vergewaltiger wie diese exekutierten ihre Opfer nicht nur physisch, sondern auch noch symbolisch. Als Tilly in den Dom gekommen sei, klagt ein *Gewisser vnd eigentlicher Bericht*, habe «er die Jungfraw von dem Thurm genommen/ vnd jhr den Kopff abhawen lassen/ vnd gesagt/ du Metz/ du hast mirs sawer gnugsam gemacht/ ehe ich dich bekommen habe/ nun will ich deiner auch nicht schonen.»[53] Unabhängig davon, dass diese Aktion nur einmal bezeugt ist: Der Symbolik der Stadteroberung fielen auch die städtischen Symbole zum Opfer.[54]

Kann es da verwundern, dass dies zuvor auch an ihnen selbst schon prophezeit worden war? Im Spätherbst des Jahres 1630, erzählt die Flugschrift *Prodigia Ominosa*, habe ein «grausamer» und «vnnatürliche[r] Wind» einer der fünf klugen Jungfrauen an der Paradiespforte des Doms «die eine Hand mit der Lampen hinweg geschlagen».[55] Ob die Geschichte stimmt, ist auch hier nicht entscheidend. (Natürlich behauptete der Autor, er habe «selber alles gesehen»[56]; doch das musste er auch, um sich Glaubwürdigkeit zu verschaffen.) Entscheidend ist der enthaltene Verweis auf Matthäus 25, 1–13: auf das Gleichnis von den zehn Jungfrauen. Fünf von ihnen sind klug und halten Öl für ihre Lampen bereit, um ihrem Bräutigam (das ist Christus) auch in der Nacht entgegengehen zu können. Die fünf anderen sind töricht, erachten die Versorgung mit Öl für verzichtbar und verpassen so mit dem Bräutigam auch das Heil. Mit seiner Auslegung der Parabel ermahnt Jesus dazu, wachsam zu sein: «denn ihr kennt nicht den Tag noch die Stunde». Im Herbststurm des Jahres 1630 ging der betroffenen Statue am Magdeburger Dom ihr heilsgeschichtlicher Vorsprung verloren.[57]

Und noch ein Vorzeichen ist bei dieser Gelegenheit zu erwähnen. Zwei Jahre zuvor, wie die *Prodigia Ominosa* berichten, habe Brigitta von Bieren, «eine sehr andechtige Jungfraw», im Advent zwei Mal das Gleiche geträumt: dass, als sie im Dom Reinhard Bake predigen hörte, «zwo schwartze lange Jungfrawen auff die Cantzel gedrungen/ wider welche sich der Herr D. gesetzet [denen sich der Herr Doktor widersetzte]/ mechtig gestreubet vnd gerungen/ biß sie ihn endlich vberweltiget/ von der Cantzel herunter geworffen/ daß er auff ihren Stuel gefallen» und «sie angefangen zu ruffen vnd zu schreyen».[58] Die Jungfrauen kamen nicht weiß gewandet daher, sondern schwarz: nicht als Braut, sondern als Furien des Herrn. Das war paradox gedacht und folgte doch streng den Gesetzen von Ähnlichkeit und Analogie. Diese Jungfrauen stießen den von der Kanzel, dem es aufgegeben war, vor der Vergewaltigung der magdeburgischen Jungfrau zu warnen.

Böser können Träume nicht sein. Wie sollte den Prediger da jemand hören und dem Zorn Gottes entgehen? Wie sollte da die Stadt ihre Reinheit bewahren?

Anders als die geträumten Rachegöttinnen war die Jungfrau Magdeburg nicht der Täter, sondern das Opfer. Das allerdings, wie gesehen, war sünden- und bußtheologisch gemeint. An ihr wurde eine göttliche Strafe vollstreckt. Und das wiederum bedeutet: Sie war zwar ein Opfer, aber kein passives. Es lag in der Konsequenz der Bluthochzeitsallegorese, dass Tilly und Pappenheim eins nicht bedacht hatten: Ihre Schändung und Ermordung der Magd hatte einen anderen, den alles entscheidenden Missbrauch verhindert. Die Stadt opferte ihre Jungfräulichkeit im körperlichen Sinne, um sie im geistigen Verständnis zu bewahren. Sie wusste, warum sie zum Opfer geworden war, und war daher willens, ein Opfer zu bringen. Denn sie war keine Hure, sondern eine Braut Christi.

Damit stellte sie sich als eine christianisierte Lucretia vor. Lucretia, so erzählen es antike Autoren, soll sich nach ihrer Vergewaltigung durch den römischen Königssohn Sextus Tarquinius das Leben genommen haben, um ihre Unschuld zu bezeugen und die Verletzung ihrer Ehre zu heilen. Was von Livius, Seneca und Ovid noch gerühmt wird, als Ausweis weiblicher Tugend,[59] wird von Augustinus bereits untersagt. Und an Augustinus kam im 17. Jahrhundert in diesen Dingen kaum jemand, gleich ob katholisch oder protestantisch, vorbei. Wer Lucretia jetzt noch zum Vorbild nehmen wollte, musste ihre Geschichte anpassen. Er musste in der Keuschheit eine «Tugend des Geistes» erkennen, die nicht verloren geht, wenn an einem «unfreien und überwältigten Leibe fremde Wollust ihre Befriedigung sucht».[60] Und so dichtete auf evangelischer Seite die «magd», die «durch eyn Romeynsche thatt‖ Ihr jungfrawschafft geopfert hatt»:

> So Lutrische Lucretia
> Ufrechte teuts Constantia
> Bin ich in ewiger gloria;
> Ehe ich die pabstlich Lig erkenn
> Und sie meyn eignen Herren nenn,
> Viel lieber in dass fewer renn.[61]

Das letzte Wort wollen wir, Augustinisch informiert, nicht gehört haben und schreiben es den Zwängen des Reimschemas zu; denn eine lutherische Lucretia musste ihren Feuertod zwar standhaft erwarten, aber aus eigenem Antrieb hineinlaufen durfte sie nicht. (Wer von Magdeburger Frauen berichtete, die ihrer Vergewaltigung durch den Sprung in die Elbe entgingen, rühmte daher auch lediglich ihre todesbereite Keuschheit, keineswegs aber ihre verzweifelte Tat.[62]) Doch wenn wir über diese kleine Unsauberkeit hinwegsehen, wird klar: Als Magdeburg in Flammen aufging, starb sie den Tod der «Bekennerin vnd Märterin».[63] Nach dieser Logik, übelwollender Unterstellung zum Trotz, hatten ihre Bewohner sie natürlich auch nicht selbst angezündet. Die Stadt hatte sich geopfert, für den rechten Glauben und ständische Freiheit, und sich nicht selber zerstört.[64] Der Brand, unnötig zu betonen, ging auf das Konto des Feindes.

Wer den Scheiterhaufen als Märtyrer bestieg, hatte nur scheinbar verloren. Sicher, zunächst hatten die Eroberer den Sieg errungen, und zwar weniger materiell als vor allem symbolisch. Die Feste des Protestantismus schien endlich geschleift. Doch war sie das wirklich? Noch größer war am

Ende der Gewinn der anderen Seite. Obwohl die evangelischen Stände Gustav Adolf zunächst skeptisch begegnet waren, und obwohl er für seine Bündnistreue in Magdeburg den Beweis schuldig blieb, wurde er in der Folgezeit emphatisch als Retter begrüßt; denn der Kaiser, dessen Generäle in den Augen der Protestanten ganze Städte verbrannten, hatte sich als Hüter der Reichsverfassung nachhaltig diskreditiert.

Die Zerstörung Magdeburgs war eines der zentralen Ereignisse und ein Wendepunkt des Dreißigjährigen Krieges, und das nicht erst für Nachgeborene wie Friedrich Schiller (für den sich «aus Magdeburgs Asche» «die deutsche Freiheit erhob»),[65] sondern bereits für die Zeitgenossen selbst.[66] Der Kanzleisekretär Johann Daniel Friese, der als Kind dem Inferno entkommen war, erinnerte sich noch 1703 an dieses exzeptionelle «Schauspiel»: Die «Feuers=Gluth» sei so «helle» gewesen, dass man «eine grosse Weite von der Stadt gelegen … einen Brieff darbey lesen kunte».[67] Ein derartiger Brand wurde schnell zum Fanal. Was außergewöhnlich gewaltsam begann, entfaltete damit langfristig für die Betroffenen einen beträchtlichen symbolischen und militärischen Nutzen.

In Magdeburg war Gustav Adolf zu spät gekommen. Im September 1631 jedoch nahm er Revanche und schlug Tilly in der Nähe des sächsischen Breitenfeld vernichtend. Nach diesem Sieg über die Kaiserlichen, den Tausende Soldaten mit dem Leben bezahlten, standen dem Schwedenkönig die Tore nach Süddeutschland offen. Mit dem Wind heilsgeschichtlicher Propaganda im Rücken machte sich der Retter des Protestantismus ohne weiteren Verzug auf den Weg. Dabei fiel seinen Truppen nicht nur manches Dorf und Kloster zum Opfer, mit Plünderung, Vergewaltigung und Mord, auch die Städte waren nicht sicher: Eine nach der anderen beugte sich der Übermacht, vielfach erstaunlich wenig Widerstand leistend.

Dazu gehörte auch Ulm. Die Stadt nahm im Februar 1632 eine schwedische Besatzung auf, und so erreichte das vom Nordlicht verheißene Schlachtgeschehen jetzt auch Hans Heberle in Neenstetten. Der «schwedische Krieg», den er nun zu erleben begann, trieb nicht nur für die Falken unter den Protestanten endzeitlichen Dimensionen entgegen. Daher ist es kein Zufall, dass dem Leser bei Heberles Beschreibung der atmosphärischen Lichter unwillkürlich ein weiteres Bild vor Augen tritt: Albrecht Altdorfers *Alexanderschlacht*, in der sich der weltgeschichtliche Kampf zwischen Gut und Böse und Hell und Dunkel entscheidet. Das 1529 entstandene Panoramagemälde stellt die Schlacht bei Issos dar, die Hellenen und Perser am Übergang von der zweiten zur dritten Weltmonarchie austragen (nach der Auslegung der alttestamentarischen Danielsprophetie); doch die Kombattanten sind in Gewänder gekleidet, wie sie Christen und Osmanen zur Zeit der ersten Wiener «Türkenbelagerung» trugen. *Sub specie aeternitatis*, im Angesicht der Ewigkeit, fanden die beiden Schlachten gleichzeitig statt. Und so ließ sich, zeitgeschichtlich gesehen, das Werk eigentlich auch auf den Konflikt zwischen den Konfessionen übertragen.[68]

Allerdings: Heberle dürfte Altdorfer nicht gekannt haben. Und selbst wenn: Die Wirklichkeit bekam für ihn schnell ein anderes Gesicht. Wer gut war und wer böse, war bald nicht mehr leicht zu entscheiden. Nachdem der Chronist den schwedischen Kriegseintritt begrüßt, die Zerstörung Magdeburgs beklagt und zufrieden die gerechte Strafe notiert hat, die Tilly dafür mit seinem Tod nach der Schlacht bei Rain am Lech ein Jahr später erhielt, tritt im *Zeytregister* der Ulmer

Kriegsalltag in den Vordergrund.[69] Der war zunächst vom Durchzug kaiserlicher und kurbayerischer Truppen geprägt, in der Zeit, als die Stadt mit den Schweden koalierte, und auch noch eine Zeitlang danach, als sie sich bereits dem Prager Frieden angeschlossen hatte, jenem Vertragswerk vom Mai 1635, in dem sich Kaiser und katholische Liga mit Kursachsen verständigten, dem anschließend nahezu sämtliche protestantischen Reichsfürsten beitraten (mit Ausnahme vor allem der reformierten) und in dem sich Ferdinand die Stärkung seiner Position im Reich mit der Aussetzung des Restitutionsedikts für vierzig Jahre erkaufte. Allmählich jedoch bekam das Ulmer Territorium vermehrt auch Soldaten Gustav Adolfs zu Gesicht (öfter in Verbindung mit französischen Kontingenten). Und die verhielten sich selten wie Freunde.

Als Herzog Bernhard von Weimar und Feldmarschall Gustav Horn von der Einnahme Regensburgs durch die Kaiserlichen erfuhren, im Juli 1634, da zogen sie, wie Heberle berichtet, erst sengend und brennend durch Bayern und suchten dann rachelüstern die Ulmer Landschaft heim. Die Bewohner hatten den Herzog «für keinen feündt» gehalten, denn er kämpfte ja in schwedischen Diensten, und die Obrigkeit der Stadt hatte sie auch nicht, wie sonst üblich, gewarnt;[70] und so hatten sie keine Vorkehrungen getroffen. Eine fatale Fehleinschätzung: «Da fallen sie unß in das landt, blündern unß alle auß, roß und vüch [Vieh], brot, mehl, salz, schmalz, tuch, leinwath, kleider und all unser armut [ärmlicher Besitz]. Sie haben die leit ubel geschlagen, etliche erschossen, erstochen und zu todt geschlagen.» Widerstand war hier zwecklos, und wo er dennoch gewagt wurde, «haben sie das dorff angezündet und fünff heüßer und 5 stedel [Scheunen] abgebrandt.»[71] Zwei Monate später, nachdem die Schwedischen auch noch bei Nördlingen «biß uff das haupt geschlagen worden» waren, nachdem Horn diese Niederlage mit Gefangenschaft und Bernhard mit schwerer Verletzung bezahlt hatte, wurden die erneut durchziehenden Verlierer, waidwund wie sie waren, zu einer noch größeren Gefahr. Jetzt blieb Heberle nur noch die Flucht (seine zweite) nach Ulm. Denn jetzt sah er klarer: Das waren keine Freunde, nein, «der feindt war unß auff dem hals.»[72]

Bis zuletzt hatte Heberle keinen Anlass, an dieser Einschätzung etwas zu ändern. Noch 1645 und 1646, als er wieder einmal in die Stadt fliehen musste, titulierte er die Schwedischen, die ihn dazu trieben, als Feinde.[73] Das war zwar sicher auch politisch gemeint, denn Ulm hatte, wie gesagt, im Prager Frieden die Seiten gewechselt. Aber gleichzeitig war es mehr als ein Ausdruck städtischer Loyalität. Denn wie sollte man Soldaten anders nennen, die «alles verderbt» und «alles umbgekert» hatten?[74]

Aus diesem Grund hatte Heberle denn auch etwas getan, das von ihm nach seiner verheißungsvollen Vorzeichenschau nicht zu erwarten war: Er hatte die Prager Einigung der protestantischen Stände mit dem Kaiser als «glückhseligen accordt» und «zimlichen guten friden» begrüßt.[75]

Das war allerdings 1635 gewesen. Ein Jahr später klang das schon anders. Jetzt hatte der Kaiser mit «dem Pragischen friden die evangelischen stend an sich gebracht» und «vast das Römisch Reich unter seinem gehorsam gezwungen».[76] Er hatte dabei auf Kursachsen zählen können, das den Heilbronner Bund, die protestantischen Fürsten der oberdeutschen Reichskreise, dazu genötigt hatte, den Schweden wieder den Rücken zu kehren. Jetzt sah Heberle keinen guten Frieden mehr, sondern kaiserliche Übermacht und den Verrat der Stände an der evangelischen Sache.

Woher dieser Gesinnungswandel? Ferdinand, muss die Antwort wohl lauten, hatte sich des Vertragsbruchs schuldig gemacht. Wer dem Frieden beitrat, so die Zusicherung des Prager Kontrakts, der sollte von kaiserlichen Einquartierungen verschont bleiben. Die Realität jedoch, so Heberles Klage (und nicht nur seine), sah vielerorts anders aus.[77] Und daher wunderte es den Schuhmacher nicht, dass «sich der Keysser schier wider ein haß auff sich gezogen» hat und «etliche den Schweden wider gern gesehen» haben.[78]

Heberle selbst ging es da nicht viel anders, etwa im Juli 1645. Gerade war er zum einundzwanzigsten Mal nach Ulm geflohen, da kamen auch noch die Geißlinger in die Stadt, «auß forcht der Schwedischen und Francischen». Denn «damallen waren sie unsere feindt und die Keysserischen und Bayrischen freündt». Das wissen wir inzwischen. Doch dann muss sich Heberle korrigieren: «Aber es ist vast umbgekert gewessen, das die Keysserischen und Bayrischen unß mehr gequelet und geplaget haben dan die Schwedischen.» Auch jetzt also, nur mit entgegengesetzten Vorzeichen: Die sich als Freunde ausgaben, waren auch nicht besser als die anderen. In diesem Fall waren sie sogar noch schlimmer. Und so bekennt sich Heberle kurz vor Ende des Krieges doch noch einmal unmissverständlich: «mir haben den Schweden lieber sehen sigen dan den Keysser». Aus welchem Grund, können wir uns denken: «von wegen der religion und deß glaubens halber. Sonst wer der Keysser unß ein guter reginnt [Herrscher] gewessen.» «Mit dem mundt», heißt das, waren die Ulmer «keysserisch», denn alles andere war dann doch zu gefährlich, aber «mit dem hertzen» waren sie «schwedisch».[79]

Das Leben war eben ein Maskenspiel, besonders in Zeiten des Krieges. Wer überleben wollte, musste sich zuweilen verstellen, politisch ebenso wie religiös. Das aber heißt auch: Ungeachtet des Wütens schwedischer Soldaten hat Heberle seinen Glauben an deren Führung, an die Retter aus dem Norden, nie gänzlich verloren, an Gustav Adolf nicht, an Reichskanzler Axel Oxenstierna nicht, der seinen König nach dessen Tod in der Reichsführung beerbte (weil die Kronerbin Christina noch nicht volljährig war), und an die Feldherren Bernhard von Weimar und Johan Banér auch nicht.[80]

Im Alltag andererseits wurde dieses Vertrauen wieder und wieder enttäuscht. Mehr als einmal wird sich Heberle gefragt haben: Gab es hier noch irgendwo Freunde? In Sachen Gewalt, das ist der ernüchternde Schluss, den sein *Zeytregister* uns aufdrängt, stand keine Seite der anderen nach.

Das war auch Sebastian Bürsters Erfahrung. Nur dass seine Desillusionierung einmal mehr auf umgekehrten konfessionellen und politischen Prämissen aufruhte. Die Magdeburger Ereignisse hatte der Zisterziensermönch zwar nicht triumphierend, aber doch ohne erkennbares Bedauern notiert (und bemerkt, dass bei «30,000» Todesopfern in der Stadt Tilly «über 20 soldaten nit verlohren» hatte).[81] Dass die Schweden jetzt als Freunde kommen würden, hatte er natürlich niemals erwartet. Im Gegenteil. Als sie sich Kloster Salem näherten, im Frühjahr 1632, versetzten sie den Konvent in helle Aufregung. Jetzt, so schien es, stand «alleß übel, kummer, jamer, angst und noth vor der thür».[82]

Dann jedoch konnte das Schlimmste verhindert werden; denn die Salemer erhielten unerwartete Hilfe. Und die rückte den Gegner in ein gar nicht so schlechtes Licht.

Nachdem der schwedische Rittmeister Bruschhardt acht oder neun Mönche gefangen gesetzt hatte, um eine Kontribution von 6000 Talern zu erpressen, habe er die Kirche des

Klosters besucht, mit dem Vorsatz, sie niederzubrennen – und war, so Bürster, erschüttert: Als er «daß schöne, heroische, maystetische gewölb, gepew [Gebäude] und altar ansichtig worden, wie er selbst bekent, ist ihm ain solcher grewell, rew, schrecken und züttern ankomen, daß er gleichsamb ertattert [erstarrt] hinein für den großen altar *ante gradum* [vor den Stufen] gestanden, vermaint nit anderst, der altar wölle uff ihne fallen». Der Obrist wusste jetzt, was ihm drohte – und war daher nicht mehr bereit, den Brand zu legen, wie es sein Vorgesetzter, Patrick Ruthven of Forth and Brentfort, verlangte. Ein «miracul», keine Frage. Und wem war das zu danken? Der «fürbütt und sonderliche[n] beschützung unßer allerliebsten und übergebenedeutsten [übergesegnetsten] junkfrawen patronin, beschüzerin und muotter gotteß».[83]

Die irdische Befehlsverweigerung konnte freilich nicht folgenlos bleiben. Mit ihr mochte Bruschhardt sein Seelenheil retten, doch dafür war jetzt sein leibliches Leben gefährdet. Und so lieferte er notgedrungen, seinem Major zum «geniegen», Ersatz. Etwas musste brennen, lautete die Order, und so «hat er im hinwiderzüehen den flecken zue Neuffra angezündt»; denn «so erß nit thon und gar nichts brent hette, hette er mießen hangen». Einer bezahlt eben immer. 26 Häuser, 75 Pferde und Rinder und vier Menschen (in dieser Reihenfolge) waren der Preis für die Rettung der Kirche und des Lebens des Obristen.[84]

Das Münster war ein Ort der Wunder, so scheint es, und das nicht nur dieses eine Mal. Als Gustav Horn zwei Jahre später das Kloster zu plündern begann und Quartier in dessen Mauern bezog, mussten seine Soldaten feststellen («*principaliter* die Schodten»), dass ein «schönes Marienbild» in der Salemer Kirche Tränen vergoss. Einer der Umstehenden

wollte trösten und eilte zu Hilfe, mit einem Tuch, doch da half
«kain wischen». Die Jungfrau «weinte immer zue fort». Bürster
wusste natürlich, warum: weil die Tränen nicht echt, sondern
künstlich waren, «*artificiose* gefaßt». Sie waren nur gemalt. Die
Soldaten aber – Ungläubige waren ja immer auch leichtgläu-
big – kam «alle ain grewel» an; denn auch sie erkannten jetzt
ihr künftiges Schicksal, sollten sie Maria weiter Anlass geben
zu weinen. Ein Oberst («villeicht ain catholischer») gab daher
Anweisung, «man soll die kürch beschließen und derselben
weiter kain laid nit zuefügen». Einmal mehr entging das
Münster so seiner Verwüstung und Schändung.[85] Frommer
Betrug schlug die Feinde manchmal sogar in die Flucht.

Eine wehrhafte Jungfrau, kann festgehalten werden – und
das nicht allein durch die Sprache ihrer Tränen.[86] Das Bild-
nis, geht nämlich weiter Bürsters Bericht, war eine Mater
dolorosa, eine Mutter der Schmerzen: Es hatte ein Schwert
in der Brust stecken, zum Zeichen, dass auch die Seele des
Betrachters einst in der Weise durchdrungen werden würde,
wie es Maria von Simeon verheißen worden war (*in signum:
et tuam animam pertransibit gladius*, nach Lk 2, 35).[87] Die Klinge,
das machte sie so bemerkenswert, kam mitunter auch als
ganz reale Waffe zum Einsatz. Leidvoll erfuhr dies ein Soldat,
der meinte, die Jungfrau herausfordern und verhöhnen zu
müssen. Er habe seinen Degen gezogen, «sie angeredt, sie soll
sich wehren», und auf die Figur einzuschlagen begonnen. Da
sei er «rücklingen hinder sich gefallen», «gestraft» und ohne
dem Bild etwas «abgewinnen» (wegnehmen) zu können.[88]

Wer derartige Frevel ersann, hatte daran also nicht lang
seine Freude. Nachdem ein weiterer Soldat ein Messgewand
gestohlen hatte, wurde er, wie Bürster berichtet, zwei oder
drei Tage später um seinen eigenen Mantel und zwei Pferde

erleichtert und hatte auch sonst eigentlich kein Glück mehr im Leben. Reuevoll beichtete er daher in Günzburg sein Vergehen den Kapuzinern.[89] Es drängt sich der Eindruck auf: Die Jungfrau Maria hatte um das Salemer Münster einen Bannkreis gezogen.

Und am Ende trieb sie die Feinde allesamt auseinander. In der Nacht auf den 14. Mai 1634 habe sich in der Liebfrauenkirche des nahe gelegenen Birnau[90] «ain wunderselzameß geschray, heylen und wainen» erhoben, «nit anderst, alß so ain klaineß kind siner muoter an den armen heulte, schreyte und wainte». Alle Anwesenden seien «erschröcken, erzüttert und ertattert» gewesen, Bürsters in der Kirche gefangene Gewährsleute ebenso wie die schwedischen Soldaten, die sie bewachten. Und die sogar so sehr, dass die einen auf ihre Pferde sprangen und alle anderen orientierungslos hin und her rannten; denn sie dachten, hier gehe es nicht mit rechten Dingen zu und «der fünd [Feind] seye verhanden» – und damit meinten sie nicht die Kaiserlichen, sondern Satan und seine Gespenster. Dabei konnte es sich, wie der Chronist suggeriert, nur um das Weinen der Heiligen Jungfrau gehandelt haben, die von ihrem Sohn Gnade mit den Salemern erbat. Das wusste Bürster zwar nicht mit Gewissheit, aber er hatte guten Grund, es zu vermuten. «[G]leich darauf morgenß», konnte er nämlich notieren, ist «der uffbruch und abzug vor Uberlingen ervolgt», und zwar gerade noch zur rechten Zeit; denn der «befelch von dem marschalk Horn, daß kloster zue verbrennen, wie man sagte, war gegeben, und villeicht daß hauß und capell zue Bürnow auch darzue».[91] Kein Zweifel: Hier war eine Fürbitte erhört worden. Ihre Angst vor dem Teufel hatte die Schweden vertrieben, und so war die Gefahr für das Kloster vorerst gebannt.

Das passte erst einmal alles ins Bild: Wer Böses tat, hatte auch selbst das Böse zu fürchten. Gleichzeitig scheint dies nicht die ganze Wahrheit zu sein. Der Sachverhalt ließ sich schließlich auch positiv wenden: Immerhin, folgt man Bürster, waren die Schwedischen für die Ansprache Gottes noch empfänglich; immerhin (wenn auch nicht auf die richtige Weise) fürchteten selbst sie seine Macht.

Das aber heißt: Ihre Gewalttätigkeit konnte durchaus noch übertroffen werden. Und das taten ausgerechnet die Soldaten der eigenen Partei. Wo die Schweden abgezogen waren, füllten die Kaiserlichen, ohne zu zögern, die Lücke. Ein ums andere Mal belagerten und stürmten sie das Kloster, «nit anderst alß der feind, darfür mier sie hüelten [hielten]».[92] Und schlimmer noch: «ja der fraind haußt in ain weg [unentwegt] örger alß der fünd». Es war ein «schlechter underschüd»; sie «seyen in allen selbsten mayster» gewesen.[93] Und «in allem» meinte: Rauben, Plündern und Morden, «verderben und in grund ruinieren». Wenn das der Kaiser gewusst hätte. «Wie bist so ain fromber kayßer», platzt es einmal aus Bürster heraus, «und waist so gar nit, waß daß du für räth oder diener hast».[94]

All das freilich machte die Schweden in den Augen des Chronisten nicht wirklich besser. Und so konnte Bürster, wenn die Kaiserlichen einmal die Oberhand hatten, seinen Rachegelüsten freien Lauf lassen. Etwa nach der schwedischen Niederlage bei Nördlingen. Da ging es für die Bodenseeregion wieder bergauf, das «bladtlein» hatte sich gewendet, «gott seys globt», der Spätsommer war schön, und die feindlichen Armeen hatten schon für den Winter ihr Lager bezogen. Jetzt war die Gelegenheit da, das Erlittene «wedt zue machen» und es den Schweden heimzuzahlen, und zwar mit gleicher Münze, damit auch ihnen der Teufel einmal ein Lied sang. Und wie ging das am besten? Mit dem schwedischen Trunk, «so sie unß gebracht».[95]

Der schwedische Trunk? Das war eines der Folterinstrumente, mit denen der Krieg sich selbst ernährte: Wasser oder Jauche in größerer Menge, die den Opfern, um sie zur Herausgabe von Nahrung und Wertgegenständen zu zwingen, zunächst gewaltsam eingeflößt und dann durch Sprünge auf den Bauch wieder herausgepresst wurde – sodass die Flüssigkeit, wie Volkmar Happe notierte, «aus dem Halse gesprungen».[96] Mit diesem «schwedischen trinken», so Bürster, hatten «sie die leut hierumber geblagt und getränkt», neben diversen weiteren Torturen und neben «frawenbülder, junkfrawen, closterfrawen schänden und ander dergleichen erschröcklichen, spödtlichen, sodomitischen werken und sünden beßer zue schweigen, alß vil darvon zue schreiben».[97] Mit diesem Trank – um es mit dem Hallenser Superintendenten Arnold Mengering zu sagen – hatten sich die Schweden als «Soldaten=Teuffel» erwiesen.[98] Doch jetzt, im September 1634, war die Zeit der Vergeltung gekommen.

Aber genug davon. Auch dieses Blatt sollte sich wieder wenden, denn das Schicksal erwies sich als launische Göttin. Bald hatten die Salemer den Teufel erneut auf den Fersen. Und so sehen wir die Konventualen vier Jahre später schon wieder auf der Flucht: im Sommer 1638, als die auf der Festung Hohentwiel lagernden Soldaten das Kloster bedrängten. Das ganze Jahr, so Bürster, war «nichts dan springen und laufen, tag und nacht, mit solchem schrecken und forcht, daß nit zue schreiben noch zue sagen». Und jetzt, auf der Flucht nach Überlingen in der Nacht zum 15. Juni, trieb all dies seinem Höhepunkt zu.

Denn hier erlebte Bürster eine haarsträubende Geschichte. Es war finster und das Unterholz schwer passierbar, da hörten er und drei seiner Begleiter auf einmal «ain solches getöß, getümmel, schreyen und johlen, alß wan ain Wuodteßherr* verhanden, alß wan man in dem wald thäte jagen und wäre ain große reuterei mit roß und wägen, spüeß und stangen verhanden; mit allerlay natürlichen menschlichen stümmen uff allerly weiß und manier, alß: o wehe, o wehe, o wehe, o wehe! druff, druff! ho, ho, ho, ho, ho! duri, duri, duri! aber daß o weh, o weh, o weh! ubertraf alle andere stimmen, ist auch nit anderst gewesen alß ain greyßlicher sturmbwind.» Die Flüchtigen wussten weder aus noch ein und meinten schon, ihnen würde «die seel außgehen»; denn sie glaubten, hier ihre Mitbrüder schreien zu hören, die sie in der Zwischenzeit aus den Augen verloren hatten und die gerade den Hohentwielern in die Hände gefallen zu sein schienen. Die Befürchtung erwies sich jedoch glücklicherweise als grundlos. Die Gruppe wurde zwar immer weiter zerstreut, doch am Ende gelangte jeder unversehrt, wenn auch schweißüberströmt vor Anstrengung und Angst, an sein Ziel.

Die Freude und Erleichterung sollte jedoch nicht lange ungetrübt bleiben. Denn jetzt wurde allen klar, was der Lärm zu bedeuten gehabt hatte. Das waren nicht die Hohentwieler gewesen, sondern «der böse geist und schwarze Caspar»: der Teufel höchstselbst. Der hatte nämlich in ebendieser Nacht eine Wöchnerin auf den See hinausgetragen und vor Tages-

---

* Das Wuotisheer (das Wütende oder Wilde Heer, die Wilde Jagd) ist in europäischem Volksglauben ein von einer mythischen oder mythisierten Gestalt angeführtes Heer böser Geister, das in stürmischen Nächten durch die Lüfte reitet.

anbruch tot vor ihrem Haus in einen Graben geworfen (das war aus den Griffspuren an ihrem Körper zu schließen, und ein Turmbläser hatte all das gehört). Dazwischen, das hatten Zeugen gesehen, war ein «tanzmahl oder freidenfest mit ihr ... gehalten» und sie dabei Satan, «ihrem breitigam und gesponß», vorgestellt worden. So geschehen auf dem Bettelplatz zwischen Birnau und Überlingen. An dieser Stelle, rekapituliert Bürster, mussten die Flüchtigen auf dem Kreuzweg, keine zehn Steinwurf entfernt, vorbeigekommen sein. Eine grässliche Geschichte: «Ich kan und weiß es schäuzlich und erschröcklich gnuog nit sagen noch schreiben; eß ist noch vil schäuzlicher und erschröcklicher, alß kain mensch ihme einbülden kan, geweßen».[99]

Diese «wunderbare histori» spiegelte die Schrecken der Flucht.[100] Ihre Unbeschreiblichkeit, so viel ist inzwischen klar, ist auch bei Bürster ein Topos. Mit ihm beschreibt der Chronist die «gespänst und unglüster» des Krieges,[101] wie sie das Nordlicht von 1630 verhieß – Gespenster, die sich (das sahen auch Heberle oder Happe nicht anders) immer wieder um konfessionelle und politische Grenzen nicht scherten.[102] Mit alldem stellte Bürster aber auch klar, wer allein die bösen Geister am Ende vertrieb: Gottvater und – er war schließlich Katholik – die Jungfrau Maria.

6.

VISIONEN

Auf ihrem Weg von Magdeburg nach Süden, nach Ulm und Salem, zogen die Schweden unter Gustav Adolf durch Franken; im Oktober 1631 erreichten sie Würzburg. Das kam für viele in der Region überraschend, denn die kaiserlich-katholische Seite schwamm im Zuge der Exekution des Restitutionsedikts eigentlich gerade auf einer Welle des Erfolgs. Einer jedoch hatte das Kommen Gustav Adolfs schon lange erwartet: Athanasius Kircher, Professor für Moralphilosophie, Mathematik, Hebräisch und Syrisch am örtlichen Jesuitenkolleg. Nicht weil der Pater ein intimer Kenner des politischen und militärischen Geschehens gewesen wäre, nein, weil er von Gott gewarnt worden war: in einer nächtlichen Vision, und das bereits ein halbes Jahr zuvor.

Wie war es dazu gekommen? Es war nicht das erste Mal, dass Kircher die Gewalt des Krieges am eigenen Leibe zu spüren bekam. Geboren in der Nähe von Fulda, 1601 oder 1602 (das wusste er selbst nicht genau),[1] war er im Jahr eins des Dreißigjährigen Krieges dem Jesuitenorden beigetreten, in Paderborn, gut einhundertfünfzig Kilometer von seiner Heimatstadt entfernt. Hier studierte er vier Jahre lang – bis Herzog Christian von Braunschweig-Wolfenbüttel, Intimfeind des Kaisers und der katholischen Liga, die Stadt eroberte. Die

Jesuiten, Speerspitze des Reformkatholizismus, gerieten in Situationen wie diesen als Erste in Gefahr. Erschwerend kam hinzu, dass Christian der Ruf eines «Wahnsinnigen» (*insanus*) vorauseilte.[2] Plündernd und brandschatzend zog er durchs Land, wie ein «Wilder», so hieß es, und trieb von Städten und Gemeinden Kontributionen zur Versorgung seiner Soldaten ein. Als einer der Ersten etablierte er das verheerende Prinzip des sich selbst ernährenden Krieges. Im Gold und Silber katholischer Kirchenschätze, das bewies er dann 1622 in Paderborn (so will es jedenfalls die Legende), sah der «tolle Halberstädter» nicht mehr als den Stoff, aus dem Münzen geprägt wurden – in diesem Fall die «Christianstaler», mit denen der Herzog seine Truppen bezahlte und sich selbst ein Denkmal zu setzen verstand. Die Inschriften der Münzen erklärten: Christian war «der Pfaffen Feindt» (das war offensichtlich) und – was viele bestritten – «Gottes Frevndt» und Werkzeug.[3]

Kircher hatte also allen Anlass zur Flucht, und so brachte er sich zunächst in Köln in Sicherheit. Es folgte ein Wechsel nach Koblenz, wo er Mathematik und orientalische Sprachen studierte und zugleich die griechische lehrte. Doch ein Ende der Bedrohungen war damit nicht in Sicht. 1623 kommandierte ihn sein Orden zur Fortsetzung seiner Lehrtätigkeit ins eichsfeldische Heiligenstadt ab, und auf dem Weg dorthin wurde er im «Höllental» zwischen Eisenach und Marksuhl von protestantischen Reitern überfallen. Das waren «Häretiker», wie Kircher versichert, die nicht allein von Habgier erfüllt waren, sondern auch «von unversöhnlichem Hass gegen die Jesuiten»; und so raubten sie ihr Opfer nicht nur aus, sondern waren auch entschlossen, es gleich am nächsten Baum aufzuhängen. Diesmal war dem unbewaffneten Reisenden jede Fluchtmöglichkeit versperrt. Dass er dennoch überlebte

– so stellt er es in seiner Autobiographie dar –, war seiner Bereitschaft geschuldet, im Vertrauen auf Gott und die Jungfrau
Maria das Martyrium zu erleiden. Kircher hätte sich verstellen können, wie andere Jesuiten in vergleichbaren Situationen
es taten;[4] aber er trug demonstrativ seine verräterische «geistliche Kleidung» (*vestis religiosa*). Seine Furchtlosigkeit im Angesicht des Todes habe die Angreifer tief beeindruckt und ihr
Mitleid erregt, ja in Furcht um ihr eigenes Seelenheil versetzt,
sodass sie von ihrem finsteren Vorhaben abließen und ihrerseits flohen, in «panischer Angst». Da erging es ihnen ähnlich
wie den schwedischen Soldaten in Salem. Kircher, davon war
er überzeugt, wurde gerettet, weil er nicht um jeden Preis gerettet werden wollte, anders gesagt: weil er Gott die Rettung
überließ, nicht erst im Himmel, sondern schon auf Erden.[5]

Auch hier war Kircher also noch einmal davongekommen
und hatte Heiligenstadt wohlbehalten erreicht. Im darauffolgenden Jahr war er dann weitergezogen nach Mainz und
Speyer, um sich zum Priester weihen zu lassen und seine
Studien zum Abschluss zu bringen, und von dort wurde er
schließlich nach Würzburg berufen, 1629, kurz bevor Gustav
Adolf die deutsche Ostseeküste erreichte. Die jedoch war zunächst weit entfernt. Im Mai war mit Christian von Dänemark der Friede von Lübeck geschlossen worden, und die
Truppen Ferdinands zogen durchs Reich, um der Papstkirche
die zwischenzeitlich säkularisierten Güter zuzuführen. Ganz
Deutschland, so schien es Kircher, war dem Habsburger un-
terworfen, und auch wenn das natürlich nicht ganz stimmte,
konnte er doch zu dieser Zeit das Gefühl haben, in «tiefem
Frieden» zu leben.[6]

Das sollte sich schon bald ändern. Auch wenn zu keinem
Zeitpunkt sämtliche Territorien des Reiches in gleicher Wei-

se vom Dreißigjährigen Krieg betroffen waren: Der Frieden, den Kircher beschreibt, war keiner für alle, sondern, das sagt er selbst, einer für die Katholiken, und das heißt, er basierte auf Gewalt und zog, mit der Intervention der Schweden, weitere Gewalt nach sich. (Von Frieden hätten im Übrigen auch all jene nicht gesprochen, die der Würzburger Fürstbischof Philipp Adolf von Ehrenberg als Hexen verfolgen ließ, zu eben der Zeit, als Kircher in der Stadt lebte. Dass Pater Athanasius sie in seiner Autobiographie nicht erwähnt, muss man nicht als Zustimmung werten, aber als ein Kritiker des Hexenbrennens ist er auch nicht in Erscheinung getreten; da unterschied er sich von seinem Ordensbruder Friedrich von Spee, der wenige Jahre zuvor die Würzburger Verfolgungen mitansehen musste.[7])

Mit dem Ausmaß der ins Haus stehenden Gewalt, oder: dass «die Feinde so leicht wieder ihr Haupt erheben könnten», hatte, wie Kircher berichtet, niemand gerechnet; da hatten sich die Kaiserlich-Katholischen allzu sicher gefühlt. Nach dem Sieg bei Breitenfeld über Tilly rückte Gustav Adolf in einem Tempo nach Süden vor, dass der Gegenseite kaum eine Chance auf Widerstand blieb und «das ganze Vaterland» (Kircher meint das Land der Franken) in «Verwirrung» und «Verwüstung» fiel. Das Kolleg löste sich auf, da Würzburg weder über eine Besatzung noch über Proviant verfügte, und die Ordensangehörigen wurden von Schrecken ergriffen; denn alle hatten gehört: Wenn die Schweden jemanden nicht verschonen würden, dann waren das die Jesuiten.[8]

Dabei hätte es so weit nicht kommen müssen. Sechs Monate zuvor war Kircher eines Nachts aus dem Schlaf gerissen worden, weil er meinte, ein «ungewöhnliches Getöse» im Hof des Kollegs zu vernehmen, das Lärmen feindlicher Soldaten.

Davon berichtet nicht nur er selbst in seiner Autobiographie, sondern auch sein bewundernder Schüler Caspar Schott, der sich zu dieser Zeit ebenfalls in der Stadt befand, dem Kircher von seiner nächtlichen Erscheinung erzählt hatte und der dies in seinen *Physica curiosa* publizierte. In der fraglichen Nacht hatte Kircher, kaum war er erwacht, ein «obskures Licht» durch sein Fenster fließen sehen, das Bett verlassen und festgestellt, «dass der ganze sehr geräumige Hof des Kollegiums mit in militärischer Ordnung aufgestellten Bewaffneten und Pferden angefüllt sei» – gehüllt, wie Schott ergänzt, in lodernde Flammen. Jetzt war Eile geboten. Kircher wollte sich sogleich mit seinen Mitbrüdern verständigen und zuvorderst mit seinem Rektor Peter Facies, doch als er sie alle tief schlafend vorfand, begann er zu argwöhnen, «im Schlaf getäuscht» worden zu sein, mit anderen Worten: bloß geträumt zu haben. So kehrte er erneut an sein Fenster zurück, um sich der Erscheinung zu vergewissern und niemanden unnötigerweise zu wecken. Dort allerdings sah er sich in seiner Wahrnehmung bestätigt. Er verließ nochmals sein Zimmer, um das Gesehene durch die anderen verifizieren zu lassen. Doch bevor er jemanden ins Atrium des Kollegs führen konnte und als er sich selbst ein zweites Mal vergewissern wollte, war die Vision plötzlich verschwunden.[9]

Was nicht verschwand, waren die Angst und der Schrecken, die Kircher befallen hatten, als er der imaginären Schweden gewahr geworden war. «Wie in einem Spiegel» sah er nun das Unheil voraus, das, wie er meinte, nicht bloß dem Collegium, sondern ganz Franken, ja ganz Deutschland drohte, und wusste nicht, wohin mit sich und seinem Wissen. Einem *fanaticus* gleich, wie er offen bekennt, rannte er in den nächsten Tagen im Kolleg auf und ab. Rektor und Mitbrüder sahen seine Qual und stellten besorgte Fragen, und so offenbarte sich Kircher schließlich und führte ihnen das Kommende vor Augen – um sie eindringlich zu ermahnen, den Kirchenschatz in Sicherheit zu bringen (von der Rettung des Lebens ist nicht die Rede, denn das Heil der Seele zählte mehr als das des Leibes).

Doch sie, mit Ausnahme Schotts, verlachten den Seher. Die Folgen waren, wenn auch nicht tödlich, so doch gravierend. Als die Schweden Mitte Oktober Stadt und Kolleg eroberten, wurde die Vorhersage durch die Ereignisse bestätigt. Nachdem zuvor auch noch der neue Fürstbischof Franz von Hatzfeld die Gefahrenlage hatte erläutern müssen, erfolgte die Flucht, die geordnet hätte sein können, wenn sie länger vorbereitet worden wäre, in Kopflosigkeit und Verwirrung.[10] Die Patres konnten gerade noch ihre silbernen Messgewänder und Reliquien vergraben, doch die Schweden gruben sie bald wieder aus. Darüber hinaus ergänzten sie mit den Büchern und Handschriften des Kollegs die Bestände der Universitätsbibliothek in Uppsala. Denn was immer die Protestanten von den «Jesuzuwidern» halten mochten: Von ihrer Gelehrsamkeit und Bildung suchten sie bei jeder Gelegenheit zu profitieren. Die Kollegiumsbibliothek ereilte damit das gleiche Schicksal wie die von Julius Echter aufgebaute Hofbibliothek und die Sammlung der 1582 wiederbegründeten Würzburger Universität.[11] (Und es ging ihr, wie ergänzt werden muss, auch nicht anders als protestantischen Häusern im Reich, der Bibliotheca Palatina beispielsweise, die 1623 nach der Plünderung Heidelbergs durch Tilly auf päpstlichen Wunsch nach Rom verbracht wurde.[12])

Kircher persönlich erlebte das Schlimmste für einen angehenden Gelehrten: Sämtliche seiner Schriften blieben im

Fränkischen zurück.[13] Gemeinsam mit seinem Mitbruder
Andreas Wigand floh er über Mainz und Speyer bis nach
Frankreich, in die Studienstätten Lyons und Avignons; und
auch dort – worauf zurückzukommen sein wird – sollte es ihn
nicht allzu lange halten: 1633 reiste er weiter nach Rom. Bis
zu seinem Tod 1680 sollte er die Stadt nicht mehr auf Dauer
verlassen.

Was die Würzburger Vision bedeutete, ob sie die Zukunft
verkündete oder nicht, konnte mit Sicherheit niemand wissen,
auch Kircher nicht; das musste die Erfahrung erweisen, der
«Ausgang» (*eventus*) der Dinge. Als das geschehen war, retrospektiv also, wurde die Geschichte für Kircher wie für Schott
erzählbar.[14] Die Erscheinung, das war nun klar, hatte zweierlei getan: Sie hatte den Einmarsch Gustav Adolfs vorhergesagt und damit vor ihm gewarnt, will sagen: Sie verkündete
nicht nur die Okkupation, die hier als unausweichlich vorgestellt wird; vor allem mahnte sie, den drohenden Schaden
abzuwenden, den der Angriff denen zufügen würde, die sich
harthörig zeigten. Sie bot eine Möglichkeit zu handeln. Im
Gegensatz zum prophezeiten Einmarsch selbst wären die Verluste, die er mit sich brachte, vermeidbar gewesen. Dazu hätte es freilich der rechten Lektüre der Zeichen bedurft – und
dafür wiederum der rechten Furcht vor dem Gott, der sie
sandte. Wer die vermissen ließ, führte das Prophezeite allererst herbei. Dies galt, wie die Gelehrten wussten, zunächst
für all jene, die in Furcht vor etwas gefangen saßen, das sie
fälschlicherweise für unabwendbar hielten; bei ihnen ging
die Vorhersage in Erfüllung als Strafe für eine allzu große,
gleichsam ‹fatalistische› Furcht.[15] Es galt aber auch für die
anderen, die wie Kirchers Mitbrüder sich in falscher Sorg-
losigkeit wiegten. Bei ihnen bewahrheitete sich die Prophezei-

ung als Sanktion für die Missachtung der Warnung. Was hier allein half, war eine Furcht, die wusste, dass Gott denen half, die auf ihn vertrauten und seine Zeichen beherzigten. Diese Gottesfurcht – darum erzählt er uns die Geschichte – stellte Kircher unter Beweis, im Gegensatz zu all denen, die ihn verspotteten – und damit kein größeres, sondern ein geringeres Gottvertrauen an den Tag legten. Sie vertrauten am Ende nicht auf ihren Schöpfer, sondern auf sich selbst. Vor dem, was Kircher berechtigterweise in Angst versetzte, meinten sie sich nicht fürchten zu müssen; denn sie, anders als Kircher, standen nicht in der Gnade des Herrn.

Doch so recht hatte sich Kircher auf die Beweiskraft seiner Vision dann doch nicht verlassen wollen. Jedenfalls erzählte er seinen Mitbrüdern nach der furchterregenden Nacht nicht von dem «Schauspiel» (*spectaculum*) im Hof, sondern nur von der Erkenntnis, die er daraus gewonnen hatte: dass dem Kolleg schlimmes Unheil bevorstehe. Woher er sein Wissen bezog, wagte er nicht preiszugeben – selbst dann nicht, als das Vorhergesagte bereits eingetreten war. Lieber verschloss er die Hintergründe «in den Tiefen seiner Seele». Allein Schott zog er zunächst ins Vertrauen – und später dann die Leser seiner *Vita*. Die anderen dagegen beließ Kircher in ihrem Glauben, er habe seine Kenntnisse astrologisch gewonnen, indem er die Sterne befragte.[16]

Das sah die Papstkirche eigentlich auch nicht gern. Bis dato hatte sie gleich vier einschlägige Verbote ausgesprochen, 1559 durch die Inquisition, 1564, nach dem Trienter Konzil, durch Pius IV., 1586 durch Sixtus V. und am 1. April 1631 durch Urban VIII., mit der Bulle *Constitutio inscrutabilis*. Rom untersagte astrologische Zukunftsprognosen und Handlungsanweisungen für zufälliges und kontingentes Geschehen und solches, das vom menschlichen Willen abhing. Die Jesuiten, denn ihnen lag die Freiheit des Menschen besonders am Herzen, setzten diese Vorgabe in ihren Lehrplänen um. Werden Bestimmungen jedoch zu oft wiederholt, drängt sich der Verdacht auf, dass sie nicht befolgt werden. Das galt auch hier, und zwar nicht nur für das Glaubensvolk, sondern auch für Klerus, Fürsten und Gelehrte.[17] Athanasius Kircher ist einer von vielen Beweisen. Wie mochte er das mit sich und seinen Oberen geklärt haben? Was zählte, so scheint es, war die Auszeichnung seiner astrologischen Praxis als *ars*: ihr wissenschaftlicher Zweck, ihr christlicher Verzicht auf Gewissheitsansprüche und damit ihre Abgrenzung von dämonischer und astraler Magie. Für all das bürgte Kircher mit seinem Namen.[18]

So war diese Lösung zweifellos die bessere Alternative; denn schon der Ulmer Kometenstreit hat gezeigt: Propheten – und als ein solcher hätte sich Kircher mit der Behauptung einer nächtlichen Erscheinung gegeben – standen zur fraglichen Zeit nicht hoch im Kurs. Visionen und Träume konnten Künftiges und göttliche Wahrheiten offenbaren, das wussten nicht nur Protestanten wie Augustin Güntzer, sondern auch die Jesuiten;[19] aber – das war konfessionsübergreifende theologische Meinung – allein Herrschaftsträger waren auch berechtigt, das, was sie gesehen hatten, im politischen Raum zu artikulieren. Taten es andere, wurden sie mit aller Härte verfolgt. Denn falsche Propheten konnten gefährlich werden. Ihre Vorhersagen, waren die Obrigkeiten überzeugt, bargen politischen und sozialen Sprengstoff von unkalkulierbarem Ausmaß; sie trugen, so wurde befürchtet, nicht zur Stabilisierung guter Ordnung bei, sondern zu deren Umsturz, sie riefen zur Gewalt auf, anstatt sie zu verhindern – was aus

Sicht der Autoritäten ihre ebenso gewaltsame Bekämpfung legitimierte. Als Urban VIII. seine Bulle erließ, reagierte er damit auf eine Prophezeiung, die die Zukunft des Kirchenstaates in Frage gestellt hatte.[20] Auf protestantischer Seite dagegen wurden als abschreckende *exempla* prophetischer Ansprüche immer wieder die Münsteraner Wiedertäufer zitiert und das Schicksal Thomas Müntzers. Der hatte sich nämlich als neuer Daniel inszeniert, entschlossen, seinen Traum von der Zukunft nicht nur zu verkünden (wie der alttestamentarische Prophet es getan hatte), sondern den Gang der Weltgeschichte selbst zu befördern, und das hieß (Müntzer war Prämillenarist): die Bauern in die Schlacht gegen Adel und Klerus zu führen, für die tausendjährige Herrschaft Christi auf Erden. Der blutige Ausgang der Dinge ist bekannt. Der verhinderte zwar nicht, dass auch im Dreißigjährigen Krieg Propheten durchs Land zogen, von ihren apokalyptischen Träumen erzählten, mündlich oder schriftlich, und zur Buße aufriefen; aber auf die Unterstützung ihrer Kirche konnten sie dabei nicht hoffen.[21]

Nach dem Krieg wurde die Argumentation von politischen Philosophen aufgegriffen, von Thomas Hobbes etwa (1651) oder Baruch de Spinoza (1670).[22] Zunächst jedoch lese man dazu einmal mehr den Ulmer Superintendenten Conrad Dieterich: seinen *Discurß* über die Unterscheidung der Träume, der natürlichen, der göttlichen und der teuflischen.[23]

Zu alldem kam womöglich noch etwas hinzu. Kircher zeichnete seine lärmende Wachvision als Geistererscheinung aus, als *spectrum*.[24] Als solche hatte sie einen potenziell intersubjektiven und per se «wundersamen» Charakter – im Unterschied zu Träumen im Schlaf. Damit wiederum war ihr Erkenntniswert noch stärker umstritten. Wenn Caspar Schott

die Möglichkeit «wahrer» Spektren betonte, trat er damit einschlägigen Vorbehalten entgegen, die zu seiner Zeit an Boden
gewannen. 1662 konnte er dabei zum Beweis schon auf Kircher verweisen.[25] Der selbst jedoch, so scheint es, musste
1631 befürchten, seine Mitbrüder würden ihn nicht für einen
Mystiker mit der Befähigung zur privilegierten Schau göttlicher Wahrheiten halten, sondern für einen melancholischen
Schwärmer – und, wer weiß, vielleicht sogar für einen Bünd-
ner des Teufels.

Andererseits barg Kirchers nächtliche Erscheinung eigent-
lich keine politische Brisanz. Sie verkündete nicht das Ende
der Welt, und sie rief nicht zur Gewalt auf, ja nicht einmal
zur Buße, sondern lediglich zur Flucht. Und so konnte Kir-
cher nicht nur bei Schott, sondern auch bei den Lesern seiner
Autobiographie auf mehr Aufgeschlossenheit hoffen. Die
Vision von den schwedischen Soldaten, allem begegnenden
Misstrauen zum Trotz, hatte das Zeug, ihn, den Fürsten des
Geistes, als wahren Propheten zu qualifizieren. Um es mit
Ignatius von Loyola, dem Gründer seines Ordens, zu sagen:
Kircher wusste die Geister zu unterscheiden, die guten und
die bösen; denn er stand in der Gnade des Herrn.[26]

Kircher hatte also recht behalten, und seine Befürchtungen
hatten sich als begründet erwiesen. Die Stadt war nicht be-
festigt, wie Kircher richtig betont, und so hatte sie sich schnell,
am 15. Oktober, den Schweden ergeben: per Akkord, einer
Vereinbarung, die gegen die Aufnahme einer Besatzung und
eine Kontributionszahlung von 80 000 Reichstalern (herun-
tergehandelt von 150 000) nicht nur Schutz vor Plünderung,
Brand und Mord versprach, sondern auch die freie Ausübung der katholischen Religion.

Das Schloss Marienberg oberhalb des Mains allerdings besaß bereits eine Fortifikation, in die viele Menschen aus der Stadt ihre Zuflucht nahmen. Und das machte die Sache nicht besser, sondern schlimmer; denn die Besatzung war nicht bereit zu kapitulieren – nicht zuletzt um ihre Kirchen- und Bibliotheksschätze zu retten. Das Resultat: Die Festung wurde zwei Tage später gestürmt, und etwa siebenhundert Soldaten, Geistliche und Bauern wurden getötet.[27] Davon berichten nicht nur die Gegner Gustav Adolfs, sondern freimütig auch die Angreifer selbst, und so kann kaum ein Zweifel bestehen: Auf dem Marienberg fand ein regelrechtes Massaker statt.[28]

Die Schweden operierten hier bereits mit einem historischen Exempel: Sie hatten mit dem Schicksal Magdeburgs gedroht, sollten sich Stadt und Festung nicht ergeben, und als die Schlossbewohner um Gnade flehten, nachdem sie sich erfolglos gewehrt hatten, wurde ihnen jene gewährt, die sie selbst der Elbmetropole hatten zuteil werden lassen, und das sollte heißen: keine (unabhängig davon, wer den verheerenden Brand Magdeburgs tatsächlich zu verantworten hatte). «Jetzt begann die Hinrichtung», notierte William Watts, Bewunderer Gustav Adolfs und Feldgeistlicher unter Prinz Ruprecht von der Pfalz, dem dritten Sohn des «Winterkönigs», der später aufseiten der Schweden kämpfte und nach 1644, als Duke of Cumberland, im englischen Bürgerkrieg mitmischte, «jetzt begannen die Belagerten, um Schonung zu betteln. Aber die wütenden Schweden, im Rausch des Blutes, boten ihnen nur die Schonung, die die Protestanten in Magdeburg erhalten hatten. Wer sich widersetzte, musste es büßen.»[29] Und den Klosterbrüdern schnitten die Soldaten zuvor noch die letzte Tonsur (*ultimam tonsuram*).[30]

Im anderen Lager wurde das Geschehen natürlich ohne Zynismus berichtet, im *Verzeignuß* der Maria Anna Junius etwa, der Chronistin des Dominikanerinnenklosters Zum Heiligen Grab im nahe gelegenen Bamberg. Das Morden sei unbeschreiblich gewesen, hatte die Nonne gehört, und das Blut derer, die sich im Schloss verborgen hielten, «an der mauhern herrab gelauffen». Auch vor religiösem Frevel – es waren ja Protestanten – schreckten die Angreifer dem Vernehmen nach nicht zurück. Ein Kapuzinermönch habe gerade in der Würzburger Schlosskapelle die Heilige Messe gelesen, da seien die schwedischen Soldaten wie «die reisseten wölff in dem schaff stal gebrochen» und hätten «das unschultige lemblen, so vor dem altar celipri[r]t hat/ creützweis über den kopf gehauen/ das er gleig dar nidter gesunken ist».

Dem Seelenheil des Geistlichen, war Junius überzeugt, gereiche das nicht zum Schaden, hatte er sich doch «warhafftig unsern lieben herrgott zu einen lebendigen blut opfer auff geopffert».[31] Er war, mit anderen Worten, zum Märtyrer geworden. Glaubt man William Watts, hätte der Mönch überlebt, wenn er sich nur nicht als todesbereiter Glaubenszeuge geriert hätte.[32] Aber ob das stimmt? Wir wissen es nicht. Immerhin (und das war keineswegs selbstverständlich): Die «weibs perschonen/ und geistlichen Jungfrawen/ welche nicht im sturm seind umb kumen/ hat man alle in die statt gehen lassen» (davon berichtet auch Watts).[33] Aber: Sie «seind alle beraubt wordten».[34] Und das wurde dann auch allgemein zur Parole: Jenseits der Mauern der Festung begannen die Schweden jetzt ebenfalls zu plündern, denn der Akkord besaß nach der Gegenwehr keine Verbindlichkeit mehr. Die Folgen bekamen auch die Jesuiten zu spüren.

Um der historischen Gerechtigkeit willen (oder: um zu differenzieren) ist freilich zweierlei zu ergänzen. Erstens: Womöglich trug der Einfall Gustav Adolfs mit dazu bei, dass die Würzburger Hexenprozesse, die kurz zuvor ihren historischen Höhepunkt erreicht hatten, für einige Jahre ein Ende fanden (was natürlich nicht heißt, dass die Schweden – oder gar die Protestanten – generell keine Hexen verbrannt hätten; aber das ist ein anderes Thema).[35] Und zweitens: Raubtiere überfielen zwar «Lämmlein», das lag in ihrer Natur (und in der Konsequenz der Metaphorik), die schwedischen konnten sich aber, wie Junius anerkennt, mitunter selbst in Lämmer verwandeln. Zunächst hatten die Soldaten zwar nicht nur unter den Würzburger Kapuzinern wie Wölfe gewütet, sondern waren auch den Dominikanerinnen «alls grimige löben [Löwen] und Ber[e]n» begegnet. Aus ihnen jedoch, wie Junius versichert, wurden unversehens «gedultige und sanftmüttige lemblein», als sie mit den Nonnen sprachen: als sie ihre christusgleiche Armut und Standhaftigkeit erkannten, ihre Bereitschaft, eher zu sterben, als ihr Kloster zu verlassen, oder um im Bild zu bleiben: als sie sahen, dass die Schwestern Stärke zeigten wie Löwen. Namentlich einem gewissen Oberst Lohausen hatten sie einen Respekt abgenötigt, der ihnen das Leben rettete und ihr Kloster vor der Verwüstung bewahrte. Die Dominikanerinnen, so stellt Junius es dar, erlangten die «genad» der Schweden durch das Vertrauen, sie zu erlangen. (Dass böse Zungen hier andere Hintergründe witterten, nicht die Bereitschaft zur Selbstaufopferung nämlich, sondern die bereitwillige Opferung weiblicher Ehre, blieb nicht aus und wurde daher von Junius entschieden bestritten.[36])

Man denkt hier unweigerlich wieder an Athanasius Kircher; der hatte ja im Höllental eine ähnliche Erfahrung gemacht. Gegen das Furchterregende, war auch der Pater sich sicher, half nur Furchtlosigkeit, genauer: die Furchtlosigkeit, die sich nicht aus Selbstgewissheit speiste, nicht aus Leicht-

sinn wie bei seinen Würzburger Brüdern, sondern aus dem
Vertrauen auf Gott. Das konnte Kircher zumindest behaup-
ten, denn er hatte ja, wie Junius auch, überlebt.

Dem schwedischen König war es da anders ergangen. Im
darauffolgenden Jahr, im November 1632, fand Gustav Adolf
in der Nähe des sächsischen Lützen den Tod in der Schlacht
gegen Wallensteins Truppen. Da lag es nahe, auf Furcht und
Feigheit des Königs zu schließen. Dazu waren aber natürlich
nur seine Gegner bereit. Sie wussten plötzlich von einem
magischen Schwert zu berichten, das der Führer der Protestanten in der Schlacht getragen haben sollte und in das
neben obskuren apotropäischen und astrologischen Zeichen
das Sprichwort eingraviert gewesen sei: *Audaces fortuna iuvat,
timidosque repellit*, «das Schicksal hilft den Tapferen, die Furcht-
samen weist es zurück». Wer sich auf gottlose Zeichen und
böse Mächte verließ, so lautete die Botschaft dieser Unterstellung, der war am Ende verloren. Die andere Seite dagegen
bestritt (zu Recht) die Existenz einer derartigen Waffe. Sie
zog es vor, im Tod ihres Königs kein Resultat von Furcht zu
erkennen, sondern den Beweis des Gegenteils: ein Signum
standhaften Muts.[37] Märtyrer also, so weit das Auge reichte.
Auch Gustav Adolf hatte sich zuletzt als todesbereiter Zeuge
seines Glaubens qualifiziert.

Das mag einer der Gründe dafür sein, dass der Verlust
dieser Galionsfigur den militärischen Erfolgen der Schweden
vorerst keinen nennenswerten Abbruch tat. Nicht nur, dass
schon die Lützener Schlacht selbst zu ihren Gunsten aus-
gegangen war; in der Folge fiel noch so mancher süddeutsche
Herrschaftsbereich in ihre Hände. Darunter hatte nicht zuletzt Würzburg zu leiden.

Die Besatzung der Stadt und die schwedische Zwischenregierung unter Bernhard von Weimar endeten erst im Januar 1635, vier Monate vor dem Frieden von Prag – nachdem der Bevölkerung drei Jahre zuvor weitere 200 000 Reichstaler Kontribution auferlegt worden waren und schwedische Soldaten auch noch die Pest eingeschleppt hatten. Das war 1634, auf ihrem Rückzug nach der Schlacht bei Nördlingen, die für die protestantische Seite ein desaströses Ende genommen und zahlreiche Reichsfürsten veranlasst hatte, im Prager Frieden den Schweden den Rücken zu kehren und einen Ausgleich mit ihrem Kaiser zu suchen.[38]

Unter diesen befand sich zuletzt auch die bikonfessionelle Reichsstadt Augsburg, die im April 1632, nicht ohne Unterstützung aus der mehrheitlich protestantischen Bevölkerung, von den Schweden eingenommen worden war (womit sich für Hans Heberle das trostvolle Wunderzeichen von 1629 bewahrheitet hatte: das Polarlicht, in dem er neben einem großen Kriegsheer auch einen gewaltigen Reiter mit glänzendem Schwert erkannt hatte).[39] Die Stadt suchte erst dem Kaiser standzuhalten, der sie gleich nach der Nördlinger Schlacht durch bayerische Truppen blockieren ließ, bezahlte ihre Hartnäckigkeit aber, als weder Entsatz noch Frieden nahte, mit einer auszehrenden Belagerung durch General Matthias Gallas im Winter 1634/35. Die Aushungerung zwang am Ende zur Kapitulation; sie hatte dazu geführt, wie es Johann Georg Mayr, Pfarrer einer Nachbargemeinde, formulierte, dass «die leiber der lebendigen zu gräber[n] der todten» wurden.[40] Das sollte heißen: Menschen hatten «menschen cerper … geeßen» (so der Chronist Jakob Wagner)[41] – selbst das Fleisch von Kindern.[42] Wissenschaftler nennen das Anthropophagie (und Historiker betonen, dass wir es in diesem Fall, anders als so oft, nicht lediglich mit einem Topos zu tun haben).[43] Aus

Augsburg, der Stadt des einst so «erhabenen» Kaisers (Augus-
tus), war – noch einmal Mayr – eine «Angstburg» geworden:
ein Exemplum allergrößter «Enge».[44]

Vielleicht war es das, was den Bewohnern schon 1618
angedroht worden war. Elias Ehinger, Stadtbibliothekar
und Rektor des protestantischen Kollegs St. Anna, hatte zu
denen gehört, die den Winterkometen als Zeichen für «Krie-
gen/Blutvergiessen/Rauben/Morden vnd Brennen/gross[e]
Theurung/Hunger und Pestilentz» gelesen hatten (und der
Bierbrauer Jerg Siedeler hatte das in seiner Chronik zitiert).[45]
Ob Ehinger im Belagerungswinter sechzehn Jahre später eine
besonders schlimme Bewahrheitung seiner Prophezeiung
erkannte, ist nicht überliefert. Doch warum sollte er es nicht
getan haben?

Augsburg zeigt es, Würzburg ebenso und Magdeburg
selbstverständlich auch: Städte im Dreißigjährigen Krieg,
das waren Festungen, wenn es gut ging, Orte des Schutzes
und der Zuflucht, doch wie schnell wurden sie, einmal eingeschlossen, auch zu Räumen der Angst. In Angst versetzten
die Drohungen der Belagerer und ebenso die Hungersnöte
in deren Folge. Furcht und Schrecken erregten jedoch auch
Seuchen, die Pest insbesondere, die durch umherziehende
Armeen beschleunigte Verbreitung und im dicht besiedelten
Stadtraum den denkbar fruchtbarsten Boden fand. 1627/28,
um beim Beispiel zu bleiben, kostete sie in Augsburg zwölf-
tausend Menschen das Leben.[46]

Doch es kam noch etwas erschwerend hinzu: Angst war
nicht lediglich eine *Reaktion* auf die Pest, nein, sie wurde stets
auch als deren Ursache betrachtet. Die Mediziner waren sich
in diesem Fall einig: Bedrohlicher noch als die Pest war die
Furcht vor ihr, denn sie vermochte die gefürchtete Seuche

Der Winterkomet über Augsburg, angehängt an:
Bernhard Heupold: Von Cometen Kurtze erinnerung, 1618.

allererst zu nähren. Wer große Angst vor der Pest hatte, lief größte Gefahr, von ihr dahingerafft zu werden.

Ein furchterregender Kreislauf – umso furchterregender zudem, da er sich nicht auf die Angst vor Krankheit beschränkte. Auch die Furcht vor der Gewalt der Soldaten schwächte den Körper. Sie ihrerseits, so die gängige Überzeugung, hatte immer wieder tödliche Krankheiten zur Folge. Das wussten Ärzte und Militärkundige, das wusste aber neben Augustin Güntzer[47] zum Beispiel auch der Schösser Volkmar Happe. Der kannte zwar kaum die medizinischen Erklärungen, nicht die Feinheiten neoplatonisch grundierter Imaginationslehren, nicht die magischen Dimensionen von Miasmen- und Kontagionstheorien und vermutlich auch nicht die straftheologischen Hintergründe des Gedankens.[48] Im Ergebnis jedoch war der Zusammenhang auch ihm durchaus vertraut. Denn sein ältester Sohn Johann Andreas war 1637 an «Schwindsucht» gestorben (so hieß zu dieser Zeit die Tuberkulose),[49] und die hatte für Happe einen klar erkennbaren Grund.

Seine Frau Martha hatte das Kind 1618 geboren, mitten im Sommer, im Sonnenaufgang des 22. Juli. Die zweite Jahreshälfte hatte also, ungeachtet der böhmischen Unruhen, für die Eheleute eigentlich voller Hoffnung begonnen. Das Leben des kleinen Sohnes jedoch stand unter keinem guten Stern – und das zunächst auch ohne den Krieg und den Kometen, der ihn bald anzeigen sollte. Einen schmerzhaften «Blasenstein», notiert die Chronik des Vaters, habe Johann Andreas bereits mit auf die Welt gebracht und ihm zeit seines Lebens «keine gesunde Stunde» gewährt.[50] Hinzu kam ein Sturz aus großer Höhe im Alter von zwei Jahren, den der Junge zwar «durch Gottes Gnade» überlebte, doch sei er nur «kümmerlich» «bey dem Leben erhalten worden, hat sein Haupt übel zerfallen gehabt».[51] All das hatte langfristige Folgen: An öffentlichen Schulbesuch, ein Studium und ein Leben bei Hof war nicht zu denken, und so gab Volkmar Happe, der zu dieser Zeit seinen Dienst in Ebeleben versah, den Sohn zu seinem Bruder nach Frankenhausen, «die Apothecker Kunst bey ihme zu erlernen» und damit er so vielleicht einst ein Mittel finden möge, «wodurch ihm geholfen werden könte».[52]

Als dann die Pest auch in Frankenhausen grassierte, im Herbst 1636, kehrte Johann Andreas zu seinem Vater ins Schloss nach Ebeleben zurück. Hier tauschte er jedoch nur die eine Gefahr gegen eine andere ein. Als schwedische Soldaten Schwarzburg-Sondershausen durchzogen, auf der Jagd nach Kaiserlichen und Kursächsischen, die sie im Oktober bei Wittstock aus dem Feld getrieben hatten, fielen sie gleich zwei Mal in Ebeleben ein und plünderten Dorf und Schloss «elendiglich» aus. Johann Andreas, erfahren wir vom Chronisten, entkam den Angreifern nicht; er wurde von ihnen «ertappet, ausgezogen und mit Pistohlen also tractiret, dass kein Wunder were, er were vor Angst gestorben». Und es kam noch schlimmer. Gerade hatte ihn der Vater neu eingekleidet, nachdem die Familie, mittlerweile neunköpfig, sich «in großer Betrübnis flüchtig zu Fuße nacket und bloß» nach Mühlhausen «reteriren [zurückziehen] müssen», gerade war der Sohn auf dem Weg zurück nach Frankenhausen, da wurde er erneut «von etzlichen Raubvögeln angefallen, mit Gewalt vom Pferde geworfen und ihme alles wieder genommen». Durch diese «Feindseligkeiten», das machte sie so «grausam», sei Johann Andreas «also erschrecket worden, dass zu seiner Leibes Beschwehrunge die Wasser- und Schwindsucht geschlagen». Von «selbiger Zeit an», so Happe, sei sein Sohn «nicht eine eintzige Stunde gesund gewesen, und [waren] diese Unthaten nicht die geringste Uhrsachen seines frühzeitigen Todes».[53] Was hier tötete, mit anderen Worten, waren nicht die Soldaten, es war die Furcht vor ihnen.

Nach den Überfällen hatte sich der Zustand des Kranken täglich verschlimmert, bis Johann Andreas den Vater zu sich rief, am Abend des 2. Dezember, «um einen sehr vernünftigen Abschied» zu nehmen – mit der Bitte, «auch seiner Mutter und allen Kindern gute Nacht zu sagen». Das «Vaterhertz», erinnert sich Happe, wollte «vor Schmertzen brechen». Zwar mochte es ihn getröstet haben, dass der Sohn «bey verstendiger guter Vernunft geblieben bis in seinen Todt» (dass er also einen guten, vorbereiteten Tod gestorben war, «gottesfürchtig und geduldig»).[54] Doch ob das die Wunde wirklich geheilt hat?

Selbstverständlich zumindest war ein «sanftes» und «seliges»[55] Ende nicht. Als 1633 Truppen Bernhards von Weimar das bei Eichstätt gelegene Augustinerinnenkloster Mariastein plünderten, wurde dessen Priorin Clara Staiger «so hart geengstiget», dass sie fürchten musste, ihre Angst werde sie nicht nur «leib und leben» kosten, sondern zuvor «sogar die vernunfft». Schließlich hatte sie, wie sie in ihrer Klosterchronik berichtet, so viele andere beobachten können, die in ihrer Angst vor den schwedischen Soldaten den Verstand verloren: die «in gemüet ... zertrent und laider nit geweßen/wies sein solt».[56]

Zumindest das war Johann Andreas Happe erspart geblieben, und so auch dem trauernden Vater. Eines jedoch blieb davon unberührt: 1618, das wurde neunzehn Jahre später einmal mehr klar, hatten für Volkmar Happe die Zeichen nicht auf Leben gestanden, sondern auf Tod. Und das schon im Sommer, nicht erst im Winter.

Als Johann Happe starb, war der Prager Frieden zwischen Kaiser und Ständen bereits eineinhalb Jahre geschlossen, die Schweden hatten begonnen, sich aus dem Süden des Reiches zurückzuziehen, und Frankreich hatte die Bühne des Geschehens betreten. Mit alldem begann aber nicht der Frieden, sondern die blutigste Phase des Krieges. Zu dieser Zeit war Athanasius Kircher schon lange in Rom. Nach seiner Flucht aus Würzburg und nach Lehre und Forschung in Frankreich hatte er sich aufs Mittelmeer hinausgewagt, denn die Kurie brauchte ihn in der Ewigen Stadt: zur Entzifferung der

Hieroglyphen auf den ägyptischen Obelisken, die noch heute auf vielen Plätzen zu besichtigen sind. Im Herbst 1633 traf er dort ein und konnte sich seitdem ungestört zum Universalgelehrten entwickeln.[57]

Gänzlich frei von Gefahren war seine Zeit auch dort freilich nicht. Die Störungen, denen sich Kircher in Italien ausgesetzt sah, waren jedoch anderer, sie waren vor allem seismischer Natur. Im März 1638, auf seiner Rückreise von der Insel Malta, die er als Beichtvater des konvertierten Landgrafen Friedrich von Hessen-Darmstadt besucht hatte, wurde Kircher in Kalabrien von einem schweren Erdbeben überrascht; und auch die Vulkane Ätna, Stromboli und Vesuv ließen mit dunklen Aschewolken nichts Gutes erahnen. Der Pater hatte jedoch Glück, im Gegensatz zu so vielen anderen, und überlebte diesen «Krieg der Natur» (*bellum naturae*) – und nutzte ihn, kaum war er dem Schlimmsten entronnen, für vulkanologische Studien, insbesondere für eine bemerkenswert furchtlose Inspektion des Kraters des gerade noch aktiven Vesuvs.[58]

Diese Unternehmung konnte er aber auch nur deswegen riskieren, weil der Vulkan diesmal nicht ausgebrochen war – anders als sieben Jahre zuvor: Die Eruption vom Dezember 1631 war die stärkste seit dem Untergang Pompejis gewesen, so heftig, dass sie die Bußprediger auf den Plan gerufen hatte, über Länder- und Konfessionsgrenzen hinweg. Die Protestanten unter ihnen hatten mit Blick auf den feurigen Berg an den Krieg erinnert, den sie gerade erlebten: dass die Erde, bei allem Schrecken, weniger «wüttet[e]» als ihre Bewohner, als die «Schlangen von Metall vnnd Menschen=Plitz», wie Martin Opitz dichtete (das heißt: als die Artillerie), und dass sie, ganz konkret, die Grausamkeit italienischer Soldaten in kaiserlichen Diensten bestrafte, deren Beitrag zur Zerstörung Magdeburgs wenige Monate zuvor.[59] Was Gustav Adolf vergalt, als er Städte wie Würzburg und Augsburg eroberte, das vergalt die Natur auf ihre Weise. Doch auch das nur am Rande.

Von den kalabrischen Beben des Jahres 1638 hatte man im Reich ebenfalls gehört. Flugblätter und Flugschriften erzählten davon, und vermutlich auf diesem Wege fand das Ereignis auch Eingang in das *Zeytregister* des Hans Heberle in Ulm. Ein Prodigium, wie es scheint, sah Heberle hier allerdings nicht – auch wenn seine Schadensbilanz neben mehr als 30 000 Toten und dem Untergang von neun Städten und 200 Dörfern und Schlössern (die Zahlen lassen sich nicht verifizieren) eigens hervorhebt: «ist zu Mesina der thurm im thom vom erdtbeben eingefallen, eben da man geprediget, und sindt darin etliche hundtert menschen gestorben.»[60] Einstürzende Kirchtürme während des Gottesdienstes waren nie ein gutes Zeichen. Dessen ungeachtet belässt es Heberle bei der nackten, unkommentierten Information.

Einem zumindest, auch das lässt sich Heberles Chronik entnehmen, hätte das sicher nicht genügt. In Venedig war nämlich zuvor ein Prophet aufgetreten, der das süditalienische Beben angeblich geweissagt hatte. Und dieser Seher glaubte noch mehr zu wissen. Vier Monate später, im Juli des Jahres, wartete er mit einer weiteren einschlägigen Vorhersage auf. Aufgefahren wurde dabei das ganze Arsenal apokalyptischen Schreckens, von Gewitter, Sturm und Sonnenfinsternis, «darbey sich vüll leit auß forcht freywilig von hohen orten und thur[m]en herunderstirtzen werden», bis hin zu Stimmen von Menschen und Vieh in der Luft und einem feurigen Kometen am Himmel, «nit groß, aber wie ein feüriges schwert». Brunnen, Flüsse und das Meer würden

auslaufen und vergiftet und am Ende ein «graußame[s] erdtbeben» stehen, «mit greylichem schaden». Und all das vor
allem im «Welschlandt», das heißt in Italien, sowie in Prag
und im schwäbischen Ulm – und zudem an einem genau be-
stimmbaren Tag: dem 23. Juli. Ein veritabler Weltuntergang
also oder zumindest ein Vorgeschmack darauf (auch wenn
Heberle das nicht explizit sagt und ungeachtet der regionalen
Einschränkung; aber der Venezianer war schließlich «proveth»).[61]

Deswegen wurden die Autoritäten Venedigs dann auch,
ohne zu zögern, aktiv. Sie nahmen den Mann in Präventiv-
haft, bis zum fraglichen Datum. Sollte dann nicht geschehen
sein, was er verkündete, sollte «i[h]m der kopff abgehawen
werden». Der Seher war ernst zu nehmen, das hatten die
Märzereignisse gezeigt (und deswegen berichtet Heberle die
ganze Geschichte), aber als der 23. Juli dann vorübergegan-
gen war wie fast jeder andere Tag auch, war klar: «der falsch
proveth [war] zum legner [Lügner]» geworden. Gänzlich
unnötigerweise hatte er «an etlichen orten ein grosse forcht
gemacht» und «etliche aberglebische und nerische [närrische]
leit» zur Flucht veranlasst, nicht zuletzt in Ulm.[62] Prophetie
hatte sich also einmal mehr als gefährlich erwiesen. Ob das
den Venezianer dann tatsächlich auch den Kopf gekostet hat,
entzieht sich allerdings unserer Kenntnis.

Mochte dieser Seher am Ende auch «ales erlogen» haben:
Dass er Recht behielt, war für Heberle nicht von vornherein
ausgeschlossen. Anders gesagt: Die Prophezeiung war falsi-
fiziert, prophetisches Denken damit aber noch lange nicht.
Schließlich, wir erinnern uns, war Martin Luther höchstselbst ein «hocherleichte[ter] theür[er] proveth», da er ja
«Teüschland das hele liecht, das göttlich wort widerumb an

tag gebracht hatt.»[63] Und so lesen wir im *Zeytregister* nicht nur von Komet 1618 II und dem Nordlicht von 1630, sondern auch noch von so manch anderem Zeichen danach.

Da wären zunächst die «hell feürflammen und glentzendt stralen auß dem himmel» zu nennen, die im August 1636 beobachtet wurden und von denen manche sagten, es seien feurige Drachen gewesen. Sie scheinen noch nachträglich auf das Unbehagen mit dem Prager Frieden zu verweisen, in dem sich der Chronist – davon wurde im letzten Kapitel berichtet – als Sympathisant der schwedischen Seite zu erkennen gab.[64]

Diese Affinität jedoch, auch das haben wir schon gesehen, war alles andere als unerschütterlich. Einige Jahre später, Anfang November 1642, zogen die Schweden erneut auf Breitenfeld, unter dem Kommando Lennart Torstenssons, und erneut trugen sie den Sieg davon. Obwohl sich Heberle zum Protestantismus bekannte, konnte ihn das nicht freuen. Denn auch dieser Kampf war ihm prophezeit worden, und zwar von Wunderzeichen, die nicht den Sieg der Schweden verkündeten, sondern seine Opfer: dass es eine «blutige schlacht» sein würde, nicht minder grausam als die erste bei Breitenfeld elf Jahre zuvor. An der Grenze zu Pommern ging Blutregen nieder, in der Luft waren blutige Degen zu sehen, und zu Leipzig, ganz in der Nähe des Kampfplatzes, sei «bey Sant Peters thor, in einem graben blut gequolen». Saharastaub und atmosphärische Lichtbrechungen, wie wir heute wissen, waren die Gründe, und die bereits erwähnten Mikroalgen und roten Flöhe im Wasser.[65] In diesem Krieg aber war all das Spiegel Tausender Toter und Verletzter.[66]

Das Ulmer Territorium war von der Schlacht selbst nicht betroffen, litt aber umso mehr unter ihren Folgen. Denn beflügelt von diesem Erfolg, zogen die Schweden erneut weiter nach Süden; und durch «diesen marsch hat das hertzogthumb Wirtenberg und die Ulmische herschafft so viel schaden erliten als jemals disen gantzen krieg geschehen ist». Das, so Heberle, beklagten nicht nur die Menschen; die Tiere, wenn sie es denn gekonnt hätten, hätten es ebenfalls getan. Angekündigt hatte sich all das durch einen weiteren Blutregen in und um Stuttgart,[67] und manche, dem Vernehmen nach, hatten auch hier ein Beben der Erde verspürt.[68]

Wenn dieses Schlachten auch sein Gutes gehabt haben sollte (so pervers ist der Krieg), dann lag es in der Beförderung der kaiserlichen Bereitschaft zu Friedensverhandlungen, die 1643 begannen. Die Kämpfe waren damit aber noch lang nicht beendet. Und so fielen, wie Heberle ein letztes Mal notiert, noch im April 1645 feurige Kugeln vom Himmel, am 17. des Monats. Sie zerstieben zu Asche, wenn man sie ergriff; und die Sonne ging am Morgen und am Abend «blutrot» auf und nieder.[69]

Athanasius Kircher hat das alles nicht mehr aus der Nähe oder gar am eigenen Leibe erlebt. Dennoch hat er das Kriegsgeschehen im Reich bis zuletzt weiter verfolgt, aus sicherer Distanz. Wie viel Detailkenntnis er von dem besaß, was noch kommen sollte, als alles schon hätte vorbei sein können, wissen wir nicht. Doch kurz bevor die Gewalt dann tatsächlich ihr Ende fand, befürchtete er, dass alles noch einmal schlimmer werden würde. Am 4. Mai 1647 schrieb er dem Theologen Paganino Gaudenzi in Pisa von einem weiteren, einem der letzten Zeichen des Krieges. Kein Komet war es diesmal, keine monströse Geburt, kein Polarlicht und keine Vision. Es war ein Wunderkind.

Giacomo Martino Modanesi, ein siebenjähriger Junge aus der Nähe von Bologna, war in Rom Gelehrten und Kardinälen vorgeführt worden und hatte ihnen auf sämtliche Fragen der Theologie, Philosophie, Jurisprudenz, Medizin, Ethik und Rhetorik befriedigende Antwort zu geben vermocht. Das «Staunen» (*admiratio*) der Anwesenden war zunächst groß und das öffentliche Aufsehen auch, aber einigen war die Sache dann doch nicht geheuer. Sie witterten das Werk eines verborgenen Geistes (*genius latens*) und brachten das Kind vor die Inquisition. Von dort kehrte es zwar mit den Lorbeeren des Sieges zurück, doch trotzdem blieb ein ungutes Gefühl.[70]

Auch bei Kircher, der, nachdem er Giacomo persönlich examiniert hatte, zu demselben Ergebnis wie seine Kollegen gelangt war. Er selbst war ja, wie er in seiner Autobiographie versichert, schon früh mit bemerkenswerten Anlagen gesegnet gewesen, die manch andere beunruhigt hatte (und so habe er sie, um nicht in den Verdacht intellektueller «Eitelkeit» zu geraten, so lange wie möglich verborgen gehalten: bis zu seiner Berufung nach Heiligenstadt).[71] Aber was sich ihm hier bot, roch doch eher nach teuflischem Einfluss als nach göttlicher Gnade. Denn Modanesis Gedächtnisleistung übertraf seine, Kirchers eigene, bei weitem. (Einige Monate später konnte er das Cyprian Kinner, einem Brieger Patrizier, Arzt und Mitarbeiter des Pädagogen Johann Amos Comenius, freimütig mitteilen; denn es hieß natürlich auch: Ein Erinnerungsvermögen wie dieses, eine *memoria* ohne *ingenium*, drang zum Kern der Dinge nicht vor. [72])

In Modanesi sah Kircher ein Prodigium vor sich, das am Ende nicht Ehrfurcht erregte, sondern Furcht, ein *monstrum*, das nichts Gutes verhieß, sondern von einer *catastrophe* im Reich kündete, ein Jahr vor dem Friedensschluss in Münster und Osnabrück, von einer schrecklichen «Wendung» (denn das ist es, was «Katastrophe» eigentlich heißt), wie sie auch von einigen «Weisen», so Kircher, derzeit noch prophezeit wurde.[73] Die Begabung, die in seinem eigenen Fall ein Zeichen des Heils gewesen war, wurde hier zum Zeichen des Unheils.[74] Daher beschloss Kircher seinen Brief an Gaudenzi mit einem Gebet, dem einzigen Mittel, das ihm noch zu Gebote stand, um in den Lauf des fernen Krieges einzugreifen: *Deus auertat â nobis impendentium malorum iliadem*, «Gott bewahre uns vor den unzähligen Übeln, die drohen.»[75]

Wir wissen, wie die Geschichte endet. Kircher, der auch hier nicht als Weltuntergangsprophet auftrat, sondern, wie gesehen, als Künder eines konkreten irdischen Geschehens, sollte diesmal – welch ein Glück – nicht recht behalten. Doch ob das überhaupt in seinem Sinne war, will sagen: ob sein Gebet erhört wurde (mit dem Friedensschluss des darauffolgenden Jahres) oder ob seine Intervention nicht vielmehr misslang (denn der Westfälische Frieden wurde von Papst Innozenz X. und so manchem Jesuiten missbilligt)? Das ist schwer zu entscheiden. Zu den Propagatoren des Heiligen Krieges scheint Kircher nicht gehört zu haben. Vor 1633 trat er primär als Flüchtling in Erscheinung, seine Stellung als Beichtvater des hessischen Landgrafen nutzte er weniger für politische Einflüsterung als vor allem für wissenschaftliche Zwecke: um Süditalien zu bereisen (und so suchte er sich dieses Amtes nach dem ernüchternden gemeinsamen Aufenthalt auf Malta auch schnellstmöglich zu entledigen),[76] und im Februar 1648 sehnte er den Frieden herbei, weil der Krieg die Publikation seiner Werke behinderte.[77] Wie Kircher jedoch konkret zum Friedensschluss stand, ist, soweit bisher bekannt, nicht überliefert.[78]

Doch wie dem auch sei: 1648 legten die verfeindeten Parteien allmählich die Waffen nieder, nach einem jahrelangen

Prozess. Um den Frieden auszuhandeln und zu besiegeln, waren sie nicht an *einem* Ort zusammengekommen, sondern an zweien, im katholischen Münster und im bikonfessionellen Osnabrück, damit nicht schon die Rangstreitigkeiten einem erfolgreichen Abschluss im Wege standen.[79] Im Oktober dann wurde der letzte Waffenstillstandsvertrag unterzeichnet und das Ergebnis verkündet, landauf und landab.

Jetzt gedachte so mancher noch einmal des Kometen von 1618. Und mit diesen Erinnerungen nähert sich das Buch allmählich dem Ende.

Doch nicht, ohne zuvor festzuhalten: Athanasius Kircher tat das nicht. Der mochte zwar Visionen und Wunderkinder als Vorzeichen kriegerischer Gewalt lesen, aber allem Anschein nach keine Kometen. In seiner Diskussion des nächsten großen Schweifsterns, der im Dezember 1664 über Rom zu sehen war, zieht er den Winterkometen lediglich zum Längenvergleich heran, und das heißt: als natürliches Ereignis (Abb. S. 181). 1618, glaubt man seinem Schüler und Apologeten Gioseffo Petrucci, hatte er nicht zu denen gehört, die «in entrücktes Staunen» geraten waren, wie die «Einfältigen und Blöden» (*semplici & idioti ... in marauiglia rapiti*).[80] Zwar schloss Kircher eine ominöse, unglückverheißende Bedeutung dieser außergewöhnlichen Himmelsphänome nicht grundsätzlich aus. Aber die werde immer erst die Zeit erweisen, und jeder Versuch, sie zuvor zu erkennen, erfülle den Tatbestand sündhafter Neugier.[81]

Zeit war ja bis 1664 eigentlich hinreichend vergangen, aber mit dem Dreißigjährigen Krieg brachte Kircher den Winterkometen trotzdem nicht in Verbindung. Das hat möglicherweise nicht nur mit seiner Naturphilosophie zu tun, sondern auch mit seinen Lebensumständen unmittelbar nach Auf-

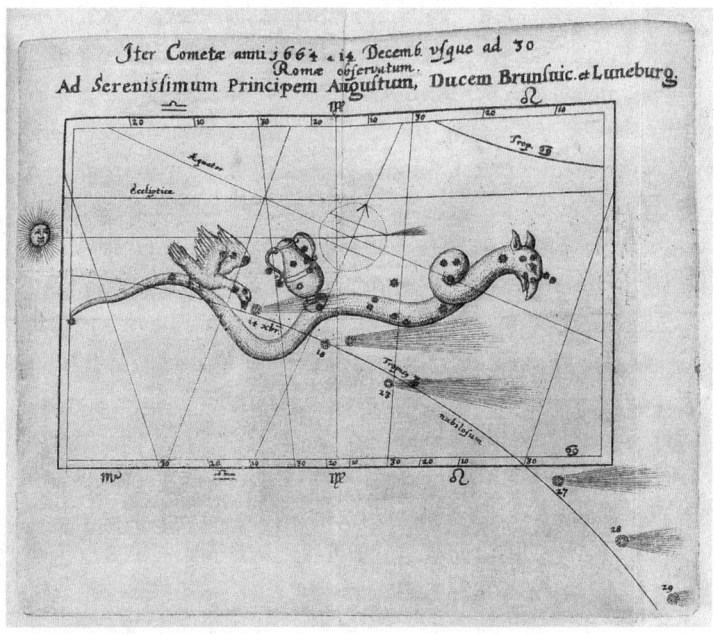

Der Komet von 1664.
Kupferstichillustration zu Athanasius Kircher:
Iter Cometæ, 1665.

nahme ins Noviziat im Oktober 1618. Als der Schweifstern
am Paderborner Himmel erschien, hatte der jugendliche Kircher nämlich gerade andere Sorgen. Zu dieser Zeit kämpfte
er mit einem Leistenbruch, mit dem er, wie er offen bekennt,
den Preis für allzu ruhmbegieriges Eislaufen zahlte, und er litt
an einem gefährlichen Ausschlag und kalten Brand an den
Schienbeinen (*gangraena*), der auf nicht minder von Eitelkeit
getriebenes nächtliches Studieren zurückging. Beide Geißeln
hätten unweigerlich den Ausschluss aus dem Orden nach

sich gezogen, denn bei irreparablen körperlichen Schäden verweigerte das Kirchenrecht die Weihe zum Priester,[82] und so suchte sie Kircher nach Kräften zu verheimlichen. Als ihm das nicht länger gelang, standen den Ärzten keine Mittel mehr zur Verfügung. Nur Gott und die Gottesmutter vermochten jetzt noch zu helfen. Auf sie freilich war Verlass, denn Kircher sah sie geradezu in der Pflicht, ihn zu heilen, und so sollte das zu guter Letzt auch wundersamerweise geschehen.[83] An diesem Punkt, besagt diese Geschichte, stand nicht nur Kirchers Leben und Seelenheil auf dem Spiel, sondern auch seine steile wissenschaftliche Karriere. Darüber hat der Patient den Winterkometen vielleicht einfach nicht weiter beachtet – 1618 nicht und Jahrzehnte später ebenfalls nicht.

Doch das bleibt Spekulation. Sicher ist: Andere legten hier weniger Zurückhaltung an den Tag, nicht zuletzt in Kirchers unmittelbarem Umfeld. Bernhard Ignaz von Martinitz beispielsweise, studierter katholischer Theologe, Oberstburggraf in Prag und Sohn des kaiserlichen Statthalters, den die böhmischen Aufständischen seinerzeit aus dem Fenster des Hradschin gestürzt hatten. Im Sommer 1665 bedankte er sich bei Kircher für die Übersendung seiner Kometenschrift und gab dabei zu bedenken: Auch beim jüngsten Haarstern war mit Unheilvollem zu rechnen, denn jedem war schließlich bekannt, was auf den Kometen von 1618 gefolgt war.[84] Selbst für Martinitz war es der Winterkomet und nicht die Defenestration seines Vaters, mit dem der schreckliche Krieg begonnen hatte, der seit geraumer Zeit hinter ihm lag.

Viele andere wussten das auch. Und manche wussten es sogar noch genauer. Schon 1648 war ihnen klar: Der Komet hatte nicht nur den Krieg verkündet, sondern auch, dass es ein dreißigjähriger werde.

7.

FRIEDEN

Unter dem Jahreswechsel auf 1649 dankt Augustin Güntzer seinem Gott für den endlich erreichten Frieden (den er als politisches Ereignis gar nicht notieren muss, denn die Nachricht hatte, als er seine Autobiographie schrieb, längst ihren Weg in jeden Winkel des Reiches gefunden). Er lobt und preist seinen Herrn, dass er am Ende nicht härter gestraft und geprüft hatte, als der Mensch zu ertragen vermochte.[1] Im Oktober zuvor jedoch, als die frohe Friedensbotschaft durchs Land ging, stand es um ihn selbst alles andere als gut. Er war ans Bett gefesselt mit «schwehrer Kranckheit im Haupt», «Flüssen» und Schmerzen, die so groß waren, dass er das «Schreyen undt Wintzeln nicht verhalten» konnte und «des Dodtes sterben» zu müssen glaubte.[2] Güntzer machte sich seine «Rechnung», er werde sein «kurtzes Leben mit Chreitz [Kreuz], Triebsal, Angst undt Nodt zupringen biß an mein Ende auff Erden» (so wie es ihm schon als Kind im Traum prophezeit worden war), und bat Gott nur, seine Seele dabei zu verschonen – ihn also vor der Todsünde der Verzweiflung zu bewahren.[3]

Im Januar desselben Jahres, als ihn derartige Qualen auch schon hatten herumlaufen lassen «wie ein unsinniger Mensch»,[4] war zu alldem noch ein weiteres «Hauskreuz» hinzugekommen. Seiner Tochter Agnes hatte des Nachts auf der Straße ein Mann aufgelauert, Jacques Clausier, Kommandant der französischen Garnison Colmars, der wollte sie «zwingen, mit ihm in sein Hauß zu gehen». Agnes wollte nicht, und so warf er sie zu Boden und begann sie zu schlagen. Sie aber schlug zurück und versetzte dem Angreifer einen Stoß, dass er ebenfalls fiel und sich für sie die Möglichkeit zu fliehen ergab. Von einem wehrhaften «junge[n] Meidlin zurr Erden gworffen», geriet Clausier jetzt vollends in Rage und verharrte mit gezogenem Degen zwei Stunden vor einer fest verschlossenen Haustür, die der Bedrängten Zuflucht geboten hatte. Sie jedoch, «zur Erhaltung ihrer Ehr, Leibs und Lebens», fand in der Zwischenzeit und mit Hilfe von Nachbarn über Dächer und Stiegen den Weg ins Haus ihres Vaters, der, mit «uberauß großen Schmertzen» im Bett liegend, die Geschichte vernahm – erschrocken, wie anzunehmen ist, und erleichtert zugleich.[5]

Vater und Tochter ließen den Vorfall nicht auf sich beruhen und zeigten ihn, als Güntzer wieder genesen war, bei der städtischen Obrigkeit an.[6] Das war, auch wenn sich der Kannengießer schon manches Mal mit dem Magistrat angelegt hatte, ein mutiger Schritt. Denn Agnes war 1634 bereits einmal «tragtiertdt» worden, zusammen mit ihrer Schwester Barbara, von im Güntzer'schen Haus einquartierten Soldaten (seinerzeit noch von schwedischen, kurz bevor Colmar sich unter die Protektion Frankreichs begeben sollte). Damals war Güntzers Beschwerde beim Quartiermeister auf taube Ohren gestoßen.[7] Und auch die Vergangenheit des Kommandanten gab wenig Anlass zur Hoffnung. 1640 hatte Clausier die Tochter der Familie von Rust «entehrt», in deren Haus er einquartiert war. Daraufhin war Anklage erhoben worden –

gegen das Opfer. Weder der Adelsstand der Schwangeren noch Clausiers Intervention konnten verhindern, dass der Magistrat die junge Frau zu bestrafen beschloss;[8] denn für die Stadtoberen war mit ihrer Ehre auch die des Familienvaters verletzt worden, ja mehr noch: die der ganzen Stadt.[9] Was also, wenn der Magistrat auch in Agnes Güntzers Fall keinen Vergewaltigungsversuch zu erkennen bereit war? Dennoch traten Vater und Tochter den Weg zur Obrigkeit an. Ob ihnen diesmal Erfolg beschieden war, ist nicht bekannt. Doch selbst wenn sie ihre Sicht durchgesetzt haben sollten: Dass ein Urteil erging, kann, wer ähnlich gelagerte Gerichtsfälle hinzuzieht, kaum für wahrscheinlich halten; der Täter war ja der Stadtkommandant.[10]

Für Güntzer, so ist aus den Einträgen seines «Büchleins» zu schließen, war der Angriff auf seine Tochter die letzte erwähnenswerte Gewalttat des Dreißigjährigen Krieges. Dann kam der Frieden und mit ihm die Aussicht auf ein neues Leben. Und so tat Güntzer, was er bisher nicht zu tun gewagt hatte wegen der unsicheren Zeiten: Er nahm sich vor, seine «Haußhaltung zu endern» und sich «witerum mit einem fromen Weib zu versorgen».[11] Denn seine erste Frau Maria war 1632 verstorben. Er suchte, heißt das, seinen «traurigen Witwersstandt» «in röchter Ordnung zupringen», seiner melancholischen Einsamkeit zu entkommen und sich von der «Natduhr undt Begirdt des Fleisches» zu lösen, «auff das ich nicht mehr prene und nicht geyen den Weiber entzindt werde» (mit 1 Kor 7, 8–9).[12]

Doch vergebens. Obwohl Güntzer versprach, seinen Schöpfer dafür «in dißer Welt undt dordt in der ewiger Freide [zu] loben»,[13] wurde ihm der Wunsch nicht erfüllt und die von Gott erbetene Hilfe – warum, muss offenbleiben – an

diesem Punkt nicht gewährt. Güntzer blieb Witwer bis ans
Ende seines Lebens.

Bis dahin plagten ihn auch weiterhin seine zahlreichen körperlichen Gebrechen. Das kann angesichts ihrer Vielfalt und
langen Geschichte im Leben des Kannengießers kaum verwundern. Überraschender ist da schon, dass selbst der Krieg,
bei Licht besehen, für Güntzer 1648 nicht augenblicklich ein
Ende fand. Das darf man zumindest schlussfolgern, wenn der
Autobiograph ihn unter dem Jahr 1650 (der ersten Jahreshälfte vermutlich) als einen «31-jöhrigen» bezeichnet.[14] Ein
Schreibfehler? Sicher nicht. Denn wer in diesem Krieg eine
Friedensbotschaft vernahm, sah sich noch längst nicht veranlasst, ihr auch zu glauben; das verbot die Erfahrung. Der
Dreißigjährige Krieg war nicht schon deswegen zu Ende, weil
im fernen Westfalen wieder einmal ein Papier unterzeichnet
wurde, von dem niemand wusste, wie lange es Gültigkeit
haben würde. Er war erst dann vorüber, wenn die Soldaten
tatsächlich abzogen.[15]

Das war in Colmar 1649 der Fall. Der Westfälische Frieden
hatte nämlich das Normaljahr 1624 festgesetzt: Er hatte für
die Religionsausübung und den Stand des geistlichen Besitzes
die Uhren um vierundzwanzig Jahre zurückgedreht. Damit
gaben in der Reichsstadt nun wieder die Lutheraner den Ton
an, und so verließ die französische Garnison notgedrungen
die Stadt. Ihr Abzug aber wollte organisiert sein. Zudem erreichte der Rückmarschbefehl die Verantwortlichen womöglich mit einigen Wochen Verspätung,[16] denn die Thurn und
Taxis hatten zwar begonnen, das Postwesen zu revolutionie-
ren, aber Telekommunikation hatten sie noch nicht zu bieten
(obwohl Naturphilosophen schon seit dem 16. Jahrhundert
daran arbeiteten, Giambattista Della Porta beispielsweise, der

meinte, einen Telegraphen auf Basis sympathetischer Fernwirkungen entwickelt zu haben, oder Athanasius Kircher, der diese Apparatur für Teufelswerk hielt und stattdessen ein magnetisches Verfahren vorschlug – mit ebenso wenig Erfolg).[17] So kam der Frieden für Augustin Güntzer erst im Jahr eins nach Vertragsunterzeichnung: als der verhasste Kommandant, der seiner Tochter Gewalt antun wollte, verschwand. Dass in einer Flugschrift aus dem nahen Straßburg zu lesen war, der Krieg habe einunddreißig Jahre gedauert und nicht dreißig, mochte ihn in dieser Sicht noch bestärkt haben.[18]

Doch selbst nach 1649 sollte sich für Güntzer die Lage nicht wirklich entschärfen. Nach vier Jahren sah er sich von den Lutheranern derart verfolgt, dass er erneut zu emigrieren beschloss. Wie konnte das sein? Das westfälische Friedenswerk hatte zwar der militärischen Gewalt die religiöse Legitimation entzogen, es hatte begonnen, Religion und Politik zu entflechten, aber damit die konfessionelle Spaltung der Christenheit erst zementiert (was so manchen in der Papstkirche veranlasste, ihm die Zustimmung zu verweigern). Der Frieden hatte erstmals die Reformierten integriert, aber nicht ihren traditionsreichen Konflikt mit den Lutheranern beseitigt. Und das hieß für Augustin Güntzer: Die lutherische Obrigkeit hatte in der Stadt den calvinistischen Gottesdienst verboten, und so hatte er sich gezwungen gesehen, einen auswärtigen zu organisieren. Daraufhin sei er als «Radelsfierer» und «calvinischer Hurenweibel» beschimpft und mit strafrechtlichen Konsequenzen bedroht worden.[19] Mochte Güntzers Leben also auch kaum noch in Gefahr sein, seine Seele war es noch immer. Und so floh der Kannengießer 1653 nach Basel, um sich ein letztes Mal eine neue Existenz aufzubauen.

Wirklich Fuß fassen konnte er dort jedoch nicht mehr. Für

den Einkauf ins Bürgerrecht reichte das verbliebene Geld nicht und damit auch nicht für die Ausübung eines zünftischen Handwerks. Güntzer, er hatte keine andere Wahl, erlernte den Beruf eines Zuckerbäckers, blieb dann in seiner Tätigkeit aber weitestgehend auf sich gestellt – neben seiner Tochter und seinem Schwiegersohn, der ihn, obwohl er ihn die Zuckerbäckerei gelehrt hatte, jetzt einen «Lumppen» und «Nahren» zu nennen begann.[20] Daher beschloss Güntzer, eine Autobiographie zu verfassen, um seiner Familie den sozialen Abstieg zu erklären;[21] und daher beschreibt dieser Text den Frieden zu Münster und Osnabrück nicht als grundlegenden Einschnitt. Und dennoch (und damit sind wir endlich wieder beim Thema): 1648 wurde auch in Güntzers Augen ein lang ersehnter Frieden geschlossen. Jetzt erinnerte sich der Kannengießer nämlich des Prodigiums von 1618: dass Gott «unß vohr 30 Jahren ein Cometstern mit einer großen Rudten am himlischen Firmamendt gezeigt undt uber gantz deischte Landt [hatte] gehen laßen, so unß große Krieg, Bestillentz, Hunger, Prantt undt Verwiestung des deischten Landts angezeigt, welches leider erfolgt undt wihr Deischten mit großen Schmertzen undt Weklagen erfahren undt außgestanden».[22]

«Außgestanden»: Wer etwas ausgestanden hat, hat gelitten, und er hat sein Leiden zuletzt überwunden. Hier bedeutet das: Der Winterkomet von 1618 hatte nicht nur den Krieg angezeigt, er war nicht nur ein Zeichen, dass «wihr um unßere großen Sindten willen den ewigen Dodt undt die Hele verdienet hatten». Er hatte auch verheißen, dass Gott «genödig» sein und der Schrecken einst ein Ende haben würde.[23] Kometen kamen, und – das ist ihre Natur – sie gingen auch wieder. Und mit ihnen das, was sie prophezeiten.

Daher meinten andere sich jetzt auch noch genauer erinnern zu können. «30 Tage» habe der «Besen aus Feuerfunken» am Himmel gestanden, notierte der Jeßnitzer Bürgermeister Joachim Rese in sein Tagebuch, und so habe «dann der Krieg in Deutschland auch 30 Jahre gewähret, und also jeder Tag ein Jahr, wie die Erfahrung solches leider genugsam bezeugte, bedeutet».[24] Die Ähnlichkeit war somit noch größer gewesen, als man anfänglich wahrgenommen hatte. Von der Verweildauer des Kometen war auf die Gesamtdauer des Krieges zu schließen. Die Ordnung der Dinge lag nämlich nicht nur in bildlichen, sondern auch in numerischen Analogien. Gott, der Herr, hatte «alles geordnet mit Maß, Zahl und Gewicht» (Weish 11, 21).

Oder verlief der Schluss am Ende in umgekehrter Richtung? Der Wiedenbrücker Ratsherr Andreas Kothe wählt in seiner Chronik eine entlarvende Formulierung. «30 Abent» habe sich der Komet sehen lassen, sagt auch er, doch dann folgt der ungewollt offenherzige Nachsatz: «So ist lichtlich darauß abzunehmen» (zu Neuhochdeutsch: das ist leicht daraus zu ersehen), dass «der Deutsch Kreich im Römischen Reich 30 Jahr lanch gewehret».[25] Kothe, heißt das, schließt nicht von der Dauer der Himmelserscheinung auf die Dauer des Krieges, sondern von der Länge des Krieges auf die Verweilzeit des Kometen.

Kein Wunder, möchte man ausrufen, denn die Angabe entsprach ja auch nicht im entferntesten den astronomischen und historischen Tatsachen. Der Komet war 1618/19 etwa doppelt so lange zu sehen gewesen. Ein schönes Beispiel dafür, wie die Gegenwart die Erinnerung und damit die Geschichte bestimmt (und nicht nur umgekehrt). Doch so notwendig diese Kritik auch ist: Sie verfehlt den historischen Sinn. Hier ließ nicht lediglich ein paar private Schreiber das Gedächtnis gezielt im Stich. Auch die interessierte Öffentlichkeit nahm jetzt in Flugschriften die präzisierte Analogiebeziehung zur Kenntnis – in den Reichsterritorien ebenso wie in England.[26] Für all diese Autoren war das Ende des Krieges seinem Anfang von vornherein eingezeichnet. Der Komet prophezeite nicht nur, dass bald ein großer Krieg beginnen, sondern auch, dass er nach drei Jahrzehnten wieder zu Ende sein würde.

Dann war also alles von vornherein unausweichlich gewesen und klar? Im Nachhinein ja. Der Winterkomet, so ausdrücklich auch Bartholomäus Dietwar, der Kitzinger Ratsherr, war «Vorbote des nachherigen 30jährigen Jammers».[27] 1618 jedoch wusste man nur eins: Schlimmes würde kommen, und gehen würde es erst wieder, wenn die Menschen es erkannten: wenn sie begriffen, warum es geschah, und die Warnung als solche verstanden. Denn der Krieg war Straf- und Sündenübel zugleich: Sanktion und das, was er sanktionierte. Dass er sich selbst ernährte, war in dieser Zeit immer auch theologisch gemeint.

Aber wie konnte er dann ein Ende finden? Er ging, möchte man antworten, weil er ging: weil endlich die Waffen schwiegen. Das ist nicht so trivial, wie es scheint. Denn nicht wenige meinten, dass der Friede, als er endlich da war, keineswegs den Menschen gutgeschrieben werden konnte: dass er genauso von Gott kam wie der Krieg, den er beendete. Die Pax Westfalica zeitigte keine Überwindung eschatologischen Denkens, sondern wurde selbst von vielen, vor allem Protestanten, endzeitlich interpretiert: als Beginn einer Friedensherrschaft Christi auf Erden.[28] Hatten die Menschen also die Botschaft des Winterkometen verstanden und die nötige Buße getan? Zunächst nicht; denn der angedrohte Krieg hatte ja tatsächlich gewütet. Aber – das ist zumindest der Schluss, den die

Logik der Heilsgeschichte uns aufdrängt – am Ende dann doch – wenn auch erst nach drei langen Jahrzehnten.

Es brauchte nicht nur den Kometen, sondern vor allem auch den Rückblick auf ihn, die Rückschau auf die Vorausschau, oder: eine retrospektive Prophetie, um diesen Krieg zu einem dreißigjährigen zu erklären. Es bedurfte, mit anderen Worten, einer heilsgeschichtlichen Erinnerung, nicht nur einer profangeschichtlichen. Die Historiker haben das vielfach vergessen. In der Bestimmung der Kriegsdauer jedoch sind sie den Überlebenden der Gewalt bis heute gefolgt.[29]

Aber gänzlich einig sind sie sich natürlich nicht.[30] Denn wie gesagt: In Münster und Osnabrück wurde ein Friede unterzeichnet, aber damit war noch nicht alles vorbei. Nicht nur Güntzer, auch Hans Heberle konnte das bezeugen. «Wiewoll das 48 jar ist friden gemacht worden», notierte er in seinem *Zeytregister*, «so ist der friden nit fölig beschloßen worden.»[31] Erst knapp zwei Jahre später, im Juli 1650, wurde er «voll zu endt bracht»: auf dem Exekutionstag zu Nürnberg, auf dem die ehemaligen Kriegsparteien über die Demobilisierung ihrer Armeen berieten.[32] Erst jetzt wurde auch im Ulmer Territorium das «volckh abgedanckht und auß dem landt gezogen», «ohne allen schaden».[33] Und so wurde auch erst jetzt das Dankfest gefeiert und die Gebetsstunde eingestellt, die der Ulmer Rat 1628 eingeführt hatte, zur Linderung von Not und schweren Plagen.[34]

Und dennoch: Auch Heberle bezeichnet den Krieg rückblickend als einen «30-jerigen»;[35] denn 1648 hatte er die letzte seiner dreißig Fluchten «außgestanden».[36] Bei aller Unsicherheit also und bei aller Nebelhaftigkeit des Endes bleibt es, wie die Sprachphilosophen sich ausdrücken würden, bei der analytischen oder tautologischen Wahrheit: Der Dreißigjährige

Krieg dauerte genau dreißig Jahre. Wer etwas anderes meint, muss ihn umbenennen, in einen «Einunddreißigjährigen» oder «Zweiunddreißigjährigen Krieg» (und seinem Namen damit einen nicht unbeträchtlichen Magie- und Attraktivitäts-verlust zumuten);[37] und er muss genau angeben, worauf seine Berechnungen im Einzelnen fußen, das heißt: was er als Eck-punkte der historischen Dauer eigentlich identifiziert.

Hier sind in der Vergangenheit nicht nur Verlängerungs-, sondern auch Kürzungsvorschläge gemacht worden. Etwa im Kaffeehaus-Spiel «Der Erzherzog wird geprüft», das auf Al-fred Polgar zurückgehen soll, einen Wiener Schriftsteller, Kri-tiker und Übersetzer (1879–1955). In diesem Wettbewerb hat die eigentliche Aufgabe nicht der Prüfling zu lösen, sondern der Prüfer, der den ebenso dummen wie prominenten Schü-ler ohne Konsequenzen für seine eigene berufliche Zukunft nicht durchfallen lassen kann. Er ist gefordert, einer falschen Antwort auf eine Frage, die sich eigentlich unmöglich falsch beantworten lässt, den Anschein der Richtigkeit zu geben. Sein Gegenüber muss daher eine Antwort zu ersinnen ver-suchen, die selbst bei größter Verdrehung der Wahrheit nicht mehr als korrekt dargestellt werden kann. Gelingt ihm das nicht, hat er verloren. «Wie lange dauerte der Dreißigjährige Krieg?», lautet in unserem Fall die Aufgabenstellung, und der fürstliche Kandidat erwidert, ohne zu zögern: «Sieben Jahre.» Der examinierende Gymnasialprofessor unterdrückt seine Erschütterung über diese Missachtung sprachlogischer Gesetze, benötigt sicher etwas mehr Bedenkzeit als sein Zögling und entgegnet sodann voller Lob: «Richtig! Damals wurde ja bei Nacht nicht gekämpft, womit bereits mehr als die Hälfte der Kriegszeit wegfällt. Auch an Sonn- und Feier-tagen herrschte bekanntlich Waffenruhe, was abermals eine ansehnliche Summe ergibt. Und wenn wir jetzt noch die historisch belegten Unterbrechungen und Verhandlungspausen einrechnen, gelangen wir zu einer faktischen Kriegsdauer von genau sieben Jahren. Ich gratuliere!»[38]

Diese Berechnung der «Nettokampfzeit»[39] hält nicht nur Unterhaltungs-, sondern auch Erkenntniswerte bereit. Für den Kulturphilosophen Robert Pfaller liegen sie im Prinzip der «Determinierung der Vergangenheit durch die Gegenwart»: in jenem Mechanismus nachträglicher Rationalisierung, in dem einem von vornherein feststehenden, unvernünftigen Ergebnis im Nachhinein der Anschein von Vernünftigkeit gegeben wird, anders gesagt: in der kreativen Umwandlung des offensichtlich Unsinnigen in Sinn.[40]

Uns dagegen führt die Geschichte noch einmal die Frage vor Augen: Für wen dauerte der Krieg eigentlich wie lange? Für wen war er zu welcher Zeit wirklich ein Krieg? Was, mit anderen Worten, stiftete die Einheit des kriegerischen Geschehens? Dass sich nicht nur im Krieg befindet, wer gerade beschossen wird oder zur Waffe greift, dürfte jeder rasch zugeben. Weniger eindeutig dagegen liegen die Dinge beim Nürnberger Exekutionstag und dem dort beschlossenen Reichsfriedensrezess. Historisch gesehen ein maßgeblicher Schritt für die Befriedung einer friedlosen Gesellschaft, war sie für die Menschen im 17. Jahrhundert zwar wichtig und ein Grund zum Feiern, aber zuletzt offenbar doch nicht entscheidend. Für die meisten Chronisten war der Krieg 1648 vorbei. Die Pax Westfalica weckte Hoffnungen auf ein Ende, die den Blick auf den Anfang zurücklenkten, und die Erinnerung an den Kometen steuerte die Überzeugung, die Not jetzt überstanden zu haben. Die Kraft der runden Zahl leistete dazu ihren Beitrag. In diesem Sinne markierte der «Begleiter» (*comes*) am Himmel (um nochmals Wilhelm Neuheuser zu zitieren)[41] nicht allein den Anfang des Krieges: Was in den letzten Jahrzehnten erlebt und erlitten worden war, hatte in Prag begonnen und in Münster und Osnabrück seinen Abschluss gefunden. Die Erinnerung an die Verheißung des Unglücks gab dem Dreißigjährigen Krieg seinen Namen.

8.

NACHLEBEN

Und wie ging es weiter? Der Winterkomet war bald außer Sicht, doch die Erinnerung an ihn sollte noch lange anhalten, weit über 1648 und das ganze «eiserne Säkulum» hinaus.

Noch 1730 publizierte Christoph Crusius, Pfarrer im sächsischen Drehna, Erinnerungen an den angeblich dreißigtägigen Schweifstern, die ihm Martin Kaschke, ein 1610 geborener und 1727 (!) verstorbener Bauer und Wirtschaftsverwalter, mündlich mitgeteilt habe. Er tat dies im Rahmen eines fiktiven Diskurses, in dem ein *Theologus* und ein *Philosophus* den Landmann belehren: Kometen drohten zwar göttliche Strafe an und ermahnten zur Buße, aber wer meinte, in der Dauer der Himmelserscheinung hätte die Ankündigung von dreißig Jahren Krieg gelegen, hätte das Unglück selbst zu verantworten gehabt. In diesem Fall wäre die Vorhersage nämlich nur deswegen so exakt in Erfüllung gegangen, weil «GOtt zuweilen über den Neubegierigen Menschen zur verdienten Straffe dasjenige, zumahl das böse, zu verhängen» pflegt, «was er sich selber propheceyet hat oder von andern weißagen lassen».[1] Das war gut lutherisch gesprochen, gegen falsche Propheten und selbstgewisse Astrologen, und doch in dieser Zuspitzung schon beinahe aufgeklärt und modern. Bereits Conrad Dieterich hatte ja betont: An Kometen zu glauben war nicht nur nutzlos, sondern auch gefährlich, wenn sie als Vorzeichen des Unausweichlichen begriffen wurden und nicht als Warnung: wenn sie Furcht ohne Hoffnung erregten. Gleichzeitig muss, wer Crusius liest, auch an Robert Merton denken, den Soziologen, der das Problem auf den Begriff der *self-fulfilling prophecy* gebracht hat.[2] Aber natürlich ist dabei Vorsicht geboten. Denn es ist Gott, der hier die Vorhersage in Erfüllung gehen lässt, und nicht allein der Mensch.

Doch so genau, wie wir gesehen haben, hatte es ja 1618 gar keiner gewusst. Dass der Winterkomet genau dreißig Tage am Himmel gestanden habe, hat vor 1648 niemand behauptet. Bedauerlicherweise, möchte man fast sagen. Wäre der Dreißigjährige Krieg nur als Strafe für seine Prophezeiung gekommen, wie leicht wäre er zu verhindern gewesen.

1730 also war der Komet nicht vergessen. Und noch später? 1798 lässt Friedrich Schiller, erster wirklich moderner Historiker des Dreißigjährigen Krieges, in *Wallensteins Lager* einen Kapuziner die Lage der Zeit auf den Punkt bringen:

> Die Christenheit trauert in Sack und Asche,
> Der Soldat füllt sich nur die Tasche.
> Es ist eine Zeit der Tränen und Not,
> Am Himmel geschehen Zeichen und Wunder,
> Und aus den Wolken, blutigrot,
> Hängt der Herrgott den Kriegsmantel runter.
> Den Kometen steckt er wie eine Rute
> Drohend am Himmelsfenster aus,
> Die ganze Welt ist ein Klagehaus,
> Die Arche der Kirche schwimmt in Blute … .[3]

Und der Pater weiß natürlich auch, woher all das kam:

Das schreibt sich her von euern Lastern und Sünden,
Von dem Greuel und Heidenleben,
Dem sich Offizier und Soldaten ergeben.
Denn die Sünd ist der Magnetenstein,
Der das Eisen ziehet ins Land herein.[4]

Auch das klingt mittlerweile vertraut. Doch auch hier muss eines hinzugefügt werden: Mit Versen wie diesen schrieb Schiller den Dreißigjährigen Krieg als Ursprungskatastrophe der preußisch-kleindeutschen Geschichte ins Gedächtnis national gesinnter Protestanten ein.[5]

Die Vorrangstellung dieses Krieges in der deutschen Erinnerung blieb unangefochten bis in Ricarda Huchs historische Roman-Trilogie hinein, die die Autorin unter dem Titel *Der große Krieg in Deutschland* zwischen 1912 und 1914 publizierte.[6] Huch wählte allerdings eine andere Perspektive als Schiller und all jene, die im 19. Jahrhundert zur politischen und konfessionellen Selbstpositionierung in seine Fußstapfen traten.[7] Sie bediente sich einer Darstellungstechnik, die das Kriegsgeschehen nicht über eine Teleologie deutscher Nationalstaatsbildung zu erklären versucht, sondern über die vielfältigen Sichtweisen historischer Akteure.[8] Und die orientieren sich im Text wiederholt an Erscheinungen wie dem Kometen von 1618. Es war nicht zuletzt dessen literarischer Einsatz, mit dem *Der große Krieg* die Formen geschichtswissenschaftlicher Erzählung und Repräsentation veränderte – kurz bevor ein noch größerer Krieg die gesellschaftliche und kulturelle Erinnerung umzuwälzen begann (und Huch veranlasste, für die Neuauflage 1929 ihren Roman in *Der Dreißigjährige Krieg* umzubenennen).

Im Einzelnen. Im *Vorspiel*, dem ersten Teil der Trilogie, lässt

Huch den Straßburger Gelehrten Matthias Bernegger die Bedeutung des jüngst erschienenen Schweifsterns diskutieren –
mit seinen Studenten und mit dem Turmwart des städtischen
Münsters, das die wissbegierige Gruppe, um sich ein eigenes
Bild vom Kometen zu machen, gerade zu besteigen im Begriff ist.[9] Durchgespielt wird noch einmal das ganze Arsenal
der theologischen und naturphilosophischen Positionen, das
an dieser Stelle, da uns inzwischen bekannt, übersprungen
werden kann. Der Disput mündet in einen Friedensappell: in
Berneggers Versuch, einem Schüler seine kriegstreiberische
Kometeninterpretation auszureden; denn der, anders als sein
Lehrer, will in diesem Himmelszeichen keine Ermahnung zur
Buße erkennen, sondern, Faulhaberianisch gewissermaßen,
eine Aufforderung zum Kampf gegen die Kirche des Papstes.[10]

Dies tun später auch die Grafen Wilhelm von Lobkowitz
und Heinrich Matthias von Thurn, als sie das weitere Vorgehen nach ihrem Aufstand in Böhmen erörtern, dabei
überlegen, ob mit dem vergossenen Blut, das der Komet geweissagt habe, nicht auch das Blut ihrer Feinde gemeint sein
könnte, und so das Gewissen Joachim Andreas von Schlicks
beruhigen, der, obwohl er gerade noch den sächsischen Kurfürsten zur Übernahme der böhmischen Krone zu bewegen
versucht hat, mit Blick auf den prognostischen Kalender
von 1620 zu dem skrupulösen Schluss gelangt ist, dass «ihre
Rebellion doch Sünde gewesen» sein könnte und es für eine
Umkehr noch nicht zu spät sei.[11]

Doch das nur nebenbei. Einen Monat vor der Straßburger
Kometen-Exkursion, Ende November 1618, habe sich Kaiser
Matthias keine humanistischen, sondern viel persönlichere
und, wie bemängelt werden muss, recht egoistische Gedanken gemacht. Da Kometen ja nicht nur Krieg, sondern auch

«den Tod hoher Herren» anzeigen konnten,[12] sei Matthias, wie die Autorin berichtet, nach der Erstsichtung des Schweifsterns schnell in «trübseligen Befürchtungen» versunken. Da half auch nicht, dass Kaiserin Anna bereits wenige Wochen später, am 15. Dezember, verstarb und ihr Gatte zunächst erleichtert feststellen konnte, dass «sich die Drohung des Kometen auf sie bezogen zu haben» schien. Denn «der unheilvolle prophetische Finger» wollte auch jetzt partout nicht vom Himmel verschwinden. Unverwandt, so Huch weiter, verwies er auf «das weltliche Haupt der Christenheit, als welcher mitsamt seinen verübten Freveln vom Erdboden hinweg müsse».[13]

Kenntnis von diesen Freveln haben erst einmal nur der Roman und seine Leser. Für die Figur des Kaisers Matthias dagegen, so scheint es, lag ihre Natur im Dunkeln. Hätte auch er von seinen Vergehen gewusst, hätte er vielleicht Buße getan, in der Hoffnung, seinem Schicksal noch einmal zu entgehen. So aber hatte er nur noch bis März 1619 zu leben.[14]

Für die Autorin ging das nicht länger auf das Konto des Winterkometen. Und auch Schiller mochte an dessen Macht selbst nicht mehr glauben.[15] Andere aber taten es noch lange. Von der prophetischen Kraft von Schweifsternen waren sie noch in einer Zeit überzeugt, als mit der «Urkatastrophe des 20. Jahrhunderts»[16] die Kontinuität einer Kriegserinnerung, wie sie Huch oder Schiller repräsentierte, aufzubrechen begann: als zu Beginn des Ersten Weltkrieges ein neuer Komet am Himmel erschien.

Nach dem Attentat von Sarajevo Ende Juni 1914 (das im Gegensatz zum Prager Fenstersturz für die Betroffenen tödlich endete) dauerte es noch einen guten Monat, bis die Kriegserklärungen ausgesprochen und die Rekruten mobilisiert waren. Ein neuer «Großer Krieg» begann, ein vierjähriger zunächst, doch am Ende ein «einunddreißigjähriger», wenn man Eric Hobsbawm folgen mag, der die beiden Weltkriege des 20. Jahrhunderts zu einem einzigen zusammengezogen hat.[17] (Und runden wir Hobsbawms Berechnung ab, wie es gewöhnlich geschieht,[18] und folgen dann auch noch Johannes Burkhardt, so befinden wir uns mittlerweile im dritten drei-ßigjährigen Krieg der europäischen Geschichte – nach dem zweiten: den Feldzügen Ludwigs XIV. zwischen 1667 und 1697.[19]) Für den Ersten Weltkrieg traf das, was Schiller über die Zerstörung Magdeburgs geschrieben hatte, nicht mehr zu. Zwar fing auch jetzt eine «Würgeszene» an (und nicht nur eine), «für welche die Geschichte keine Sprache und die Dichtkunst keinen Pinsel hat».[20] Doch für das, was nach 1914 auf den Schlachtfeldern geschah, haben diese Worte einen viel zu poetischen Klang.

Aber wir schweifen schon wieder etwas ab. Auch am Beginn des «Großen Krieges», der dem Dreißigjährigen im deutschen Katastrophengedächtnis den Rang ablaufen sollte, stand ein Komet. Entdeckt hatte ihn auch diesmal ein Astronom, Pablo Delavan, und das bereits im Dezember 1913 durch ein Teleskop im Observatorium des argentinischen La Plata.[21] Dem «unbewaffneten Auge sichtbar» war C/1913 Y1 dann im September und Oktober 1914, wie der Journalist Ernst Moritz Kronfeld 1915 festhielt, in seinem kulturhis-torischen Werk *Der Krieg im Aberglauben und Volksglauben*.[22] Da hatten bereits andere Waffen als die der Wissenschaftler zu sprechen begonnen. Auch «das grausame Jahr 1914», fuhr Kronfeld daher fort, «hatte seinen Vielen so viel sagenden Kometen», «als untrügliches Zeichen kommenden Kriegsun-glückes».[23] Besonders galt dies für die Soldaten, die öfter als

andere Gelegenheit hatten, in klaren Nächten den Sternenhimmel zu betrachten, und unter denen der Krieg bevorzugt
«ein jähes Aufflackern religiösen Lebens, gerade in seinen pri-
mitiven Formen, gezeitigt» habe.[24] Ohnehin, so Kronfeld, hatten ja die «einfachen, ungebildeten Menschen» den «Drang,
ungewöhnliche Ereignisse durch verschiedene geheimnisvol-
le Deutereien und Prophezeiungen zu erklären».[25] Der Autor
selbst nahm den Schweifstern daher zum Anlass für «Refle-
xionen» und «Erinnerungen kulturgeschichtlicher Art»:[26] für
Expeditionen in die «Volksseele», deren «Kundgebungen»,
wie Kronfeld ethnologisch versichert, man nicht dadurch
aus der Welt schaffte, dass man sie mit einer «sich vornehm
und überlegen dünkenden Superklugheit» ins «dämmerige
Reich des Aberglaubens» verschob.[27] Dabei fand nicht nur
der «Kriegskomet» von 1914 sein Interesse und auch nicht
nur das noch immer von Soldaten praktizierte Unverwund-
barmachen durch Amulette und biblische Verse,[28] sondern
darüber hinaus der Winterkomet von 1618, dessen «Riesen-
schweif» sich seinerzeit so «plötzlich fächerartig» ausgedehnt
habe, «daß man glaubte, das Schicksal Sodoms und Gomor-
rhas wäre jetzt der ganzen Erde beschieden».[29]

Auch Kronfeld wusste also noch vom Kometen des Dreißigjährigen Krieges. Andererseits: Ganz genau informiert
war er nicht. Dass 1618 in der Regel nicht die Erzählung von
Sodom und Gomorrha im ersten Buch Mose, sondern die
Apokalypse aufgerufen wurde, ist vielleicht eine allzu nörg-
lerische Korrektur; denn Untergang in Feuer und Schwefel
hatte ja auch die Genesis zu bieten (1 Mos 19).[30] Doch wenn
Kronfeld schreibt, im Winterkometen sei eine «Zuchtrute
Gottes» erkannt worden, «die gesandt war, die Menschheit
für die von ihr verübten Kriegsgreuel zu strafen»,[31] so ist dies

zwar richtig, was den ersten Teil der Aussage betrifft, der
zweite jedoch scheint zu sehr von der Warte seiner eigenen
Gegenwart her gedacht. Denn der Komet von 1618 drohte
den Krieg als Vergeltung an und nicht primär eine Vergeltung für einen bereits geführten Krieg. 1914, könnte man hier
schlussfolgern, war das anders.

Doch stimmt das? Uneingeschränkt zumindest nicht. Am
13. August 1915 verließ eine Postkarte des Soldaten Michael
Löffler, adressiert an den Kantor Hans List im mittelfränki-
schen Langenaltheim, mit dem Feldpoststempel der ersten
Königlich Bayerischen Reservedivision die Westfront. Auf
ihrer Rückseite ist ein Schlachtfeld abgebildet, auf dem Gra-
naten explodieren und die Helme jener deutschen Soldaten
aufgesteckt sind, die bereits in den Tod gerissen wurden. Im
Vordergrund steht Christus, der den Vater bittet, das Morden
zu vergeben (Abb. S. 203). Doch wem soll hier Vergebung
gewährt werden? Es kann nur die feindliche Allianz gemeint
sein; denn dies ist keine pazifistische, sondern eine propagan-
distische Postkarte, die Löffler mit den Worten unterschrieb:
«Mit Gott zum Sieg. Er helfe uns dazu. Amen!»[32] Damit, wie
es scheint, interveniert das Gebet der Jesusfigur gegen einen
göttlichen Lichtstrahl aus den Wolken, der nach allem, was
bisher gesagt wurde, als der «Kriegskomet» interpretiert werden kann, als der Schweifstern von 1914, den Gott an den
Himmel gestellt hat, um Franzosen und Briten die Strafe vor
Augen zu führen, die sie erwartet.

Wie Kronfeld kannte sich der Gestalter der Karte, Jos. Gaber, mit der Tradition nur noch teilweise aus, die feinen Unter-
scheidungen, wie sie die Deutungsbemühungen des 17. Jahrhunderts hervorgebracht hatten, waren ihm offenbar nicht
mehr geläufig. Denn sein Komet enthält keine Warnung. In

«Herr vergieb ihnen!»
Feldpostkarte mit einem Motiv von Jos. Gaber,
verschickt von Michael Löffler an Hans List, Westfront, 12.8.1915.

der Todeslandschaft der Karte kann nur noch die Fürbitte des Sohnes die Rache des göttlichen Vaters abwenden. Das «Herr vergieb ihnen» unterstellt: Jene, die hier deutsche Soldaten töten, haben die Möglichkeit der Umkehr verpasst. Damit werden jetzt andere Trennlinien gezogen: Gabers Komet verkündet göttlichen Zorn, aber nicht allen, die hier Krieg führen (dafür, dass sie Krieg führen), sondern nur der anderen Seite. Jene, die die Karte gedruckt hatten und sie verschickten, suchten ihre moralische Überlegenheit zu beweisen, indem sie dem Feind die Grausamkeiten, die sie selbst nie begehen würden, verziehen.

Nur so erklärt es sich auch, dass der Kriegskomet keineswegs durchgängig als Bannstrahl beschrieben wurde. Schweifsterne waren ja nie ausschließlich als Unglücksboten

verstanden worden. Auch wenn ihre unheilvolle Bedeutung
in der neuzeitlichen Geschichte klar überrepräsentiert ist,
sind Ausnahmen zu verzeichnen. Beispielsweise konnten Kometen, wie Kronfeld mit Erstaunen bemerkt, auch gute Weinjahre verheißen. Berühmtestes Beispiel ist wohl der «Eilfer»,
den Goethe besang,[33] der Wein des Jahres 1811, in dem ein
Großer Komet, wie manche meinten, Napoleons desaströsen
Russlandfeldzug prophezeite.[34] (Goethe selbst sah nur die
Schönheit der Himmelserscheinung und übergoss die Apokalyptiker mit Spott.[35]) Für Kronfeld dagegen, der zwar diesen
«Kriegskünder» anspricht,[36] den Eilfer aber unerwähnt lässt,
wurde der Beweis 1914 in den niederösterreichischen Weinregionen erbracht. Hier hatte der heiße Sommer die Trauben
gut ausreifen lassen und der Septemberregen «den Balg fein
gemacht». Die Trauben waren also «angesoffen», wie man
sagte, und so war auf das «Mißjahr 1913» «der ausgezeichnete
1914er Kriegswein» gefolgt.[37]

Der «Kriegswein» – ein bezeichnendes Kompositum. Überträgt man den Sinn des Genetivs auf den «Kriegskometen»,
so ist dieser Schweifstern nicht mehr zwingend ein Künder
unausweichlicher militärischer Gewalt, wie sich noch der
Schriftsteller Karl Willnitz seinen «seltsamen Namen» erklärte (1936, in militaristischen Erinnerungen an seine Zeit an
der Westfront).[38] Dann ist er schlicht einer, der während des
Krieges am Himmel zu sehen war. Der Krieg wiederum muss
dann nicht länger als Strafe erscheinen oder als das, was
Strafe nach sich zu ziehen verdiente. Auf Willnitz traf das
sowieso zu, der den «ganzen Plunder» der Schicksalsdeutung
zum «Teufel» wünschte.[39] Es galt aber auch für andere, die
der Komet nicht in Angst, sondern in fasziniertes Staunen
versetzte.

Das waren zuallererst die Maler.[40] Franz Marc schrieb seiner Frau Maria aus dem elsässischen Schlettstadt: «Liebste, siehst Du eigentlich auch fleißig nach dem Kriegskometen?» Das war am 13. Oktober und somit recht spät, denn die meisten sahen ihn im September. Erstmals entdeckt habe Marc den Schweifstern auf dem Weg nach Straßburg, «ganz aufgeregt, da ich nicht begreifen konnte, daß keine Zeitung ihn erwähnte. Keiner wußte auch was davon, aber jeder, dem [ich] ihn zeigte, mußte zugeben, daß es ein Komet sein müsse.» Und so konnte Marc zuletzt doch noch in den Journalen Einschlägiges lesen. Dieser Schweifstern schien ihm «größer u. klarer als der Halley'sche Komet von damals», als jener also, der 1910 am Himmel erschienen war. «Er steht stets in großer Nähe des gr. Bären», ergänzt der Schreiber dann noch, «in den Abendstunden», und schließt: «Guck mal nach ihm u. denk an mich!»[41]

Wer meint, angesichts einer derartigen Seelenverwandtschaft hätte Marc den Kometen auch zeichnen müssen, wird leider enttäuscht. Aber wie das Bild möglicherweise ausgesehen hätte, kann erahnen, wer die Neujahrsgrußkarte zur Hand nimmt, die der Künstler an Kandinskys Lebensgefährtin Gabriele Münter am 30. Dezember 1912 geschrieben hatte, mit fröhlichen Reitern, Sonne, Mond und Sternen und dem Halley'schen Kometen – und mit einem Prosit auf 1913, den «Sommer des Jahrhunderts», um Florian Illies zu zitieren,[42] auf ein Jahr, das den drohenden Untergang vorauszuahnen schien und gleichwohl noch so viele Möglichkeiten des Aufbruchs bereithielt (Abb. S. 208).[43]

An Weltuntergang hatte Marc, im Gegensatz zu manch anderen, schon 1910 nicht gedacht, und er tat es auch jetzt nicht. Obwohl ihm das Grauen der Frontkämpfe nicht lange

verborgen blieb, meinte der Kriegsfreiwillige[44] in den Artil-
leriegefechten zunächst noch «etwas unsagbar Imposantes u.
Mystisches» erkennen zu können. Er «fühle den Geist, der
hinter den Schlachten, hinter jeder Kugel schwebt so stark»,
schrieb er Maria im September 1914, «daß das realistische,
materielle ganz verschwindet. Schlachten, Verwundungen,
Bewegungen wirken alle so mystisch, unwirklich, als ob sie
etwas ganz anderes bedeuteten, als ihre Namen sagen». Doch
was sollte das sein? Das, so Marc, war «alles noch von einer
grauenvollen Stummheit, chiffrirt, – oder meine Ohren sind
taub, übertäubt vom Lärm, um die wahre Sprache dieser
Dinge heut schon herauszuhören.»[45]

Der Lärm sollte für Jahre nicht nachlassen, und so musste
auch Marc den Gedanken, dieser Krieg werde eine Reinigung und Gesundung Europas bewirken, irgendwann auf-
geben. Zwar bestand er, wenn er seiner Frau schrieb, noch
im Oktober 1915 darauf: Dieses «Inferno» ging nicht auf die
Verantwortung von ein «paar Regierungsmännern» zurück,
sondern auf die friedenswidrige Sünde eines jeden Einzelnen.
Im «Gemetzel», hieß das, wirkte der Wille des Schicksals.[46]
Doch vor Elisabeth Macke zeigte er sich zu der Zeit mittlerweile desillusioniert: «voll Hass gegen diesen Krieg», «nach
diesen Jahren des gemeinsten Menschenfangs, dem wir uns
ergeben haben».[47] Was Marc in der Folgezeit erlebte, konnte ihn in diesem Ekel nur noch bestärken. Und so gab er
ihn auch Maria gegenüber, die an den Krieg ohnehin nie geglaubt hatte, allmählich immer offener zu.

Retten konnte ihn diese persönliche Läuterung nicht mehr.
Am Nachmittag des 4. März 1916 wurde Franz Marc auf
einem Erkundungsritt in der Nähe von Verdun von einem
tödlichen Granatsplitter getroffen.[48] «Sorg Dich nicht, ich

komm schon durch», hatte er seiner Frau ein paar Stunden zuvor noch geschrieben.[49]

Der Komet hatte das nicht prophezeit. Mit ihm, so scheint es, ging es Marc wie mit den Höhenzügen der Vogesen. Bei ihrem Anblick konnte er «gar nicht an den Ernst dieses grauenvollen Krieges glauben, – bis man es wieder mit eigenen Augen sieht!!» Das hatte er im September 1914 festgestellt, bei einem «reizenden Ritt» in den Bergen, die «etwas Liebliches u. Friedliches» hatten.[50] Von der Himmelserscheinung, die er wenig später zu sehen bekam, war Marc in ähnlicher Weise fasziniert. Sie stiftete Verbindungen zwischen den Menschen, anstatt sie zu zerstören, sie kontrastierte das irdische Geschehen, anstatt es zu spiegeln. Marcs Komet erscheint als Gegenbild, nicht als Abbild des Krieges.

Doch bei Licht besehen, konnte es so einfach kaum sein. Denn wie gesehen, begrüßte Marc zu dieser Zeit nicht nur den Kometen, sondern auch den Krieg, mochte der auch noch so «grauenvoll» sein. Das tat er zwar nicht als Deutscher, sondern als Europäer, aber deswegen nicht minder euphorisch. Womöglich lagen die Dinge also ganz anders. Vielleicht war es ja dieser Schweifstern, der das furchtbare Schweigen durchbrach und die wahre Bedeutung des Schlachtens zu enthüllen vermochte. Vielleicht förderte er jenen Geist zutage, der hinter den Geschossen so schwer zu erkennen war. Vielleicht erstrahlte in ihm die erhoffte Reinheit des dreckigen Krieges. Vielleicht, mit anderen Worten, entfaltete der «Kriegskomet» seine Faszination als ein Zeichen heilsamen Unheils und unheimlichen Heils. Wer bedenkt, dass Marc der Sternenhimmel «in diesen Kriegsjahren ein solcher Freund geworden ist», weil er meinte, in ihm «unser Geschick» und die künstlerischgeistige «Wahrheit» lesen zu können (auch wenn der Krieg,

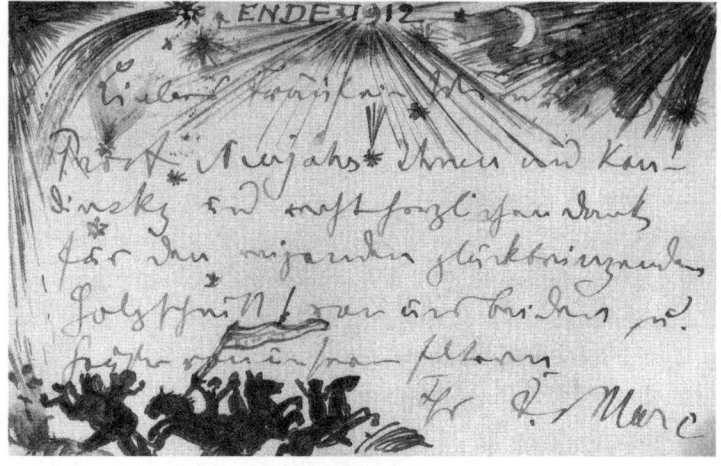

«Ende 1912». Neujahrsgrußkarte von Franz Marc
an Gabriele Münter, 30. 12. 1912,
Tusche auf Postkarte.

als er das im Winter 1915 schrieb, bereits seinen Opfer-Sinn
eingebüßt hatte), darf das vermuten.[51]

Und es darf auch vermuten, wer noch andere Autoren
heranzieht. Lorenz Treplin zum Beispiel. Treplin war im Begriff, eine Chefarztstelle in der chirurgischen Abteilung des
Hamburger Vereinshospitals anzutreten, als ihn im August
1914 die Einberufung als Stabsarzt nach Frankreich erreichte.
In der Nacht auf den 25. September unternahm er in Nampcel, nicht weit von Compiègne, «einen prachtvollen Ritt
von 1¹/₂ Stunden über das Schlachtfeld», von der «Freude
des Abenteuers» erfüllt. Gleich am nächsten Tag schrieb er
Anna Treplin, seiner Frau, von einem eindrucksvollen und
«eigenartig schöne[n]» Panorama: «Vor uns am Himmel unter

dem Grossen Bären der Kriegskomet. Im Süden huschende Scheinwerfergarben, wie es heisst aus Paris. Rechts und links im Hintergrund brennende Dörfer oder Strohschober, im Norden von uns das Aufblitzen einiger schwerer Batterien, die so entfernt sind, dass wir den Knall nicht mehr hören. Um uns herum schweigt alles. Der Weg ist öfter unterbrochen durch tiefe Granatlöcher, die von unsrer Artillerie stammen, als diese Höhen noch den Rothosen gehörten. Über dem Ganzen der eigenartige Geruch des Schlachtfeldes … Und oben der herrliche Frieden des wunderschönsten Sternenhimmels.»[52]

Das Ensemble der Lichter, die hier die irdischen wie himmlischen Koordinaten abstecken und die der Schreiber wie von einem Aussichtspunkt aus beobachtet, von distanzierter und sicherer Warte, dieses erhabene Ensemble stiftet die bildliche Verbindung zwischen Krieg und Komet. In dieser «eigenartig» stillen, friedlichen und ästhetisierten Landschaft wird der Schweifstern zum Emblem eines Kampfes, der Opfer forderte, um zuletzt den Sieg bringen zu können. Der Komet war für Treplin so schön wie das nächtliche Schlachtfeld, über dem er erschien. Und so fand der Arzt auch noch die Zeit, seinen begleitenden Tagebucheintrag mit einer Skizze zu illustrieren, mit Schweifstern und Großem Bären, wenn auch ohne die Positionslichter der Krieges.[53]

Sicher, Treplin erkannte bald, dass der Krieg eine «furchtbare Plage» ist und den Menschen zur «Bestie» macht.[54] Er erkannte, dass die Deutschen «wie die Heuschrecken über das Land gekommen» waren,[55] und fand daher die französische Bevölkerung, für die er medizinisch zuständig war, «sehr zu bedauern».[56] Wichtiger als das jedoch war zu diesem Zeitpunkt das «grosse[ ] Glück, dass der Krieg nicht in unserm

Lande geführt wird»,[57] und dass «wir die Lumpen doch noch
klein kriegen» werden.[58] Bombardierte Dörfer sahen mitunter
«entsetzlich» aus,[59] aber für den, der sich voller Begeisterung
als Kämpfer für eine gute Sache verstand, besaßen sie ihren
eigenen Reiz.[60]

So wird der Komet auch hier zum Spiegel des Krieges,
und zwar nicht trotz, sondern wegen seiner faszinierenden
Schönheit, und das heißt: nicht im heillosen, sondern in
einem heilsverheißenden Sinne. Von Treplins Zeilen ist es
daher nicht weit bis zu Friedrich Kurt Benndorfs expressio-
nistischem Gedicht *Deutscher Kampf*, das interessierte Leser im
Dezember 1914 in der Zeitschrift *Zeit-Echo* zu lesen bekamen,
illustriert von Max Unold, einem der Gründer der Neuen
Münchener Secession (Abb. S. 213):

Mit langem Nebelschweif der Kriegskomet
am Abendhimmel schauerlich durch Sternenheere geht:
Geheimnisstill durchbraust die Furia das Weltenall,
dieweil auf Erden rundum tönt der Kriegstrompete Schall!
Da wogen Kämpfe hin und her von Horizont zu Horizont;
goldmutig schwärmen Schützenlinien aus in breiter Front;
Haubitzen brüllen Donnerrufe furchtbar durch die Nacht: –
Die Streiter Deutschlands halten aus, – es steht die Schlacht!

Die Schlacht vertobt, und der Komet verblaßt im Morgen-
    graun,
das viele jugendhelle Augen nicht mehr wiederschaun.
Doch ob auch Blut und Leben viel im Erdreich da verrann,
ist eisern ungebeugt der große deutsche Heeresbann:
Wie wenn ein Herbststurm wettert über länderweiten Wald
und Regenböen niederschmettert voll Gewalt

und Bäume stürzt, an Ast= und Blattwerk reißt,
und darnach aller Wald doch herrlich aufrecht steht und
gleißt.[61]

Ein Faszinosum ist hier nicht mehr nur der Komet, sondern
auch der Krieg, nach dem er benannt war. Und so wird
die Gewalt der Geschütze auch an den Sternenhimmel ver-
lagert.[62] Anders als Treplin kennt Benndorf keine friedlichen
Landschaften, weder auf noch über der Erde. Aber auch bei
ihm reflektiert der Schweifstern den Krieg.

Und zwar jetzt mit deutlich reduzierter Codierung. Dabei
ist man versucht, sich an das Nordlicht von 1630 zu erinnern,
in dem die Zeitgenossen eine Feldschlacht erkannten. Doch
wer dies tut, sollte bedenken: Zwar wird der Krieg bei Benndorf zu einem kosmischen Sturm, Apokalyptisches im biblischen Sinne jedoch, ungeachtet des Schalls der Trompeten,
findet hier nicht mehr statt.[63] Des Dichters Erlösungs- und
Erneuerungsvision ist gänzlich diesseitiger Art. Sein Krieg ist
ein Ort der Läuterung und «Daseinsergriffenheit», ein Ort
«des Rausches, der Idee zu dienen, Geschichte zu verwirk-
lichen», wie es «Schicksal» und «Pflichtgedanke» verlangten,
ein Ort, der ein «grosses Erlebnis», ja mehr noch: ein «Gott=
Erlebnis» ermöglichte. So fasste der Autor seinen «philosophi-
schen Standpunkt» in seinem Tagebuch zusammen, nachdem
er am 19. September 1914 den «Kriegskomet[en] unterhalb
des Grossen Bären» und begleitende «Herbststürme» notiert
hatte.[64] Benndorfs Krieg, mit anderen Worten, ist keine Strafe, und er gehört auch selbst nicht gestraft. Natürlich, er ist
«furchtbar», wie es im *Deutschen Kampf* heißt, aber er ist auch
«schauerlich»: von eigenartiger und glänzender Schönheit.
Am Himmel wird er nicht prophezeit, sondern in analoger

Weise noch einmal geführt – und so legitimiert. Wessen Licht in ihm verblasste und wessen Stimme verstummte, hatte nur freudig ein nationales Opfer erbracht. Das mochte der Dichter «geheimnisstill» finden. Viele der «jugendhellen Augen» hätten jedoch lieber das Morgengrauen gesehen als das Grauen des Schlachtfelds.

1910, als der Halley'sche Komet am Himmel erschien, hatte sich so mancher noch in apokalyptische Ängste versetzen lassen, in die Furcht vor Unheil, Krieg und Weltuntergang.[65] Doch als der Krieg dann tatsächlich kam, erschien der Delavan'sche Komet vielen auch als Zeichen des Heils. Jene, die ihn beschrieben, taten dies zumeist siegesgewiss und in der Überzeugung, dass die Schrecken des Krieges auf das Konto des Feindes gingen, als Prüfung deutscher Standhaftigkeit. Wer mit Gottes Hilfe kämpfte, für den erhielten straftheologische Interpretationen eine sehr klare Stoßrichtung. Positive und diesseitige Bedeutungen des Kometen gewannen an Raum, und mit ihnen seine besondere Ästhetisierung. Das (und nur das), so scheint es, ist an dieser Geschichte modern.

Eine Vorhersage aber enthielt der Schweifstern noch immer. Und es soll niemand sagen, sie hätte sich nicht bewahrheitet. Der Wein wurde vorzüglich. Und der Krieg wurde von Jahr zu Jahr schlimmer. Als das auch den anfänglich Euphorischen klar wurde, war vom Kometen nichts mehr zu sehen.

Ob das Thomas Mann schon geahnt hat, als ihn am 1. August 1914, in der Sommerfrische von Bad Tölz, die Nachricht von der deutschen Kriegserklärung an Russland erreichte? Als er seinen «in sich gekehrten Blick ins Weite» richtete und mit gesenkter Stimme bemerkte: «Nun wird wohl auch gleich ein feuriges Schwert am Himmel erscheinen»?[66] Als er dabei

Der Kriegskomet.
Holzschnittillustration von Max Unold zu
Friedrich Kurt Benndorf: Deutscher Kampf, 1914.

vielleicht nicht nur den «flammenden Sonnenuntergang»[67] über dem Karwendel-Gebirge im Sinn hatte und auch nicht nur seine Novelle *Gladius Dei*, jene 1902 publizierte Erzählung, in der Hieronymus, der Protagonist, erkennbare Züge des Florentiner Bußpredigers Girolamo Savonarola trägt und der kunstvergessenen Stadt München ein göttliches Strafgericht androht: ein «breites Feuerschwert», «das sich im Schwefellicht über die frohe Stadt hinreckte»?[68] Sondern als er vielleicht auch daran dachte, dass eine derartige Waffe, anders als in dieser Vision, nicht nur als Wolkenformation an den Himmel treten konnte, sondern auch als Komet?

Wir wissen es nicht. Denn nicht nur, dass Mann über den Delavan'schen Kometen zu diesem Zeitpunkt kaum informiert gewesen sein dürfte (bis dato hatten über ihn nur einschlägige Fachblätter, die *Astronomischen Nachrichten* vor allem, berichtet).[69] Zudem müssen wir uns für die zitierten Aussagen auf die Erinnerungen der Kinder verlassen, auf Erika und Klaus Mann, die an diesem Augusttag erst acht und sieben Jahre alt waren und sich gerade keinen Rat wussten; denn angesichts des Kriegsausbruchs war ihr Gartentheater abgesagt worden, die geplante Aufführung des mythologischen Spiels *Die Büchse der Pandora*. Und erschwerend kommt noch hinzu: Die Kinder zeichnen ihren Vater hier als Pazifisten. An diesem Tag soll er nämlich den Kriegsbeginn mit Verweis auf Tolstoi beklagt haben: «wenn der Alte noch lebte, … *es hätte nicht gewagt*, zu geschehen».[70]

Nur wenig später jedoch stellte Mann, ähnlich wie Marc, den Krieg als notwendige und reinigende Katastrophe vor, als ersehnte Heimsuchung und als Zusammenbruch einer zivilisatorischen Friedenswelt, ohne den eine moralische Regeneration Europas nicht gedacht werden konnte. Nachzulesen ist das in den *Gedanken im Kriege* und im Essay *Gute Feldpost*, der wie Benndorfs *Deutscher Kampf* im ersten Jahrgang des *Zeit-Echos* erschien.[71] Auch wenn es nicht immer so blieb: 1914 war der Weg in die Schlacht für Thomas Mann – wie für so viele andere Intellektuelle auch – eine Frage der Ehre, Aufgabe eines heroisch verstandenen «Geistes».[72]

Es ist also schwer zu entscheiden, in welchem Sinne das erwartete Schwert über Bad Tölz ein göttliches Zorneszeichen hätte sein können. Kündigte es eine Strafe für den losgetretenen Krieg an, oder stellte es den Krieg selbst als Sanktion vor – für die Sünden einer Welt, die sich auf dem Weg des Fortschritts zu befinden meinte und dabei doch nur ihrer dekadenten Selbstzersetzung entgegeneilte?

Für Marc, Benndorf oder Mann entfaltete der Krieg, den sie erlebten, seinen Sinn nicht mehr aus einer unhintergehbaren Sündhaftigkeit des Menschen, sondern aus der Kritikwürdigkeit ihrer Zeit: aus der moralischen Erschlaffung, materialistischen Üppigkeit und Frivolität der Moderne. Dieser Krieg stellte ihnen kein Weltende vor Augen: Er sollte eine Läuterung Europas bewirken. Deswegen konnte er zugleich sündentheologisch erklärt und euphorisch begrüßt werden, und deswegen ließ er sich, zusammen mit seinem Kometen, auch lustvoll ästhetisieren.[73] In der Schönheit des Schweifsterns wurde der verborgene Gott in die Sichtbarkeit überführt. Das Heil, auf das das Unheilszeichen verwies, war jetzt auch auf Erden zu suchen.

Ein schöner Komet kam nicht länger als Bote irdischen Unglücks daher. Darin spiegeln sich veränderte Einstellungen zu kriegerischer Gewalt. Wer 1618 gottesfürchtig das Himmelsbuch aufschlug, formulierte zumeist eine Kritik des Krieges und nicht, wie so oft 1914, sein Lob: Er rechtfertigte ihn als göttliches und nicht als menschliches Handeln. Andererseits mochte, wer zu Beginn des Weltkrieges dem deutschen Kampf den Sinn eines heroischen Opfers zu geben bemüht war, auf frühneuzeitliches Wissen noch nicht gänzlich verzichten. Der Komet, so oder so, blieb ein göttlicher Leitstern. Erstaunlich, dass ihn Thomas Mann nie erwähnte.

Dass ihr Gartentheater nicht stattfinden konnte, war für Erika und Klaus Mann eine Enttäuschung. Aber auch wenn sie es nicht verstanden: Das Stück wurde jetzt auf andere Bühnen gebracht.

CHRONISTEN
DES KRIEGES

SEBASTIAN BÜRSTER (gest. 1649) war Zisterziensermönch in der Reichsabtei Salem am Bodensee und dort unter anderem als Brotverwalter und Almosenverteiler tätig. In seinen *Collectanea* schildert er das Kriegsgeschehen im Bodenseeraum zwischen 1630 und 1647, das Schicksal seines Klosters in dieser Zeit und die wiederholte Flucht des Konvents. Das Originalmanuskript der Chronik wird im Generallandesarchiv Karlsruhe verwahrt und wurde 1875 kritisch herausgegeben.

AUGUSTIN GÜNTZER (1596 – um 1657) war ein elsässischer Zinngießer und Zuckerbäcker. In seiner Autobiographie beschreibt er sein Leben bis zum Jahr 1657 und stellt dabei vor allem seine ausgedehnten Reisen, körperlichen Krankheiten und konfessionell bedingten Verfolgungen in den Vordergrund. Das Originalmanuskript des *Kleinen Biechlins* befindet sich in der Universitätsbibliothek Basel und wurde 2002 kritisch ediert.

VOLKMAR HAPPE (1587–1647/59) war Amtsschösser, Hofrat und Kanzleidirektor in der mitteldeutschen Grafschaft Schwarzburg-Sondershausen. In seinem *Chronicon Thuringiae* protokolliert er die Gewalthandlungen des Krieges in dieser Region bis 1642. Das überlieferte Manuskript – eine Abschrift aus dem ersten Drittel des 18. Jahrhunderts – wird in der Thüringer Universitäts- und Landesbibliothek Jena verwahrt und ist seit 2008 in einer kritischen Online-Edition zugänglich.

HANS HEBERLE (1597–1677) war Schuhmacher und Kleinbauer in Neenstetten und Weidenstetten bei Ulm. In seinem *Zeytregister* notiert er die Kriegsereignisse im Ulmer Territorium, beschreibt Pest, Teuerung und Hungersnot und schildert die Fluchten seiner Familie ins Umland und in die nahe gelegene Stadt. Das Originalmanuskript des *Zeytregisters* befindet sich in der Staatsbibliothek Preußischer Kulturbesitz Berlin und wurde 1975 kritisch herausgegeben.

ATHANASIUS KIRCHER wurde 1601/02 in der Nähe von Fulda geboren und starb 1680 in Rom, wo er seit 1633 nahezu ununterbrochen gelebt hatte. Neben über dreißig Werken und mehr als 2200 Briefen hinterließ der Jesuitenpater eine Autobiographie, in der er seine Jahre in den deutschen Territorien, seine Flucht aus dem Heiligen Römischen Reich und sein Leben als Universalgelehrter in Rom beschreibt. Das mutmaßliche Original der lateinischsprachigen *Vita* befindet sich im Archiv der Päpstlichen Universität Gregoriana. Darüber hinaus ist der Text in mehreren Abschriften überliefert und wurde 1684 von Hieronymus Ambrosius Langenmantel erstmals ediert. Derzeit sind deutsche, englische, französische und italienische Übertragungen verfügbar.

ZEITTAFEL

ALLGEMEINE GESCHICHTE

MAI 1608 Gründung der Union der protestantischen Stände

JULI 1609 Gründung der Liga der katholischen Stände

JUNI 1617 Krönung Ferdinands II. zum König von Böhmen

MAI 1618 Prager Fenstersturz

AUGUST 1619 Absetzung Ferdinands und Wahl Kurfürst Friedrichs V. von der Pfalz zum böhmischen König

AUGUST 1619 Wahl Ferdinands II. zum Kaiser des Heiligen Römischen Reiches

PRODIGIEN UND KONTROVERSEN

NOVEMBER 1618 – JANUAR 1619 Erscheinen von Komet 1618 II über dem Heiligen Römischen Reich

DEZEMBER 1618 Predigt Conrad Dieterichs im Ulmer Münster über den Winterkometen (veröffentlicht 1619)

1619 Publikation von Johannes Keplers *De cometis* und Johann Baptist Cysats *Mathemata Astronomica*

OKTOBER 1619 *Teutsches Colloquium* als Höhepunkt des Ulmer Kometenstreits (1618–1621)

ALLGEMEINE GESCHICHTE

NOVEMBER 1620 Schlacht am Weißen
Berg; Sieg der katholischen Liga
über Friedrich V. von der Pfalz und
Wiedereinsetzung Ferdinands als
böhmischer König

APRIL 1621 Auflösung der Union

MÄRZ 1629 Kaiserliches Restitutionsedikt

MAI 1629 Frieden zu Lübeck zwischen
Kaiser Ferdinand II. und Christian IV.
von Dänemark

JULI 1630 Kriegseintritt Schwedens
unter König Gustav II. Adolf

MAI 1631 Eroberung Magdeburgs
durch katholische Truppen unter
Johann Tserclaes von Tilly und
Gottfried Heinrich von Pappenheim

SEPTEMBER 1631 Schlacht bei Breitenfeld; Sieg der Schweden über die
Kaiserlichen unter Tilly

OKTOBER 1631 Eroberung Würzburgs
durch schwedische Truppen

APRIL 1632 Eroberung Augsburgs
durch schwedische Truppen

PRODIGIEN UND KONTROVERSEN

FEBRUAR 1630 Auftreten eines Nordlichts
(«Feldschlacht am Himmel»)

AUGUST 1630 Predigt Reinhard Bakes
im Magdeburger Dom über die
Zerstörung Jerusalems

2. HÄLFTE 1631 Neuauflage und Übersetzung der *Elegia de obsidione Magdeburgensi* von Petrus Lotichius Secundus
(1551)

APRIL / SEPTEMBER 1631 Vision Athanasius
Kirchers vom Einmarsch der Schweden
in Würzburg

ALLGEMEINE GESCHICHTE	PRODIGIEN UND KONTROVERSEN

NOVEMBER 1632 Schlacht bei Lützen; Sieg der Schweden über die Kaiserlichen (unter Wallenstein) und Tod Gustav Adolfs

APRIL 1633 Gründung des Heilbronner Bundes zwischen Schweden (unter Reichskanzler Axel Oxenstierna) und den protestantischen Ständen der oberdeutschen Reichskreise

SEPTEMBER 1634 Schlacht bei Nördlingen; Sieg der Kaiserlichen über die Schweden

MAI 1635 Prager Frieden zwischen dem Kaiser und protestantischen Reichsständen; Auflösung des Heilbronner Bundes und der katholischen Liga

MAI 1635 Kriegseintritt Frankreichs unter König Louis XIII.

FRÜHJAHR 1647 Befragung des Wunderkindes Giacomo Martino Modanesi in Rom

OKTOBER 1648 Westfälischer Frieden zu Münster und Osnabrück

JUNI / JULI 1650 Unterzeichnung der Ausführungsverträge auf dem Nürnberger Exekutionstag

1798–1799 Uraufführung von Schillers Trilogie *Wallenstein* (im Druck 1800)

1910 Erscheinen des Halley'schen Kometen

1912–1914 Publikation von Ricarda Huchs Trilogie *Der große Krieg in Deutschland*

AUGUST 1914 Beginn des Ersten Weltkrieges

SEPTEMBER / OKTOBER 1914 Erscheinen des Delavan'schen Kometen über Europa

KOMETEN –
AUS HEUTIGER SICHT

Der meist nur wenige Kilometer große, in den äußeren Regionen unseres Sonnensystems entstehende Kern eines Kometen besteht aus einem Gemisch aus Staub, Gesteinsbrocken und gefrorenen Gasen. Um es mit dem US-amerikanischen Astronomen Fred Whipple (1950) zu sagen: Er gleicht einem «schmutzigen Schneeball». Gelangt er in die Nähe der Sonne, etwa im Abstand der Marsbahn, beginnen die Eise des Kometenkerns zu tauen und eine Koma zu bilden: eine oft mehrere hunderttausend Kilometer große nebelige Hülle, eine Art Atmosphäre. Zudem treibt der Sonnenwind die Staubteilchen und die durch UV-Strahlung fluoreszierenden, zum Leuchten angeregten Gasatome vom Kometenkern weg. So ensteht der Schweif, dessen Länge viele Millionen von Kilometern erreicht. Er besteht aus zwei Teilen: aus einem Gas- oder Plasmaschweif, der meist blau aufleuchtet und exakt von der Sonne wegzeigt, und aus einem leicht gekrümmten Staubschweif, der das Sonnenlicht reflektiert und daher eine gelblich-weiße Farbe besitzt.

Kometen bewegen sich auf unterschiedlich langen parabolischen, elliptischen oder hyperbolischen Bahnen um die Sonne. Unter den kurzperiodischen Schweifsternen (mit einer Umlaufzeit von unter zweihundert Jahren) wurde der bekannteste von Edmond Halley 1682 entdeckt. Halley identifizierte ihn mit den Kometen von 1531 und 1607 und sagte seine Wiederkehr für das Jahr 1758 voraus. Mit dieser Prognose (denn sie war keine Prophezeiung) sollte er recht behalten – auch wenn es ihm selbst nicht mehr vergönnt war, dies zu bezeugen, denn er starb 1742. Damit hatte Halley bewiesen: Die Periode des fortan nach ihm benannten Kometen beträgt etwa 76 Jahre. Im 20. Jahrhundert war dieser Schweifstern 1910 und 1986 am Himmel zu sehen, und das nächste Mal wird er sich 2061 in die Nähe der Sonne bewegen.

Komet C/1618 W1 dagegen gehört zu den langperiodischen Schweifsternen – wie sämtliche «Große Kometen» (mit Ausnahme des Halley'schen). Dieser Himmelskörper, der seine größte Nähe zur Sonne (Perihel) am 8. November und zur Erde (Perigäum) am 6. Dezember 1618 erreichte, wird vermutlich erst nach vielen Tausenden, wenn nicht gar Millionen von Jahren ins Innere des Sonnensystems zurückkehren und von der Erde aus zu beobachten sein.

ANHANG

ANMERKUNGEN

1. KOMETEN!

1 Cysat: Mathemata Astronomica, Bl. A 4r und S. 1 f.

2 Für Indien siehe Kirwitzer: Observationes Cometarum, S. 11 f. Für China vgl. Kronk: Cometography, S. 338–341; Seargent: Greatest Comets, S. 110–112. Für die globale Wahrnehmung des Kometen vgl. ferner Parker: Global Crisis, S. 11 f.

3 Ursinus: Außführlicher Bericht, Bl. A 1r.

4 Vgl. Kronk: Cometography, S. 333–338.

5 Kepler: De cometis, S. 182–186. Für das deutschsprachige Zitat siehe Kepler: Prognosticon, S. 187.

6 Cysat: Mathemata Astronomica, S. 9.

7 Vgl. grundlegend Gindhart: Kometenjahr.

8 Für den Begriff siehe ebd., passim.

9 Theatrum Europæum, Bd. 1, S. 116–119.

10 Happe: Chronicon, Teil I, Bl. 24v.

11 Ebd.

12 Neuheuser: Consideratio, S. 17.

13 Claudian: De bello Gothico, 243.

14 Happe: Chronicon, Teil I, Bl. 24v.

15 Vgl. Tischer: Kriegsbegründungen, S. 37, 167, 236; dies.: Kriegserklärung.

16 Für die Glocken vgl. Verhey: Der «Geist von 1914», S. 118, literarisiert von Echenoz: 14, Kap. 1.

17 Mit Ausnahme etwa des Erzbischofs von Köln, der sich angesichts der Absetzung Ferdinands in Böhmen «auf einen 20, 30 oder 40jährigen Krieg gefasst» machte. Zit. nach Gindely: Geschichte, Abt. 1, Bd. 2, S. 164.

18 Happe: Chronicon, Teil I, Bl. 23v: *Dies hic jnitium belli cruentissimi, ruina et perditio totius Bohemiæ et Germaniæ.* Meine Übersetzung.

19 Vietor: Selbstbiographie, S. 238.

20 Happe: Chronicon, Teil I, Bl. 24v.

21 Vietor: Selbstbiographie, S. 238.

22 Happe: Chronicon, Teil I, Bl. 24v.

23 Rese: Tagebuch, S. 12.

24 Kothe: Chronik, S. 25 f.

25 Zu frühneuzeitlicher Apokalyptik vgl. Fried: Dies irae, Kap. 1–3, Ryan (Hg.): Premodern Apocalypse, Landwehr: Gegenwart, S. 41–89, Schmidt-Biggemann: Apokalypse, Leppin: Antichrist, Barnes: Prophecy, sowie die einschlägigen Beiträge in: Wiesner/Zolles/Feik (Hg.): Apokalyptik.

26 Jakob Wagner: Chronik, Stadtarchiv Augsburg, Chroniken Nr. 27a, S. 29, zit. nach von Krusenstjern: Prodigienglaube, S. 75.

27 Rese: Tagebuch, S. 12.

28 Gryphius: Threnen des Vatterlandes, in: Sonette, S. 48, 8.

29 Ebd., 10 f.

30 Opitz: Trostgedicht, I, 237–244.

31 Gryphius: Menschliches Elende, in: Sonette, S. 35, 1–4.

32 Opitz: Trostgedicht, I, 225–227.

33 Ebd., I, 222 f.

34 Vgl. Bergengruen: Prodigien, S. 99.

35 Herlitz: Kurtzer Discvrs, Bl. F 2r. Herlitz war Mathematiker, Mediziner und Dichter.

36 Vgl. dafür Gotthard: Der Dreißigjährige Krieg; Englund: Verwüstung; Wilson: Europe's Tragedy; Arndt: Der Dreißigjährige Krieg; Kampmann: Europa; Schmidt: Der Dreißigjährige Krieg; Burkhardt: Der Dreißigjährige Krieg; Barudio: Der Teutsche Krieg; Schormann: Der Dreißigjährige Krieg. Siehe ferner die Sammelbände: Schröder/Asbach (Hg.): Companion; von Krusenstjern/Medick (Hg.): Zwischen Alltag und Katastrophe; Parker (Hg.): The Thirty Years' War.

37 Zum Vorzeichenglauben im Dreißigjährigen Krieg vgl. von Krusenstjern: Prodigienglaube (mit Quellentexten). Zu Augenzeugenberichten aus dieser Zeit vgl. – mit unterschiedlichen Herangehensweisen – Bähr: Furcht, Kap. 5.2; Medick: Der Dreißigjährige Krieg; Mortimer: Eyewitness Accounts; Kormann: Ich, Welt und Gott; von Krusenstjern: Selbstzeugnisse.

38 Bürster: Beschreibung, S. 12.

39 Kircher: Commentariolus de vitâ (im Folgenden: Kircher: Vita), S. 25–27. Übersetzungen im Folgenden von mir, da die einzig verfügbare deutsche Übertragung von Nikolaus Seng nicht zitierfähig ist (Kircher: Selbstbiographie).

40 Dieterich: Cometen Predigte.

41 Heberle: Zeytregister.

42 Güntzer: Biechlin, die Karte zwischen Bl. 64v und 63[a]r sowie Bl. 200r. Zum besseren Textverständnis haben die Editoren in manchen Fällen einzelne Buchstaben in eckigen Klammern ergänzt. Diese Lesehilfen werden im Folgenden stillschweigend, unter Verzicht auf die Markierung, übernommen.

43 Kothe: Chronik, S. 26.

44 Güntzer: Biechlin, Bl. 118r/v; siehe auch Bl. 64[a]v.

45 Schiller: Geschichte.

46 Vgl. Medick / von Krusenstjern: Einleitung, S. 14–22.

47 Livius: Ab urbe condita, XXXIV, 9.12: *Bellum se ipsum alit.*

48 Vgl. Gotthard: Der Dreißigjährige Krieg, S. 205 f.; Arndt: Der Dreißigjährige Krieg, S. 195 f.

49 Gotthard: Der Dreißigjährige Krieg, S. 213.

50 Instruktiv: Pohlig: Religiöse Gewalt. Vgl. ferner Kaufmann: Dreißigjähriger Krieg, Kap. II; Holzem: Geistliche im Krieg, insbes. S. 75–80; ders.: Barockscholastik; ders.: Maria im Krieg; Schreiner: Maria, Kap. 10.

51 Vgl. Pohlig: Religiöse Gewalt, S. 126.

52 Vgl. Tricoire: Mit Gott rechnen, S. 214–226.

53 Vgl. Schaffner: Religion und Gewalt.

54 Dazu Pohlig: Religiöse Gewalt.

55 Vgl. grundlegend Walsham: Providence; von Greyerz: Vorsehungsglaube; Hölscher: Zukunft, S. 9–46.

2. KONTROVERSEN

1 Fabricius: De Maculis. Zudem – was beide nicht wissen konnten – hatte der englische Mathematiker Thomas Harriot private Aufzeichnungen angefertigt.

2 Meinel: Phänomen, S. 48. Zu weiteren astronomischen Beobachtungen Cysats siehe Gindhart: Kometenjahr, S. 263.

3 Cysat: Mathemata Astronomica, S. 72–79.

4 Ebd., S. 52–61. Vgl. Meinel: Phänomen, S. 47.

5 Bradley: Account. Vgl. Siebert: Kontroverse, S. 276, 286 f.

6 Vgl. Siebert: Flucht, S. 67–79.

7 Für Einzelheiten vgl. Friedrich: Die Jesuiten, S. 346 f.

8 Vgl. Meinel: Phänomen, S. 49.

9 Vgl. Hildebrandt: Die Sonne, S. 226–228.

10 Vgl. Meinel: Phänomen, S. 49.

11 Cysat: Mathemata Astronomica, S. 79.

12 Ebd.: *nisi quis ostendat se diuinis consiliis interfuisse*: «wenn nicht jemand beweisen kann, dass ihm göttliche Einsichten zuteil wurden».

13 Ebd., S. 79 f.

14 Johannes Kepler an David Fabricius, 4.7.1603, in: KGW 14, Nr. 262, S. 409–435, hier 416.

15 Zum Prozess siehe v. a.: Conclusion Schrifft, in: KGW 12, S. 63–100. Vgl. Rublack: The Astronomer; Lemcke: Kepler, S. 94–99, 113–115, 118 f. (dieser Titel ist eine völlig überarbeitete und im Umfang erweiterte Neuausgabe der Biographie von Hemleben: Kepler); Sutter: Der Hexenprozeß. Für die Standhaftigkeit Katharina Keplers siehe den Bericht des Vogtes zu Güglingen an den Herzog, 28.9.1621, in: Kepler in seinen Briefen, hg. v. Caspar/von Dyck, Bd. 2, S. 183 f.

16 Shapin: Die wissenschaftliche Revolution. Vgl. auch Rublack: The Astronomer, S. 8–15.

17 Johannes Kepler an Herwart von Hohenburg, 14.9.1599, in: KGW 14, Nr. 134, S. 62–76, hier 63. Vgl. Lemcke: Kepler, S. 13; Bialas: Kepler, S. 18, 27.

18 Vgl. Gindhart: Kometenjahr, S. 263.

19 Kepler: Außführlicher Bericht. Vgl. Meinel: neu und paradox, S. 50.

20 Cysat: Mathemata Astronomica, S. 58–60.

21 Zur frühneuzeitlichen Fundamentalkategorie der Reinheit vgl. Burschel: Reinheit; Bähr: Abgötterei stinkt.

22 Kepler: De cometis, S. 231–233. Vgl. Gindhart: Kometenjahr, S. 166, 173.

23 Kepler: Horoskope, S. 445–475, für die Charakterzeichnung S. 449–451. Vgl. Rebitsch: Wallenstein, S. 45–48; Clark: Untergang, S. 452 f.; Lemcke: Kepler, S. 134 f.; Hamel: Astronomie, S. 56–61; Geiger: Wallensteins Astrologie. Die Möglichkeit einer sich selbst erfüllenden Prophezeiung erörtert etwa Mann: Wallenstein, S. 93–95.

24 Vgl. Lemcke: Kepler, S. 126 f.; Bialas: Kepler, S. 43.

25 Johannes Kepler an Philipp Müller, 27.10.1629, in: KGW 18, Nr. 1116,

S. 408–410, hier 408: *Inter ruinas opidorum provinciarum Rerump: domuum antiquarum, novarum inter metus irruptionum barbaricarum, oppressionum domesticarum, cogor tamen ego, Martis quippe alumnus et tantum non pullus, typographos conducere, editionem Observationum Braheanarum vel simulare, vel inchoare etiam, dissimulato strenuè omni metu. Id quidem et faciam cum bono Deo, more militari, hodie imperiis exultans saeviens furens, curam meae sepulturae crastino transmittens.* 1630 erschienen die *Ephemerides Novae Motuum Coelestium.* Vgl. Lemcke: Kepler, S. 135; Bialas: Kepler, S. 44–46.

26 Kepler: Horoskope, S. 459 f.

27 Vgl. Rehlinghaus: Semantik, zu Kepler S. 60–70.

28 Kepler: Horoskope, S. 456–471.

29 Zu Keplers Astrologie vgl. auch Siebenpfeiffer: Astrologie, S. 385.

30 Vgl. Bialas: Kepler, S. 20–23; Lemcke: Kepler, S. 26–28.

31 Vgl. Sandl: Martin Luther; ders.: Medialität, Kap. V. Zum Hermetismus vgl. ferner Trepp/Lehmann (Hg.): Antike Weisheit.

32 Vgl. Blumenberg: Die Lesbarkeit der Welt.

33 Vgl. Foucault: Die Ordnung der Dinge, S. 56–61.

34 Dieterich: Cometen Predigte, insbes. S. 11, 22 f., 40. Weitere Einzelheiten im Folgenden.

35 Kepler: De cometis, S. 251.

36 Ebd., S. 251 f.

37 Kepler: Horoskope, S. 450. Vgl. Rublack: The Astronomer, S. 9, 243–245; Lemcke: Kepler, S. 95 f.

38 In der Übersetzung des Begriffs *significatio significativa* folge ich Schechner Genuth: Comets, S. 100.

39 Für den Begriff *animi emotio* (bzw. *mentis emotio*) siehe z. B. van Diemerbroeck: De peste, S. 18; ders.: Disputationes practicae, S. 10, 39. Zu den frühneuzeitlichen Begriffen von Affekt, Passion und Emotion vgl. Perler: Transformationen, S. 24; Bähr: Furcht, S. 57 f. (mit weiterer Literatur).

40 Dieterich: Cometen Predigte, S. 22.

41 Kepler: De cometis, S. 252.

42 Kepler: Prognosticon, S. 187 (mit Bezug auf den zweiten Kometen des Jahres); zur *stimulatio* siehe ders.: De cometis, S. 252.

43 Kepler: Prognosticvm, S. 211.

44 Die zitierten Begriffe verwendet Dieterich: Cometen Predigte, S. 22.

45 Ebd.

46 Kepler: De cometis, S. 258 f.

47 Vgl. Kepler: Horoskope, S. 449.

48 Kepler: De cometis, S. 260f. Vgl. Gindhart: Kometenjahr, S. 179f.

49 Kepler: Harmonice mundi, S. 273; vgl. ders.: De cometis, S. 231; Cysat: Mathemata Astronomica, S. 80.

50 Vgl. Daston / Park: Wunder; Daston: Lust; Walther: Neugier (mit weiterer Literatur).

51 Vgl. den Forschungsüberblick bei von Greyerz: Alchemie. Zu den religiösen Dimensionen voraufklärerischer Naturwissenschaft vgl. ferner von Greyerz/Kaufmann/Siebenhüner/Zaugg (Hg.): Religion; Trepp: Von der Glückseligkeit.

52 Vgl. Landwehr: Gegenwart, S. 58–60.

53 Vgl. Kepler: Briefe aus dem Jahre 1622, S. 34f.; Gindhart: Kometenjahr, S. 102–112, 179.

54 Vgl. Lemcke: Kepler, S. 129f.

55 Weitere beglaubigte Disputanten waren Faulhabers Beichtvater Balthasar Kerner sowie der Ratsadvokat Hieronymus Schleicher. Siehe die Edition des notariellen Protokolls bei Hawlitschek: Faulhaber, S. 333–354, hier 338.

56 Faulhaber: Fama syderea, Bl. A 2v, A 4v, B 1r, zit. A 4v.

57 Ebd., Bl. A 4r, B 1r/v, zit. B 1v. Vgl. Gindhart: Kometenjahr, S. 90f.; Schneider: Between Rosicrucians, S. 324; ders.: Faulhaber, S. 16. Faulhabers Schrift ist nicht datiert. In der Literatur werden sowohl 1618 als auch 1619 als Erscheinungsjahr angegeben. Da jedoch der Titel der *Fama* auf «den 6. Monatstag Decembr. [alten Stils] deß *ablauffenden* 1618. Jahrs» Bezug nimmt (Bl. A 1r, Hervorh. v. mir), ist davon auszugehen, dass das Werk noch im selben Jahr publiziert wurde. Siehe auch Bl. A 4r und B 4r.

58 Siehe dazu Faulhaber: Fama syderea, Bl. A 2v, B 1r–3r; Schneider: Between Rosicrucians, S. 327; ders.: Faulhaber, S. 20f.; auch Gindhart: Kometenjahr, S. 91f.

59 Wehe: Expolitio, S. 14f.; Hebenstreit: Cometen Fragstuck, S. 13.

60 Vgl. Schneider: Wunderwerk, S. 38; Gindhart: Kometenjahr, S. 91.

61 Dies beweist auch Cornelius: Uindiciarum Favlhaberianvm Prodromus, S. 13.

62 Anders als Bleistein: Ulmer Kometenstreit, S. 74f., meint.

63 Faulhaber: Fama syderea, Bl. B 1r/v, B 3v.

64 Vgl. Schneider: Faulhaber, S. 21.

65 Faulhaber: Fama syderea, Bl. B 3v, C 3r–4r. Eine natürliche Erklärung dieser Phänomene gibt Wehe: Expolitio, S. 23–25.

66 Vgl. Gindhart: Kometenjahr, S. 94f.

67 Für Literatur siehe unten Kap. 6, Anm. 21.

68 Wehe: Expolitio, S. 22.

69 Notarielles Protokoll, in: Hawlitschek: Faulhaber, S. 334.

70 Ebd., S. 346, 349–352.

71 Ebd., S. 346, 352.

72 Ebd., S. 354.

73 Ebd., S. 333. – Zu den apokalyptischen Völkern im frühneuzeitlichen Protestantismus vgl. Brandes / Schmieder / Voß (Hg.): Peoples, Teil V.

74 Faulhaber: Gehaimes Prognosticon. Siehe auch ders.: Prognosticon vom Gog und Magog.

75 Vgl. Wilson: Europe's Tragedy, S. 298 f.

76 Für Einzelheiten des Gesamtgeschehens und Quellennachweise siehe Schneider: Between Rosicrucians, S. 327 f.

77 Später arbeitete auch Kepler, als er 1626 nach Ulm kam, mit Faulhaber zusammen, bei der Revision der Ulmer Hohlmaße. Vgl. Zillhardt: Einleitung, S. 47; Zweckbronner: Rechenmeister, S. 125.

78 Vgl. Descartes: Prinzipien, III, § 41, 119, 126–140.

79 Johann Baptist Hebenstreit an Johannes Kepler, 10. 2. 1620, in: KGW 17, Nr. 865, S. 416 f. (mit Kommentar S. 516).

80 Baillet: La vie de Monsieur Des-Cartes, S. 81–86.

81 Vgl. Hawlitschek: Deutschlandreise. In dieser Decodierung des dritten Traums (und ausschließlich in dieser) folge ich Hawlitschek, S. 244 f. Zu Descartes' Träumen vgl. Bähr: Furcht, S. 520 f.; Teuber: Literarisches Träumen, S. 96–101; Dumora: L'œuvre nocturne, Kap. 6; Hacking: Dreams; Jama: La nuit des songes; psychologisierend (wie Hawlitschek): Gaukroger: Descartes, S. 104–111.

82 Descartes: Prinzipien, III, § 19, 27–31.

83 Descartes: Discours, Teil 4, S. 50–67; ders.: Meditationes, I, § 1–12, und VI, § 23–24.

84 Vgl. Clark: Vanities, S. 300–304, 309; Bergengruen: Genius malignus. Zum Verhältnis von Faulhaber und Descartes vgl. auch Mehl: Comètes.

85 Hebenstreit: Cometen Fragstuck, S. 12–14.

86 Dieterich: Cometen Predigte.

87 Faulhabers Schrift muss zwischen dem 16. und 31. Dezember publiziert worden sein. Siehe oben Anm. 57.

88 Hebenstreit: Cometen Fragstuck, insbes. S. 3–10.

89 Dieterich: Cometen Predigte, S. 13 f.

90 Ebd., S. 12–14.

91 Ebd., S. 18.

92 Luther: De iustificatione, S. 101. Für Einzelheiten siehe Bähr: Abgötterei stinkt.

93 Dieterich: Cometen Predigte, S. 22 f.

94 Hebenstreit: Cometen Fragstuck, S. 8, 16 f.

95 Dieterich: Cometen Predigte, S. 23–31, konkret für Ulm: S. 40 f. Zum Erkenntniswert von Historien und Fallgeschichten vgl. Krämer: Ein Zentaur; Pomata/Siraisi (Hg.): Historia; Seifert: Cognitio historica.

96 Hebenstreit: Cometen Fragstuck, S. 15.

97 Ebd., S. 15; Dieterich: Cometen Predigte, S. 33.

98 Ebd., S. 46.

99 Siehe oben Anm. 70.

100 Dieterich: Cometen Predigte, S. 46 f.

101 Vgl. Imorde: ‹Gabe der Tränen›; Soboth: Tränen; Van Engen: Sympathetic Puritans, Kap. 5; Plattig: Vom Trost; Ulbrich: Tränenspektakel; Althoff: Empörung; Stagl: Nichtlachen.

102 Bapst von Rochlitz: Wetterspiegel, Bl. C 7v. Vgl. Kittsteiner: Entstehung, S. 46 f.

103 Dieterich: Glocken Predigt. Zu Kometenläuten, Kometengebet und Kometenbußtagen vgl. Malzer: Kometen- und Prodigienliteratur, S. 30 (mit Literatur); Lehmann: Kometenflugschriften, S. 25.

104 Vgl. Kittsteiner: Entstehung, S. 34–65; Rublack: Die Reformation, S. 209–228; Scribner: Reformation.

105 Vgl. dazu allgemein Zolles: Apokalypse, S. 275–277.

106 Dieterich: Cometen Predigte, S. 33, 42.

107 Für Einzelheiten siehe Bähr: Furcht, Kap. 3. 2.

108 Dieterich: Cometen Predigte, S. 15, 34, 44 f. Für eine analoge Argumentation mit Blick auf die Sonnenfinsternis von 1654 siehe Schorer: Erinnerung.

109 Dieterich: Cometen Predigte, S. 32 f.

110 Ebd., S. 44–52. Zu lutherischen Haltungen zum «Religionskrieg» vgl. Kaufmann: Dreißigjähriger Krieg, Kap. II.

111 Mather: Κομητογραφία, S. 110 f. Auch Mather jedoch erkannte im Winterkometen in erster Linie eine Ankündigung des «*Bohemic* and *Germanic* War».

112 Lilly: Propheticall Merline, S. 36–48, insbes. 42, 46–48; ders.: Merlinus Anglicus, Bl. A 1v, S. 3, 18. Vgl. Schechner Genuth: Comets, S. 72–75, 83.

113 Vgl. Grassi: Libra astronomica, S. 69–71.

114 Galilei hielt Kometen nicht für Himmelskörper, sondern für Brechungen des Sonnenlichts, die durch aufsteigende Dämpfe entstehen: Galilei: Il saggiatore, S. 84–86, 91, 97, 105, 112 f., 126, 233 f. Vgl. auch Galilei / Guiducci: Discorso delle comete, S. 110–192. Zu Grassi, Galilei und Guiducci vgl. Schechner Genuth: Comets, S. 97 f., 117 f.

115 Vgl. von Krusenstjern: Prodigienglaube, S. 63 f.

3. KRIEGSBERICHTE

1 Dieterich: Cometen Predigte, S. 7. Vgl. Daniel (Hg.): Codex Litvrgicvs, Bd. 2, Anhang, Tab. 1 A; Leppin: Antichrist, S. 151 f.

2 Hebenstreit: Cometen Fragstuck, S. 4, nennt als Datum der Erstsichtung den 24. November. Da er als Bürger einer protestantisch dominierten Reichsstadt den alten julianischen Kalender verwandte, ist der 4. Dezember gemeint. Der 2. Advent fiel nach altem Kalender auf den 6., nach neuem auf den 9. Dezember (Gindhart: Kometenjahr, S. 27).

3 Neben Dieterich siehe die Predigten von Christiani: Κομητηστοιχεῖον; Burckhardt: Cometen Predigt; Garth: Cometen Predigt; Herrenschmidt: Jesus; Lungwitz: CoMeta VerVs; Weber: Cometen Predigt; von Samson-Himmelstjerna: Cometen Predigt. Vgl. Gindhart: Kometenjahr, Kap. 2.2; von Zimmermann: Zwei Predigten.

4 Faulhaber: Fama, Bl. A 1r.

5 Dieterich: Cometen Predigte, S. 1 f.

6 Ebd., S. 33.

7 Ebd., S. 34.

8 Ebd., S. 2 f.

9 Vgl. Schechner Genuth: Comets, S. 38 f. Vgl. ferner Barthel / van Kooten (Hg.): Star of Bethlehem; Kidger: Star of Bethlehem.

10 Vgl. Armer: Friedenswahrung, S. 107 f.

11 Dieterich: Cometen Predigte, S. 7.

12 Zum Problem des Zuhörens und des Schlafes im Gottesdienst vgl. McDermott: Melodie of Heaven, S. 183–185; Hersche: Muße, S. 709 f.; Göttert: Geschichte der Stimme, S. 270 f.; Herzog: Geistliche Wohlredenheit, S. 22–25.

13 Dieterich: Cometen Predigte, S. 7 f.

14 Zu Dieterichs Selbstverständnis als eines alttestamentarischen Propheten vgl. Armer: Friedenswahrung, S. 108.

15 Heberle: Zeytregister, Bl. 5v.

16 Ebd., Bl. 85v, anlässlich von Dieterichs Tod am 22. 3. 1639.

17 Ebd., Bl. 64v. Vgl. Dieterich: Ulmische Dancksagungspredig[t]. Für Dieterichs Predigt zum Reformationsjubliäum von 1617 siehe unten Anm. 37.

18 Heberle: Zeytregister, Bl. 2v.

19 Ebd.

20 Für den Begriff der «Gemütsbewegung» siehe auch Köppen: Wunder. Vgl. ferner oben Kap. 2, Anm. 39.

21 Heberle: Zeytregister, Bl. 2v.

22 Ebd., Bl. 2r.

23 Zu autobiographischen Schreibanlässen vgl. aus sozialgeschichtlicher Perspektive Jancke: Autobiographie.

24 Dieterich: Cometen Predigte, S. 21. Dieterich referiert Herodot: Historien II, 82.2, wo die Praxis ägyptischer Vorzeichendeutung beschrieben wird.

25 Heberle: Zeytregister, Bl. 2v.

26 Ebd., Bl. 1r.

27 Zu Heberles retrospektivischem Schreibverfahren vgl. Laux: Anmerkungen; Zillhardt: Einleitung, S. 80 f.

28 Heberle: Zeytregister, Bl. 8v.

29 Dieterich: Cometen Predigte, S. 16.

30 Heberle: Zeytregister, Bl. 2r. Siehe auch Bl. 11r, 64v.

31 Zum Stellenwert von Augenzeugenschaft und Beobachtung in der Wissens- und Wissenschaftsgeschichte des 17. Jahrhunderts vgl. Krämer: Ein Zentaur. Zur Geschichte des Gerüchts vgl. Kerr / Walker (Hg.): Fama; Brokoff / Fohrmann / Pompe / Weingart (Hg.): Kommunikation; Neubauer: Fama; Hohkamp: Gerücht.

32 Heberle: Zeytregister, Bl. 8r. Siehe ferner Bl. 31r, 37r, 62r, 132v.

33 Zum Topos von Unbeschreiblichkeit und Unsagbarkeit vgl. Bähr: Furcht, Kap. 5.2; Benthien: Barockes Schweigen, Kap. IV.

34 Heberle: Zeytregister, Bl. 8r/v.

35 Ebd., Bl. 3r–8r.

36 Ebd., Bl. 8r.

37 Vgl. ebd. Heberle erwähnt lediglich, dass er sämtliche gehaltene Jubelpredigten besaß. Vgl. Dieterich: Jubel vnd Danckpredigten.

38 Heberle: Zeytregister, Bl. 8r. Zum Reformationsjubiläum vgl. Kaufmann: Dreißigjähriger Krieg, Kap. I.

39 Heberle: Zeytregister, Bl. 8v.

40 Ebd.

41 Vgl. Arndt: Der Dreißigjährige Krieg, S. 78–81.

42 Vgl. Parker: Global Crisis, Kap. I.1; Mauelshagen: Klimageschichte, S. 29–32 sowie Kap. V und VI; Behringer: Kulturgeschichte, S. 117–221; ders./Lehmann/Pfister (Hg.): Kulturelle Konsequenzen.

43 Siehe v.a. Heberle: Zeytregister, Bl. 9r, 10r, 11r, 12r/v, 17v–19r, 22r–27r, 61r/v, 64r/v, 70v, 79v–81r, 115v, 121r.

44 Ebd., Bl. 43v.

45 Ebd., Bl. 9r/v. Siehe ferner Bl. 24r.

46 Für bewaffneten Widerstand der Bauern gegen die Soldaten, in Eigeninitiative oder auf Befehl der Obrigkeit, siehe dagegen ebd., Bl. 111r, 116r/v.

47 Vgl. Demura: Flucht.

48 Heberle: Zeytregister, Bl. 58v.

49 Ebd., Bl. 57r.

50 Ebd., 59v–60r

51 Ebd., Bl. 57r.

52 Ebd., Bl. 60r.

53 Vgl. Koslofsky: Evening's Empire.

54 Heberle: Zeytregister, Bl. 60v.

55 Ebd., Bl. 133r.

56 Ebd., Bl. 2r, 31r, 62r. Dazu Bähr: Furcht, Kap. 5.2.

57 Vgl. Leutert: Geschichten vom Tod, S. 104 f.; Friedrich: Der lange Arm Roms?, S. 373. Für die «heißen Tränen» siehe Heberle: Zeytregister, Bl. 8v. Für deren Quantifizierung vgl. Cervinus: Wetterfelder Chronik, S. 56; Andreae: Autobiographie, Buch 4, S. 296/297, Buch 8, S. 152/153.

58 Heberle: Zeytregister, Bl. 132v.

59 Ebd., Bl. 133r.

60 Ebd., Bl. 170v.

61 Anderer Ansicht ist Laux: Anmerkungen, Abschnitt 19. Merzhäuser: Das ‹illiterate› Ich, Abschnitt 7, spürt hinter der «numerischen» Ordnung der Beschreibung eine «versteckte Subjektivität» von Heberles «eigener Erfahrung» (Abschnitt 15) der «Katastrophe» auf. Zum «Zählen und Rechnen» in der zeitgenössischen Geschichtsschreibung vgl. Repgen: Geschichtsschreibung, S. 3–19, zit. 17.

62 Heberle: Zeytregister, Bl. 8v.

63 Ebd., Bl. 39v.

64 Ebd., Bl. 40r.

65 Ebd., Bl. 135v–136v.

66 Siehe oben S. 12–17.

67 Happe: Chronicon, Teil I, Bl. 24v. Die Fehldatierung lässt sich nicht sicher erklären. Es ist nicht auszuschließen, dass sie sich auf den zweiten Kometen des Jahres bezieht, der am 11. November erstmals gesichtet wurde (vgl. Kronk: Cometography, S. 335–338) und den Happe dann womöglich vom darauffolgenden nicht unterscheiden konnte. Andererseits ist es sehr unwahrscheinlich, dass Happe Komet 1618 III mit bloßem Auge erkennen konnte (und dass er ein Teleskop besaß, ist es auch). Hätte er seine Information wiederum aus einer astronomischen Druckschrift bezogen, dann hätte er auch gewusst, dass er es mit zwei Kometen zu tun hatte. Und schließlich: Dass «9br» verschrieben ist für «10br» (also Dezember), scheidet ebenfalls aus, weil sich die korrekte Datumsangabe mit «etzliche Monath» beißen würde. So bleibt als plausibelste Erklärung nur die Ungenauigkeit einer späten Erinnerung, die das Vergangene – ungewollt, wie unterstellt werden darf – größer machte, als es eigentlich war.

68 Zu Happes Biographie vgl. Huschke: Die Happesche Chronik.

69 Happe: Chronicon, Teil I, Bl. 25v.

70 Ebd., Bl. 26r/v. Die Erzählung erinnert an die äsopische, von Luther nacherzählte Fabel von der Stadt- und der Feldmaus, in der ein sicheres Leben in Armut über ein furchterfülltes in Reichtum gestellt wird: Luther: Fabeln, S. 459 f.

71 Happe: Chronicon, Teil I, Bl. 26v.

72 Ebd.

73 Ebd., Teil I, Bl. 23r. Vgl. etwa Hager: Catholische Jubelpredig[t].

74 Happe: Chronicon, Teil I, Bl. 198v, 293r.

75 Vgl. Medick: Sondershausen.

76 Happe: Chronicon, Teil I, Bl. 422r–423r.

4. LEBENSENTSCHEIDUNGEN

1 Kothe: Chronik, S. 25 f., zit. 26.

2 Güntzer: Biechlin, Bl. 32v.

3 Ebd., Bl. 54r–55r.

4 Vgl. Schudt: Italienreisen, S. 145–155; Stannek: Konfessionalisierung; Wadauer: Tour; Nolde: Religion.

5 Vgl. Stagl: Geschichte der Neugier, S. 98–100.

6 Güntzer: Biechlin, Bl. 64r.

7 Zu Güntzers Selbstverständnis als «geistlichem Ritter» siehe ebd.,

Bl. 15v, 218r/v. Vgl. Sieber: Erlesenes Leid, S. 33–35. Im Allgemeinen vgl. Wang: «Miles Christianus»; Tschopp: Deutungsmuster, Kap. 2.1.1.4.

8 Güntzer: Biechlin, Bl. 57v.

9 Ebd., Bl. 57v–58r.

10 Ebd., Bl. 6ov.

11 Ebd., Bl. 57v–58r.

12 Ebd., Bl. 58v.

13 Welche Papststatue gemeint ist, ist unklar. Vgl. Brändle / Sieber: Kommentar zu Güntzer: Biechlin, S. 143, Anm. 425.

14 Güntzer: Biechlin, Bl. 61r.

15 Vgl. von Greyerz: Religion, S. 231 f.

16 Güntzer: Biechlin, Bl. 58r, 62v–63r.

17 Ebd., Bl. 63v.

18 Vgl. Seidel Menchi: Theorie; Wickersham: Rituals, Kap. 7.

19 Vgl. Bähr: Furcht, Kap. 5.1.

20 Vgl. Art. «Hungarica Febris», in: Zedler (Hg.): Universal Lexicon, Bd. 13, Sp. 1223–1227, hier 1224 f.

21 Güntzer: Biechlin, Bl. 57v. Zum Beichtzettel vgl. Hersche: Muße, S. 683–693.

22 Güntzer: Biechlin, Bl. 61v. Zu deutsch: «Du wirst geben» statt «Bitte für uns».

23 Ebd., Bl. 62r.

24 Ebd., Bl. 62r, 63r.

25 Zur Geschichte von Lüge, Täuschung und Verstellung vgl. Denery: The Devil, Teil 1; Stollberg-Rilinger: Einleitung; Snyder: Dissimulation; Conrad: «Frommer Betrug»; Benthien / Martus (Hg.): Kunst der Aufrichtigkeit; Geisenhanslüke: Aufrichtigkeit, S. 11–16; Zagorin: Ways of Lying.

26 Güntzer: Biechlin, Bl. 64r.

27 Ebd.

28 Gryphius: Threnen des Vatterlandes, in: Sonette, S. 48, 12–14.

29 Güntzer: Biechlin, Bl. 230r.

30 Ebd., Bl. 16v, 58v. Vgl. Friedrich: Die Jesuiten, S. 234–248; Bireley: The Jesuits; Hartmann: Die Jesuiten, Kap. III, V, VI.

31 Güntzer: Biechlin, Bl. 13or, 151v, 228v–230v.

32 Ebd., Bl. 230v, auch 27v.

33 Ebd., Bl. 230r. Zur Bartholomäusnacht vgl. Burschel: Das Heilige, insbes. S. 347–350. Zum frühneuzeitlichen Martyrium vgl. ders.: Sterben.

34 Calvin: Del fuggir le superstizioni. Vgl. Seidel Menchi: Theorie, S. 209.

35 Für Einzelheiten zum Vorangehenden siehe Bähr: Furcht, Kap. 4.4; ders.: Abgötterei stinkt.

36 Güntzer: Biechlin, zwischen Bl. 64v und 63[a]r.

37 Ebd., Bl. 64[a]r.

38 Siehe auch ebd., Bl. 52r, 61r. Zum frühneuzeitlichen Indien-Bild vgl. Dharampal-Frick: Indien.

39 Vgl. Brändle: Gemeiner Mann, S. 12.

40 Güntzer: Biechlin, Bl. 63[a]v.

41 Ebd., Bl. 2r.

42 Ebd., Bl. 64[a]v.

43 Ebd.

44 Ebd., Bl. 65r.

45 Ebd., Bl. 65v.

46 Vgl. Krebs: Handwerksbräuche, S. 181 f.

47 Güntzer: Biechlin, Bl. 14r-15v.

48 Ebd., Bl. 102v, 218v.

49 Für weitere Einzelheiten zu Güntzers Traumerzählungen siehe Bähr: Furcht, Kap. 6. Zu frühneuzeitlichen Traumdeutungen vgl. ferner Uhlig: Traum; Plane/Tuttle (Hg.): Dreams; Bähr: Spaces of Dreaming; Gantet: Der Traum; Schmidt/Weber (Hg.): Traum; Clark: Vanities, Kap. 9; Dieterle/Engel (Hg.): The Dream; Alt: Schlaf der Vernunft, S. 56–124; Leutert: Psychologisierung des Traumes.

50 Güntzer: Biechlin, Bl. 64[a]v.

51 Ebd., Bl. 32v, 38r-40r.

52 Vgl. Stagl: Neugier, S. 95, 97.

53 Güntzer: Biechlin, Bl. 68r.

54 Ebd., Bl. 80v.

55 Ebd., Bl. 78v-79v, zit. 78v.

56 Ebd., Bl. 79v.

57 Ebd., Bl. 80r-81v.

58 Ebd., Bl. 82r-83v.

59 Ebd., Bl. 94r-96r, zit. 94r.

60 Ebd., Bl. 100r-106r.

61 Ebd., Bl. 113r.

62 Vgl. Seebaß: Geschichte des Christentums, S. 231.

63 Güntzer: Biechlin, Bl. 114v.

64 Ebd., Bl. 116v-118r, zit. 117r-118r.

65 Ebd., Bl. 118r.

66 Ebd., Bl. 117v.
67 Kothe: Chronik, S. 26.
68 Güntzer: Biechlin, Bl. 130v, 132r.
69 Ebd., Bl. 135v.
70 Ebd., Bl. 146r/v.
71 Ebd., Bl. 147r.
72 Ebd., Bl. 152v–153r.

5. FELDSCHLACHTEN

1   Bürster: Beschreibung, S. 12.
2   Ebd.
3   Vgl. Aristoteles: Meteorologie, Buch I, Kap. 4–6.
4   Bürster: Beschreibung, S. 12.
5   Schickard: Beschreibung des Wunder Zaichens, S. 5 f., 17 f. Den Winterkometen hat Schickard 1619 in seiner unveröffentlichten, reich illustrierten *Cometen Beschreibung* thematisiert. Zur frühneuzeitlichen Deutung von Nordlichtern vgl. Schwegler: Vorzeichen, S. 54–59.
6   Bürster: Beschreibung, S. 12 f.
7   Ebd., S. 177.
8   Ebd., S. 262. Vgl. ferner die Auszüge aus Bürsters Chronik in Siwek (Hg.): Salem, S. 237–246.
9   Bürster: Beschreibung, S. 1–3.
10 Ebd., S. 3.
11 Dietwar: Leben, S. 61 f.
12 Vgl. Schwegler: Vorzeichen, S. 55.
13 Heberle: Zeytregister, Bl. 35v–36r.
14 Zu diesem Bild des Schwedenkönigs vgl. Kaufmann: Dreißigjähriger Krieg, Kap. II.8; Tschopp: Deutungsmuster, Kap. 2.1, insbes. S. 229–247; Zschoch: Größe.
15 Heberle: Zeytregister, Bl. 37r.
16 Ebd. Weitere Beschreibungen des Nordlichts finden sich in Happe: Chronicon, Teil I, Bl. 184v; Leopold: Haus-Chronik, S. 8; Ammon: Selbstbiographie, S. 298; Dietrich: Leben, Bd. 1, S. 84; Faigele: Chronik, in: Alt Füssen 1992, S. 131; Morhard: Haus-Chronik, S. 135.
17 Zur Zerstörung Magdeburgs vgl. v. a. Medick: Historisches Ereignis; Emich: Bilder; ferner Smith: Destruction of Magdeburg; Tschopp: Rhetorik; Burschel: Das Heilige, S. 354–357; Kaiser: Die ‹Magdeburgi-

sche Hochzeit›; ders.: Die Zerstörung Magdeburgs; ders.: «Excidium Magdeburgense»; Knauer: Die Eroberung Magdeburgs.

18 Vgl. Kaufmann: Ende der Reformation.

19 Bandhauer: Deutsches Tagebuch, S. 246.

20 Arndt: Der Dreißigjährige Krieg, S. 97.

21 Vgl. Burschel: Das Heilige, S. 354–357.

22 Hagendorf: Tagebuch, S. 41.

23 Vier Schreiben, Bl. A 3v.

24 Summarischer Extract, Bl. A 2r/v.

25 Vier Schreiben, Bl. A 4r.

26 Summarischer Extract, Bl. A 3r.

27 Vier Schreiben, Bl. A 3v.

28 Ebd., Bl. A 4r.

29 Gewisser vnd eigentlicher Bericht.

30 Zur *permissio Dei* und Calvins Bedenken gegen dieses Konzept vgl. Denery: The Devil, S. 64–66; Flasch: Der Teufel, S. 163–166; Dillinger: Hexen, S. 44.

31 Ausführliche und wahrhaffte Relation, S. 91.

32 Kurtzes Schreiben eines Hochansehnlichen Tyllischen Befelchshabers bey der Statt Magdenburg, datirt den 21. May 1631 an einen seiner Befreundten im Schwäbischen Crayß, zit. in Lahne: Zerstörung, S. 67.

33 Ausführliche und wahrhaffte Relation, S. 91.

34 So die Charakterisierung durch Sethus Heinrich Calvisius, durch den die *Relation* überliefert ist: Ebd., S. 72. Medick: Historisches Ereignis, S. 379, und Arndt: Der Dreißigjährige Krieg, S. 202, gehen davon aus, dass Bake in seiner Predigt die Verbindung mit den Schweden angemahnt habe. Dies lässt sich der Flugschrift, die die einzige bekannte Quelle für den fraglichen Gottesdienst darstellt, nicht entnehmen. Es würde zudem der Argumentationsfigur der nicht beachteten Warnung widersprechen; denn der wenig später erfolgte Anschluss an die Schweden ist ja für den Verfasser der Anlass der Klage.

35 Neuberger: Gedenck=Predigten, S. 51.

36 Steffan Neuwirdt: Memorial oder Gedenck undt Haus Register, Museumsbibliothek Eisleben, H 42, S. 142 f., zit. nach Medick: Historisches Ereignis, S. 393.

37 Für weitere Berichte siehe Ausführliche und wahrhaffte Relation, S. 92, und die Flugschrift *Prodigia Ominosa*.

38 Vgl. Rehfeld: Blut=Geschichte, S. 6–72; Quehl: Gewissens=Fragen, S. 36–45, zu Magdeburg S. 41. Vgl. Loth: Zornzeichen, S. 221–227.

39 Dies zeigen auch die in Anm. 38 genannten Texte.

40 Vgl. Schwegler: Vorzeichen, S. 12–20; Alzheimer-Haller: Volksaufklä-
    rung, S. 376.

41 Copey eines Schreibens, Bl. C 1r.

42 Ebd., Bl. C 3v–4r.

43 Ebd., Bl. C 1r.

44 Ebd., Bl. C 1r/v.

45 Ebd., Bl. C 1v. Zu Wundergeburten vgl. Daston/Park: Wunder,
    S. 205–252, 291–300. Zur Alamode-Kritik vgl. Landwehr: Gegenwart,
    S. 212–223.

46 Copey eines Schreibens, Bl. B 4r.

47 Theatrum Europæum, Bd. 2, S. 368, 372.

48 Lotichius: Elegia, zit. Bl. A 1v. Für Einzelheiten siehe Bähr: Retrospek-
    tive Prophetie.

49 Für eine Einordnung der Elegie in historische Darstellungen des Trau-
    eraffekts vgl. Lepper: Lamento, Kap. 5.B.3.

50 Lotichius: Elegia, Bl. A 2r – A 3r.

51 Abgesehen von der Gattung der Elegie griffen die Protestanten auf
    diese Allegorie vor allem nach ihrem Sieg bei Breitenfeld im September
    1631 zurück – und die Katholiken in erster Linie davor: Emich: Bilder,
    S. 213–220. Vgl. ferner Burschel: Das Heilige, S. 354–357; Rublack:
    Metze, S. 414–416.

52 Vgl. Emich: Bilder, S. 224–231.

53 Gewisser vnd eigentlicher Bericht, Bl. A 3r. Zu symbolischer religiöser
    Gewalt vgl. von Greyerz/Siebenhüner: Einleitung zu dies. (Hg.): Re-
    ligion und Gewalt, S. 17 f., sowie Sektion III dieses Sammelbandes.

54 Für Gewalthandlungen gegen steinerne Jungfrauenfiguren im Stadt-
    wappen vgl. Emich: Bilder, S. 228 f.

55 Prodigia Ominosa, Bl. A 2r/v.

56 Ebd., Bl. A 1r.

57 Im Text wird nicht gesagt, welche der zehn Jungfrauen beschädigt
    worden sein soll. Es kann jedoch nur eine der klugen gemeint sein.

58 Prodigia Ominosa, Bl. A 2r.

59 Vgl. Titus Livius: Ab urbe condita I, 57.6–59.13; Lucius Annaeus
    Seneca: De consolatione, § 16; Publius Ovidius Naso: Fasti II, 721 ff.

60 Augustinus: Vom Gottesstaat, I, 18–19, zit. 18.

61 Saguntina prosopopoeia weilandt der löblichen Anse- nun Anzwee
    Stadt Magdeborg, zit. nach Wittich: Magdeburg, Bd. 2/1, S. 15 f., hier
    15. Vgl. auch: Ein Liedlein, Bl. A 1v; Klägliches Beylager.

62 Spaignart: Fax Magdeburgica, Bl. C 3r/v; Minck: Chronik, S. 244.
   Zu Selbsttötungen vgl. ferner Gewisser vnd eigentlicher Bericht, Bl.
   A 2v; Gewisser vnd eigentlicher Bericht, von dem erbärmlichen vnd
   erschröcklichen Zustande, so sich den 12. May, dieses instehendes
   1631. Jahrs, mit der Stadt Magdeburg begeben, wie allda in die 6000.
   Fewerstädte, beneben in die achtzig oder neunzig Tausent Menschen,
   gantz erbärmlich vnd erschröcklich vmb jhr Leben kommen seyn ...,
   Zerbst 1631, zit. nach Lahne: Zerstörung, S. 118–122, hier 120; und
   für die katholische Seite: Vier Schreiben, Bl. A 3v. Anders als Emich:
   Bilder, S. 226–233, meint, führen daher die protestantischen Erzählungen an dieser Stelle nur bedingt die Hochzeitsallegorie auf (was freilich
   nicht heißt, dass sie als Tatsachenberichte zu lesen sind).

63 Gewisser vnd eigentlicher Bericht, Bl. A 4r.

64 Ein Brief vom 24. 5. 1631, den Wittich: Magdeburg, Bd. 1, S. 58 f., und
   Bd. 2/1, S. 7, zitiert, widerspricht dem zwar bezüglich des faktischen
   Geschehens; denn hier berichtet vermutlich ein Protestant, dass
   Magdeburg von Einwohnern und nicht von den Angreifern in Brand
   gesetzt worden sei. In der moralischen Bewertung jedoch unterscheidet
   sich der Schreiber nicht von den übrigen Quellen. Er berichtet mit
   kritischem Unterton, fern davon, die angebliche Brandstiftung zu be-
   grüßen.

65 Schiller: Geschichte, S. 520, 525.

66 Vgl. Medick: Historisches Ereignis, S. 388, 393 f.

67 Friese: Historischer Extract, S. 319.

68 Zu Altdorfers *Alexanderschlacht* vgl. Koselleck: Vergangene Zukunft,
   S. 17–19.

69 Heberle: Zeytregister, Bl. 39v, 41r/v.

70 Vgl. Demura: Flucht, S. 196–198.

71 Heberle: Zeytregister, Bl. 55r.

72 Ebd., Bl. 56r.

73 Ebd., Bl. 106r, 117r, 118r.

74 Ebd., Bl. 120r, 130v.

75 Ebd., Bl. 60v, siehe auch Bl. 62r, 65r/v.

76 Ebd., Bl. 69v.

77 Vgl. Demura: Flucht, S. 193–195.

78 Heberle: Zeytregister, Bl. 69v.

79 Ebd., Bl. 109v.

80 Zu Letzteren ebd., Bl. 87v, 92r.

81 Bürster: Beschreibung, S. 15.

82 Ebd., S. 18.

83 Ebd., S. 21. Siehe auch S. 45.

84 Ebd., S. 21.

85 Ebd., S. 43.

86 Für Literatur zur Sprache der Tränen siehe oben Kap. 2, Anm. 101.

87 Bürster: Beschreibung, S. 44.

88 Ebd.

89 Ebd., S. 45.

90 Birnau ist ein untergegangener Ort in der Nähe von Überlingen.

91 Bürster: Beschreibung, S. 49 f.

92 Ebd., S. 135.

93 Ebd., S. 28.

94 Ebd., S. 104 f.; ferner S. 96–99, 141. Zum Topos der Beraterkritik vgl. Tischer: Kriegsbegründungen, S. 114–116; Arndt: Der Dreißigjährige Krieg, S. 212.

95 Bürster: Beschreibung, S. 87.

96 Happe: Chronicon, Teil I, Bl. 457v. Siehe ferner Teil I, Bl. 456r, Teil II, Bl. 340v–341r, 454v.

97 Bürster: Beschreibung, S. 87.

98 Mengering: Kriegs=Belial, zum schwedischen Trunk, S. 658 f. Das Werk befand sich auch in Hans Heberles Bücherregal: Heberle: Zeytregister, Bl. 32v–33r.

99 Bürster: Beschreibung, S. 115 f. Zum Wuotisheer bei Bürster vgl. Lachmann: Sagen, S. 93 f., und zum frühneuzeitlichen Gespensterglauben Rieger: Der Teufel; Clark: Vanities, Kap. 6, sowie die einschlägigen Beiträge in: Baßler / Gruber / Wagner-Egelhaaf (Hg.): Gespenster, und Gantet / d'Almeida (Hg.): Gespenster.

100 Bürster: Beschreibung, S. 114.

101 Ebd.

102 Happe: Chronicon, Teil I, Bl. 371v–372r, 377v, 384r.

6. VISIONEN

1 Für Nachweise siehe Stolzenberg: Egyptian Oedipus, S. 11.

2 Kircher: Vita, S. 13.

3 Vgl. Cunz: Gottes Freund; Bessin: Rhetorik des Krieges, S. 158.

4 Vgl. Friedrich: Die Jesuiten, S. 245 f.

5 Kircher: Vita, S. 19–21. Für Einzelheiten siehe Bähr: Furcht, Kap. 3. 7.

6 Kircher: Vita, S. 25.

7 Vgl. Fletcher: Study, S. 21, 371; Spee: Cautio Criminalis.

8 Kircher: Vita, S. 25–27.

9 Ebd., S. 25 f.; Schott: Physica curiosa, S. 218. Schott datiert die Erscheinung nicht auf das Frühjahr, sondern erst auf den September: auf die Zeit um die Schlacht bei Breitenfeld. Ihrem göttlichen Charakter tat dies in seinen Augen jedoch keinen Abbruch: Auch bei Schott ist Kirchers Vision mehr als eine Reaktion auf schlechte Nachrichten aus Leipzig.

10 Kircher: Vita, S. 26 f. Vgl. Fletcher: Study, S. 23 f.

11 Vgl. ebd.; Bergerhausen: Würzburg, S. 11 f.; Fabian (Hg.): Handbuch deutscher historischer Buchbestände in Europa, Bd. 7.1, 1.4, 1.6, 2104. Ein Teil der literarischen Kriegsbeute wurde darüber hinaus nach Weimar und später nach Gotha gebracht, von Herzog Ernst I. (dem «Frommen»), der an der Eroberung Würzburgs beteiligt gewesen war und den sein Bruder Bernhard von Weimar 1633 zum Statthalter des neu gebildeten Herzogtums Franken ernannte, das ihm von Gustav Adolf übertragen worden war. Ohne Ernsts bibliophile Raubzüge wäre die Buch-, Handschriften- und Kuriositätensammlung auf Schloss Friedenstein nicht das, was sie ist. Vgl. Fabian (Hg.): Handbuch der historischen Buchbestände in Deutschland, Bd. 19, 1.1, 2154; Walde: Die Herzogliche Bibliothek.

12 Vgl. Arndt: Der Dreißigjährige Krieg, S. 74–76; Friedrich: Die Jesuiten, S. 313.

13 Kircher: Vita, S. 27.

14 Für den zitierten Begriff siehe Schott: Physica curiosa, S. 218.

15 Vgl. Schott: Thaumaturgus Physicus, S. 578.

16 Kircher: Vita, S. 26 f.

17 Vgl. von Stuckrad: Astrologie, S. 249–252; Fried: Dies irae, S. 189; Gantet: Der Traum, S. 106 f.; Clark: Untergang, S. 454.

18 Kircher: Vita, S. 27. Vgl. von Stuckrad: Astrologie, S. 250. Für Kirchers eigene Kritik an illegitimen astrologischen Praktiken siehe Kircher: Œdipvs Ægyptiacvs, Bd. 2, Teil 2, S. 140 f.; ders.: Ars magna lucis, S. 43–52. Vgl. Stolzenberg: The Connoisseur, S. 51–53.

19 Siehe Schott: Thaumaturgus physicus, S. 564–582.

20 Vgl. von Stuckrad: Astrologie, S. 251 f.

21 Für Traumprophetien im Dreißigjährigen Krieg siehe etwa Reichard: Etzliche sehr Nachdenckliche Visionen; ders.: Etzliche Wahrhafftige/ Wunderliche vnd sehr hohe Nachdenckliche Visionen. Vgl. dazu

Schmidt: Träume. Ferner vgl. Weiß: Traumglaube; Schmidt-Hannisa: Göttliche Gesichte; Gantet: Politique; Sabean: Das zweischneidige Schwert, Kap. 2; Dürr: Prophetie; dies.: Laienprophetien; Bähr: Retrospektive Prophetie; Theibault: Jeremiah; Barnes: Prophecy.

22 Hobbes: Leviathan, S. 331–333; Spinoza: Theologisch-politischer Traktat, Bd. 2, S. 278 f.

23 Dieterich: Traum Discurß.

24 Kircher: Vita, S. 26.

25 Vgl. Schott: Physica curiosa, S. 224 f. Zu Schott vgl. Clark: Vanities, S. 217–219.

26 Vgl. Ignatius von Loyola: Geistliche Übungen, Nr. 313–336.

27 Zu den Ereignissen vgl. Sicken: Dreißigjähriger Krieg, S. 107–114; Wagner: Würzburg unter schwedischer Herrschaft; Bergerhausen: Würzburg, S. 7 f.; Schäfer: Geschichte Würzburgs, S. 94–96; Engerisser: Von Kronach nach Nördlingen, S. 21–25.

28 Zeeh/Belfrage (Hg.): Dagbok, S. 30 f.; Monro: Expedition, Teil 2, S. 78–81; Teitt: Kriegszüge, Bl. 6r. Vgl. Wilson: Europe's Tragedy, S. 477.

29 Watts: The Swedish Intelligencer, S. 10–15, zit. 14: *And now began the execution; and now the conquered begin to cry for* Quarter: *but the enraged* Swedens *yet in the heat of bloud, bid them looke for no other Quarter, then what the Protestants found at* Magdenburg. *All that resisted, suffered.*

30 Ebd., S. 15. – Zum «Magdeburgisieren» vgl. Medick: Historisches Ereignis, S. 396 f.

31 Junius: Verzeignuß, S. 18.

32 Watts: The Swedish Intelligencer, S. 15.

33 Junius: Verzeignuß, S. 18; Watts: The Swedish Intelligencer, S. 15.

34 Junius: Verzeignuß, S. 18.

35 Die schwedischen Okkupanten leisteten keinen aktiven Beitrag zur Abschaffung des Hexenbrennens. Ihre Präsenz scheint lediglich dessen Wiederaufnahme behindert zu haben, nachdem das Reichskammergericht zu Speyer 1629 dem «Hexenbischof» Philipp Adolf von Ehrenberg die Fortsetzung der Prozesse wegen Verfahrensmängeln untersagt hatte – und der Bischof im Juli 1631 verstorben war. Vgl. Drüppel: Hexenprozesse, S. 502–504.

36 Junius: Verzeignuß, S. 118 f., 222, zit. 118.

37 Morin: Astrologia Gallica, S. 494; Wallin: De Gladio magico; Glafey: De gladio; Arckenholtz: Mémoires, S. 210 f.; Art. «Gustauus Adolphus, derer Schweden, Gothen und Wenden König», in: Zedler (Hg.):

Universal Lexicon, Bd. 1, S. 1441–1448. Für Einzelheiten siehe Bähr: Magical Swords.

38 Zur Höhe der Kontributionen siehe Wilson: Europe's Tragedy, S. 482.

39 Heberle: Zeytregister, Bl. 35v. Siehe oben S. 122.

40 Bayerische Staatsbibliothek München, Cgm. 3313, zum 18. 1. 1635, zit. nach Roeck: Eine Stadt, S. 18.

41 Jakob Wagner: Chronik, Stadtarchiv Augsburg, Chroniken Nr. 27a, S. 198 (zum 16. 1. 1635), zit. nach Roeck: Eine Stadt, S. 17.

42 Friesenegger: Tagebuch, S. 57. Ähnliches berichtet Heberle von der Belagerung Breisachs durch Bernhard von Weimar 1638: Heberle: Zeytregister, Bl. 80r–81r.

43 Vgl. Roeck: Eine Stadt, S. 18 und 438 (mit weiteren Quellen). Zum topischen und metaphorischen Charakter von Anthropophagieberichten vgl. Fulda: Gewalt; ders.: Hungeranthropophagie; Beise: Der Ausnahmefall; Price: Consuming Passions.

44 Zur semantischen und etymologischen Verbindung von Enge und Angst in der belagerten Stadt siehe Bähr: Furcht, Kap. 5. 3.

45 Stadtarchiv Augsburg, Chroniken 20, Bl. 327 f., zit. nach: Roeck: Eine Stadt, S. 523; Ehinger: Judicium Astrologicum, Bl. B 2r. Siehe auch ders.: Cometen Historia; ders.: Kurtzes Bedencken. Zu Ehinger vgl. Gindhart: Kometenjahr, S. 124–130.

46 Vgl. Roeck: Geschichte Augsburgs, S. 203.

47 Siehe oben Kap. 4.

48 Für Einzelheiten siehe Bähr: Furcht, Kap. 4.

49 Happe: Chronicon, Teil I, Bl. 11r.

50 Ebd., Teil II, Bl. 166v–167r, 168v.

51 Ebd., Teil II, Bl. 171r/v.

52 Ebd., Teil II, Bl. 171v–174r.

53 Ebd., Teil II, Bl. 174r–176v.

54 Ebd., Teil II, Bl. 177v–178v. Zum «guten Tod» vgl. von Krusenstjern: Seliges Sterben; Leutert: Geschichten vom Tod.

55 Happe: Chronicon, Teil II, Bl. 178v.

56 Staiger: Verzaichnus, Bl. 80 f., 357.

57 Vgl. Asmussen: Scientia Kircheriana; Waddell: Jesuit Science; Stolzenberg: Egyptian Oedipus; ders. (Hg.): The Great Art; Asmussen/Burkart/Rößler: Theatrum Kircherianum; Leinkauf: Mundus combinatus; Findlen (Hg.): Athanasius Kircher.

58 Kircher: Mundus subterraneus, Bd. 1, Kap. 2 und 3 der 1. Vorrede,

zit. Kap. 3 [S. 1]. Vgl. Richter: Der Vesuv, S. 74 f., 124–126; Cocco: Watching Vesuvius, Kap. 5; Rowland: From Pompeii, insbes. Kap. 3. Zur Geschichte italienischer Erdbeben im 17. Jahrhundert vgl. ferner Mehlin: Gestörte Formation.

59 Opitz: Vesuvius, S. 81 f.; Die FeurEyferige Zorn Ruthe, Bl. E 2r, F 1r, G 4r/v. Vgl. Richter: Der Vesuv, S. 67–70.

60 Heberle: Zeytregister, Bl. 74v. Vgl. Relationis Historicæ Semestralis Continuatio 1638, S. 22, 43; Theatrum Europæum, Bd. 3, S. 933. Die beiden Texte wissen von fünfzig- bis sechzigtausend Todesopfern zu berichten. John Glassie dagegen spricht – ohne Nachweis – von etwa zehntausend Toten: Glassie: Der letzte Mann, S. 115.

61 Heberle: Zeytregister, Bl. 76r–77r. Vgl. die Berichte in der Relationis Historicæ Semestralis Continuatio 1638, S. 43 f., und in der Chronik des Benediktinermönchs Johannes Bozenhart (S. 249).

62 Heberle: Zeytregister, Bl. 76r–77r.

63 Ebd., Bl. 8r. Siehe oben S. 80.

64 Heberle: Zeytregister, Bl. 68r–69v.

65 Vgl. Schwegler: Vorzeichen, S. 12–20; Alzheimer-Haller: Volksaufklärung, S. 376.

66 Heberle: Zeytregister, Bl. 95v.

67 Ebd., Bl. 98r/v. Vgl. Historia Teutscher Händel, S. 290; Teutschlieb: Kriegs- und Friedens-Post, S. 175; Relationis Historicæ Semestralis Continuatio 1642/43, S. 86 f.

68 Bürster: Beschreibung, S. 146.

69 Heberle: Zeytregister, Bl. 106v.

70 Athanasius Kircher an Paganino Gaudenzi, 4. 5. 1647, BAV Urb. lat. 1629, Bl. 457r.

71 Kircher: Vita, S. 4 f., 12, 19.

72 Athanasius Kircher an Cyprian Kinner, 7. 11. 1648 [sic]. Der Brief ist nicht im Original, sondern in Abschriften von zweiter und dritter Hand überliefert: HAB BA Nr. 350.1, Bl. 1r/v, und Cod. Guelf. 10.5 Aug. 2°, Bl. 207r–208r, hier 207r/v. Die zweite Kopie ist ediert in van Dülmen: Ein unbekannter Brief, S. 143–145 (zu Modanesi: S. 144). Die Jahreszahl ist vermutlich verschrieben für 1647, da Kircher hier auf eine Anfrage Kinners vom 16. 9. 1647 antwortet (APUG 557, Bl. 237r–238v, hier 237r). Zudem nimmt er in einem Brief vom Februar 1648 auf Modanesi keinen Bezug: Athanasius Kircher an Cyprian Kinner, 20. 2. 1648, zit. in: Cyprian Kinner an Samuel Hartlib, 16. 4. 1648, in: The Hartlib Papers, ULSh 1/33, Bl. 26A–31B.

73 Kircher an Gaudenzi, 4. 5. 1647, Bl. 457r: *ita sæculum hoc omni monstrorum genere ferax est. De Germania sapientes mole ominantur, et timent formidabilem rerum catastrophen.* Zur Begriffsgeschichte der ‹Katastrophe› vgl. Trempler: Katastrophen, S. 7–8; Walter: Katastrophen, S. 16–19, 144; O'Dea: Le mot ‹catastrophe›; Groh / Kempe / Mauelshagen: Einleitung, S. 16–19.

74 Den weiteren Fortgang der Geschichte berichtet Kircher, neben dem Brief an Kinner, in Kircher: Responsoria, S. 40 f. (Für den im Wortlaut vielfach abweichenden Entwurf dieses Schreibens siehe Athanasius Kircher an Quirinus Kuhlmann, 15. 6. 1672, APUG 565, Bl. 16r–17r.) Vgl. ferner Gigli: Diario, Bd. 2, S. 499 f., 592, dt. in: Hocke: Tagebücher, S. 608–611.

75 Kircher an Gaudenzi, 4. 5. 1647, Bl. 457r. Wörtlich heißt es: «vor einer Ilias von drohenden Übeln». Die im 17. Jahrhundert gern gebrauchte Wendung geht auf Cicero: Ad Atticum VIII, 11.3, zurück.

76 Zur Rolle der Jesuiten im Dreißigjährigen Krieg vgl. Bireley: The Jesuits; ders.: Jesuiten.

77 Kircher an Kinner, 20. 2. 1648, Bl. 31B.

78 Für weitere Einzelheiten zu Kirchers Person siehe Bähr: Die Waffen.

79 Neben der in Kap. 1, Anm. 36, genannten Literatur zum Dreißigjährigen Krieg vgl. Duchhardt: 1648; Westphal: Der Westfälische Frieden; Croxton: Westphalia; Stollberg-Rilinger: Das Heilige Römische Reich, S. 82 f.; Bußmann / Schilling (Hg.): 1648; Duchhardt (Hg.): Der Westfälische Friede.

80 Petrucci: Fisiologia nvova, S. 8.

81 Kircher: Iter Cometæ: *Ad effectus quod attinet, quid dicam, non habeo, cum quid eo divina portendat præscientia, nostrum non sit curiosius disputare. Tempus docebit, ut ille ait, non vanum fuisse Divum mortalibus omen.* Siehe auch Kircher: Iter Extaticum Coeleste, S. 224–235, insbes. 225 (*cometa dirum mortalibus omen*) und 231 (Vergleich mit dem Kometen von 1618). Die Natürlichkeit von Kometen wird ferner betont in: Kircher: Natürliche und Medicinalische Durchgründung, S. 110–117.

82 Vgl. Esch: Lebenswelt, S. 56–60.

83 Kircher: Vita, S. 9–12.

84 Bernhard Ignaz von Martinitz an Athanasius Kircher, 25. 7. und 18. 9. 1665, APUG 555, Bl. 143r–145r. Siehe auch Carlo Cala an Athanasius Kircher, 21. 3. 1665, APUG 555, Bl. 205r. Mit der Kometenschrift ist vermutlich Petruccis *Fisiologia nvova* gemeint. Vgl. Lubieniecki: Theatrum Cometicum, S. 757.

7. FRIEDEN

1 Güntzer: Biechlin, Bl. 199v–200v.
2 Ebd., Bl. 195v.
3 Ebd., Bl. 196v.
4 Ebd., Bl. 194r.
5 Ebd., Bl. 194v–195r.
6 Ebd., Bl. 195r.
7 Ebd., Bl. 156r.
8 Mossmann: Matériaux, S. 364.
9 Vgl. Rublack: Metze; Loetz: Sexualisierte Gewalt, Kap. 2. 4.
10 Vgl. Lorenz: Das Rad der Gewalt.
11 Güntzer: Biechlin, Bl. 203v.
12 Ebd., Bl. 203r/v, 205r.
13 Ebd., Bl. 205r.
14 Ebd., Bl. 216v.
15 Vgl. Kroener: Der «Zweiunddreißigjährige Krieg».
16 Vgl. ebd., S. 67.
17 Della Porta: Magiæ Natvralis, S. 289; ders.: Taumatologia, S. 121 f.; Kircher: Magnes, S. 285–291. Vgl. Strasser: Magia naturalis. Zur Verbreitung der Friedensnachricht vgl. Behringer: Im Zeichen des Merkur; ders.: Raum-Zeit-Relation.
18 Summarische Chronick (1650, noch im selben Jahr erneut aufgelegt in Köln).
19 Güntzer: Biechlin, Bl. 223r–227r, zit. 224r/v.
20 Ebd., Bl. 226r–228r, zit. 228r.
21 Vgl. ebd., Bl. 214v.
22 Ebd., Bl. 200r.
23 Ebd.
24 Rese: Tagebuch, S. 12.
25 Kothe: Chronik, S. 25 f.
26 Von dem Dreyssigjährigen Teutschen=Kriege. Eine englische Übertragung dieses Textes findet sich in: The Moderate Intelligencer 202 (25. Januar – 1. Februar 1649). Siehe ferner Winckelmann: Oldenburgische ... Kriegs=Handlungen, S. 113; von Ziegler und Kliphausen: Täglicher Schau-Platz, S. 242.
27 Dietwar: Leben, S. 25. Siehe ferner Bösch: Liber familiarium, S. 115 f.: «Anno 1618, in welchem jahr ich gebohren worden, gegen ußgang dißes jahrs, stund an dem himmel ein fuhriger erschrokenlicher Co-

metsternen mit einer langen großen ruthen oder schweiff, der ohne zwyfel die erschrokenliche grußame daruf erfolgte straff deß Kriegs, so in die 30 jahr lang über Teütschland erfolget, gethreüwt und vorbedeütet hat.» Und Minck: Bieberauer Chronik, S. 238: «Mense Septembri [1618], ist ein erschröcklicher Comet viel Nacht nacheinander gesehen worden in Gestalt eines großen Sterns mit einer langen Ruten oder Strahl, in die 10 oder mehr Schuch lang anzusehen. Was solcher bedrohet, werden folgende Strafhistorien, in folgenden 30 Jahren vorgangen, ausweisen.»

28 Vgl. Kaufmann: Dreißigjähriger Krieg, Kap. IV.2; Landwehr: Gegenwart, S. 311 f.

29 Vgl. Repgen: Seit wann gibt es den Begriff; ders.: Noch einmal zum Begriff; ders.: Geschichtsschreibung, S. 6 f. und Anhang I, wiederabgedruckt in: ders.: Dreißigjähriger Krieg; Medick / von Krusenstjern: Einleitung, S. 13, 30.

30 Vgl. Kroener: Der «Zweiunddreißigjährige Krieg».

31 Heberle: Zeytregister, Bl. 134r.

32 Ebd., Bl. 134v

33 Ebd., Bl. 135r.

34 Ebd., Bl. 141r–144r. Für die Einrichtung der Gebetsstunde siehe ebd., Bl. 33r, und zu ihrem Verlauf: Bett Stundt.

35 Heberle: Zeytregister, Bl. 170v.

36 Ebd., Bl. 132v–133r. Siehe oben Kap. 3.

37 Für den Begriff «Zweiunddreißigjähriger Krieg» in kursächsischen Chroniken siehe Keller: Der Westfälische Friede, S. 667.

38 Torberg: Tante Jolesch, S. 192.

39 Dobis: Der Erzherzog, S. 103.

40 Pfaller: Das trügerische Bild, S. 50 f.

41 Neuheuser: Consideratio, S. 17.

8. NACHLEBEN

1 Crusius: Methusalah, S. 80–109, zit. 93, ediert in: Crusius: Methusalah, hg. v. Ernst, S. 57–73, zit. 64.

2 Merton: Self-Fulfilling Prophecy.

3 Schiller: Wallensteins Lager, 504–513. Das Werk wurde 1798 uraufgeführt und 1800 gedruckt.

4 Ebd., 524–528.

5 Siehe auch Schiller: Geschichte. Vgl. Medick/von Krusenstjern: Einleitung, S. 14 f.

6 Huch: Der große Krieg.

7 Zu den erinnerungspolitischen Auseinandersetzungen des 19. Jahrhunderts vgl. Wald: Gesichter; Sack: Der Krieg; Cramer: The Thirty Years' War.

8 Vgl. Anderson: Against Modernity; Dane: Geschichtsdeutung; Wald: Gesichter, S. 456–463.

9 Laut Bünger: Matthias Bernegger, S. 77, ist Berneggers persönliche Turmbesteigung anlässlich des Kometen historisch verbürgt. Einen Quellenbeleg bleibt Bünger jedoch schuldig. Bisher ließ sich die Aussage nicht verifizieren. Gleiches gilt für weitere Einzelheiten von Huchs literarischer Ausgestaltung der Geschichte.

10 Huch: Vorspiel, S. 280–285. Zu Faulhaber siehe oben Kap. 2.

11 Huch: Vorspiel, S. 303 f., zit. 303.

12 Ebd., S. 281.

13 Ebd., S. 273 f.

14 Und konnte, glaubt man Volkmar Happe, «nunmehr erfahren», ob er zum «Blutvergießen [in seinen Ländern] Uhrsach geben oder nicht»: Happe: Chronicon, Teil I, Bl. 25r.

15 Vgl. Rehlinghaus: Semantik, Kap. 4. 2.

16 Der Begriff wurde geprägt von Kennan: Decline, S. 3.

17 Hobsbawm: Zeitalter, S. 38.

18 Mit Kershaw: Europe's Second Thirty Years War, und Stern: Der zweite Dreißigjährige Krieg.

19 Burkhardt: Deutsche Geschichte, Kap. 7.

20 Schiller: Geschichte, S. 520.

21 Für astronomische Einzelheiten vgl. Kronk: Cometography, S. 275–286.

22 Kronfeld: Der Krieg, S. 153 f.

23 Ebd., S. 148, 152.

24 Ebd., S. 21.

25 Ebd., S. 8. Für weitere Prophezeiungen des Ersten Weltkrieges vgl. Peuckert: Weltkriegs-Weissagung.

26 Kronfeld: Krieg, S. 7.

27 Ebd., S. 9 f.

28 Ebd., Kap. 4. Für die Bezeichnung «Kriegskomet» siehe S. 7.

29 Ebd., S. 151.

30 Vgl. Garth: Cometen Predigt, Bl. C IV; Lungwitz: CoMeta VerVs, Bl. B 2r. Der Hinweis auf Sodom und Gomorrha findet sich auch bei

Huch: Vorspiel, S. 283. Güntzer: Biechlin, Bl. 200r, zitiert das Schicksal der Städte Adma und Zeboïm (Hos 11, 8).

31 Kronfeld: Krieg, S. 151.

32 Die Postkarte befindet sich im Privatbesitz von Dr. Helmut Baier (Nürnberg), dem ich herzlich dafür danke, dass er sie mir zur Verfügung gestellt hat. – Für religiös grundierte Feldpostkarten vgl. Alzheimer (Hg.): Glaubenssache.

33 Siehe insbes. Goethe: Wo man mir Guts erzeigt überall, in: Sämtliche Werke, Bd. 3.1, S. 597–600.

34 Vgl. Stegemann: Komet, Sp. 169; Lauffer: Der Komet, S. 14, 30f.

35 Für die Kometenbeobachtung siehe Goethe: Tagebücher, 7. und 10.9.1811, in: Sämtliche Werke, Bd. 33, S. 700f.; Johann Wolfgang Goethe an Bernhard August von Lindenau, 20.10.1811, in: ebd., S. 706f.; ders.: Tag= und Jahres=Hefte, S. 68. Die Verspottung der Kometen-Propheten findet sich im Gedicht *Tritt, in recht vollem klaren Schein* (1820), in: Sämtliche Werke, Bd. 2, S. 547f.

36 Kronfeld: Krieg, S. 152.

37 Ebd., S. 148.

38 Willnitz: Seitengewehr, S. 109. Weitere Beobachtungen des Kometen werden S. 78 und 91 erwähnt.

39 Ebd., S. 109.

40 Über das Folgende hinaus siehe Vollbehr: Kriegsbilder-Tagebuch, S. 43.

41 Franz Marc an Maria Marc, 13.10.1914, in: Marc: Briefe, S. 29f., hier 29.

42 Illies: 1913.

43 Vgl. Mares/Schott (Hg.): Das Jahr 1913. Für zeitgenössische Selbstbeschreibungen dieses Jahres siehe Sarason (Hg.): Das Jahr 1913.

44 Vgl. Franz Marc an Maria Marc, 24.12.1914, in: Marc: Briefe, S. 52–54, hier 52. Dieser Selbstbeschreibung widerspricht (ohne sie zu erwähnen) Schoeller: Franz Marc, S. 298f. Anders dagegen Roßbeck: Franz Marc, S. 241; Münkler: Der Große Krieg, S. 239.

45 Franz Marc an Maria Marc, 12.9.1914, in: Marc: Briefe, S. 21f., hier 21.

46 Franz Marc an Maria Marc, 9.10.1915, in: ebd., S. 113f., hier 113.

47 Franz Marc an Elisabeth Macke, 5.10.1915, in: Macke/Marc: Briefwechsel, S. 216f. Siehe auch Bruendel: Jahre ohne Sommer, S. 96.

48 Zu Marcs Kriegszeit insgesamt vgl. Schoeller: Franz Marc, Kap. 9–11; Roßbeck: Franz Marc, S. 241–282.

49 Franz Marc an Maria Marc, 4.3.1916, in: Marc: Briefe, S. 166.

50 Franz Marc an Maria Marc, 22.9.1914, in: ebd., S. 22.

51 Franz Marc an Maria Marc, 27.11.1915, in: ebd., S. 129f., hier 130; Franz Marc an Maria Marc, 2.12.1915, in: ebd., S. 132–136, hier 132f.

52 Lorenz Treplin an Anna Treplin, 25.9.1914, in: Gudehus-Schomerus/Recker/Riverein (Hg.): Kriegsbriefe, Nr. 38, S. 90–92, hier 90f.

53 Treplin: Kriegstagebuch, 25.9.1914: «Bei schönem Wetter in Nampcel. Der Ritt gestern Nacht war im Anblick des unter dem Gr. Bären stehenden Kometen sehr schön.» Das Tagebuch befindet sich im Privatbesitz von Treplins Enkelin Dr. Heilwig Gudehus-Schomerus (Hamburg), der ich herzlich dafür danke, dass sie mir das Original zur Verfügung gestellt hat. – Die Schönheit des Kometen betont auch der Altphilologe und Leutnant Paul Ludwig in einem Brief an seine Mutter Friederike Ludwig, verfasst im lothringischen Bourdonnaye am 27.9.1914, in: Ludwig: Der Erste Weltkrieg, Nr. 34, S. 43: «Das Nachtwachen ist nicht so schlimm u. von den […] hier nichts Neues. Also darfst Du Dich deshalb vorerst noch beruhigen – denn die Kälte hat auch wieder nachgelassen u. bei sternklaren Nächten läßt sich der Kriegskomet schön beobachten.» Siehe ferner Sparr (Hg.): Feldpostbriefe, S. 102; Unsere Welt 6/12 (1914), S. 649.

54 Lorenz Treplin an Anna Treplin, 10.9.1914, in: Gudehus-Schomerus/Recker/Riverein (Hg.): Kriegsbriefe, Nr. 24, S. 74; Lorenz Treplin an Anna Treplin, 14.9.1914, in: ebd., Nr. 28, S. 78f., hier 78. Vgl. auch Lorenz Treplin an Anna Treplin, 5.10.1914, in: ebd., Nr. 48, S. 102f., hier 103.

55 Lorenz Treplin an Anna Treplin, 16.8.1914, in: ebd., Nr. 11, S. 57f., hier 58.

56 Treplin an Anna Treplin, 14.9.1914, S. 78.

57 Treplin an Anna Treplin, 10.9.1914, S. 74.

58 Treplin an Anna Treplin, 25.9.1914, S. 91.

59 Treplin an Anna Treplin, 10.9.1914, S. 74.

60 Zwei Jahre später, in Villers-au-Flos, artikulierte Treplin sein «Grauen ob der unendlich vielen geopferten Menschenleben», das ihn überkam, wenn er «über das chirurgisch-sportliche» seiner Tätigkeit hinaussah: Lorenz Treplin an Anna Treplin, 2.7.1916, in: Gudehus-Schomerus/Recker/Riverein (Hg.): Kriegsbriefe, Nr. 374, S. 511f., hier 511.

61 Benndorf: Deutscher Kampf, S. 57.

62 Und die Satire holte den Kometen dann wieder auf die Erde herunter: Schulz-Besser: Der Weltkrieg, S. 327f.: «Wie Tiere, die man aus langer Gefangenschaft entlassen hat, nach Beute gierig, spähten die ungeheuren Schlünde in die Ferne. Dann brüllten sie auf, daß der Luft-

raum zusammenzukrachen schien, ein Feuerball, wie ein Komet mit blutrotem Schweif, sauste durch die Luft, die Panzertürme barsten und die Mauern aus Stahl und Beton waren überhaupt nicht mehr da. … Was sind die blutigen Kometen, die in sagenhaften Zeiten den Krieg verkündeten, gegen die brennenden Gase des Geschosses, das die Luft durchsaust! Die 42-Zentimeter-Granate war der Kriegskomet des Jahres 1914! Nun staunt die Welt.»

63 Anders als für Grötzinger: Der Erste Weltkrieg, S. 166–169.

64 Benndorf: Tagebuchblätter, 19. 9. 1914 und 3. 1. 1915.

65 Vgl. Fried: Dies irae, S. 217 f.; Bölsche: Komet; Archenhold: Kometen; Fritze (Hg.): Der Halleysche Komet.

66 Zit. nach de Mendelssohn: Der Zauberer, S. 1586.

67 Ebd.

68 Mann: Gladius Dei.

69 Vgl. Kronk: Cometography, S. 285 f.

70 Zit. nach de Mendelssohn: Der Zauberer, S. 1587.

71 Mann: Gedanken im Kriege; ders.: Gute Feldpost.

72 Vgl. Leonhard: Büchse der Pandora, insbes. S. 9 f., 245 f., 417–419, 765, 879–881 sowie Kap. III.8; Münkler: Der Große Krieg, Kap. 3. Für weitere Neuerscheinungen zum Ersten Weltkrieg siehe v. a. Bendikowski: 1914; Clark: Schlafwandler; Kershaw: Höllensturz.

73 Vgl. Vondung: Apokalypse, S. 360–377.

LITERATUR

ABKÜRZUNGEN

APUG Archivum Pontificiae Universitatis Gregorianae, Rom
BAV Biblioteca Apostolica Vaticana, Rom
EdN Enzyklopädie der Neuzeit, im Auftrag des Kulturwissenschaft-
lichen Instituts (Essen) und in Verbindung mit den Fachwissen-
schaftlern hg. v. Friedrich Jaeger, Stuttgart/Weimar 2005–2012
HAB Herzog August Bibliothek Wolfenbüttel
HDA Handwörterbuch des deutschen Aberglaubens, hg. v. Hanns
Bächtold-Stäubli, unter Mitw. v. Eduard Hofmann-Krayer, 3.,
unveränd. Aufl. mit einem neuen Vorw. v. Christoph Daxel-
müller, Berlin/New York 2000
KGW Johannes Kepler: Gesammelte Werke, im Auftrag der Bayeri-
schen Akademie der Wissenschaften hg. v. der Kepler-Kommis-
sion, München 1937 ff.
SLUB Sächsische Landes- und Universitätsbibliothek Dresden
ULSh The University Library, Sheffield
WLB Württembergische Landesbibliothek Stuttgart

UNGEDRUCKTE QUELLEN

Benndorf, Friedrich Kurt: Tagebuchblätter 1909–1921, SLUB Mscr. Dresd.
App. 1387, A III 7–8.
[Kircher, Athanasius:] Commentariolus de vitâ et rebus gestis P. Athanasii
Kircheri e Societate Jesu ab ipsomet compositus, APUG 830, S. 1–52.
Schickard, Wilhelm: Cometen Beschreibung Jn zwen vnderschidliche

Partes abgetheilt, deren Erster Von denselbigen insgemein: der ander Von allen Jnsonderheit, sonderlich aber denen dreÿ Jüngsten, Jm abgeloffnen 1618. Jahr erschin[e]nen, außführlich handelt [1619], WLB Cod. math. qt. 43.

Treplin, Lorenz: Kriegstagebuch, Privatbesitz Dr. Heilwig Gudehus-Schomerus, Hamburg.

GEDRUCKTE QUELLEN

[Ammon, Wolfgang:] Selbstbiographie des Stadtpfarrers Wolfgang Ammon von Marktbreit († 1634), hg. v. Franz Hüttner, in: Archiv für Kulturgeschichte 1 (1903), S. 50–98, 214–239, 284–325.

Andreae, Johann Valentin: Autobiographie, bearb. v. Frank Böhling, übers. v. Beate Hintzen, in: Gesammelte Schriften, in Zusammenarbeit mit Fachgelehrten hg. v. Wilhelm Schmidt-Biggemann, Bd. 1.1–1.2, Stuttgart-Bad Cannstatt 2012.

Archenhold, Friedrich Simon: Kometen, Weltuntergangsprophezeiungen und der Halleysche Komet, Berlin 1910.

Arckenholtz, Johan: Mémoires concernant Christine, Reine du Suède …, Bd. 2, Amsterdam/Leipzig 1751.

Augustinus, Aurelius: Vom Gottesstaat (De civitate Dei), übers. v. Wilhelm Thimme, eingel. und komm. v. Carl Andresen, München [2]1985.

Ausführliche und wahrhaffte Relation samt Beylagen, Womit zu beweisen, wordurch, und aus was Grund, Anfang, Mittel und Ende, die uralte und gute Stadt Magdeburg Zu dem erbärmlichen Untergang und Ruin veranlasset, befordert und vollständig gebracht worden etc., in: Calvisius: Magdeburg, S. 72–104.

Baillet, Adrien: La vie de Monsieur Des-Cartes. Première partie, Paris 1691 (ND Genf 1970).

Bandhauer, Zacharias: Deutsches Tagebuch der Zerstörung Magdeburgs 1631, hg. v. Philipp Klimesch, in: Archiv für Kunde österreichischer Geschichts-Quellen 16 (1856), S. 239–319.

Bapst von Rochlitz, Michael: Wetterspiegel/Oder Nützliche vnnd eigentliche Erzehlung/woher/wie/vnnd warumb/die Donnerwetter/Plitze/Hagel/vnd allerley vngewönliche Witterung entspringen/wie man sich zur selbigen Zeit verhalten/vnd was man bey aller vnd jeder vngewönlichen Witterung bedencken sol, Leipzig 1589.

Benndorf, Friedrich Kurt: Deutscher Kampf, in: Zeit-Echo. Ein Kriegs-Tagebuch der Künstler 1/5 (1914), S. 57.

Bett Stundt / Zu diesen betrübten / schweren und gefährlichen Zeitten / Für die Ulmische Kirchen angestellt / Sampt den Fürnembsten Verrichtungen derselben ..., Ulm 1628.

Bölsche, Wilhelm: Komet und Weltuntergang, Jena 1910.

Bösch, Alexander: Liber familiarium personalium, das ist, Verzeichnus waß sich mit mir, und der meinigen in meiner haußhaltung, sonderliches begeben und zugetragen hatt. Lebensbericht und Familiengeschichte des Toggenburger Pfarrers Alexander Bösch (1618–1693), hg. v. Lorenz Heiligensetzer, Basel 2001.

[Bozenhart, Johannes:] Schicksale des Klosters Elchingen und seiner Umgebung in der Zeit des dreissigjährigen Krieges (1629–1645). Aus dem Tagebuche des P. Johannes Bozenhart, hg. v. P. L. Brunner, in: Zeitschrift des historischen Vereins für Schwaben und Neuburg 3 (1876), S. 157–282.

Bradley, James: An Account of a New discovered Motion of the Fix'd Stars, in: Philosophical Transactions 35 (1728), S. 637–661.

Burckhardt, Aaron: Cometen Predigt Als in diesem 1618. Jahre im Novembr: vnd Decembr: ein sehr grosser und erschrecklicher Comet am Himmel / im Morgen stehend gesehen ward ..., Magdeburg 1618.

[Bürster, Sebastian:] Sebastian Bürsters Beschreibung des schwedischen Krieges 1630–1647, hg. v. Friedrich von Weech, Leipzig 1875.

Calvin, Jean: Del fuggir le superstizioni che ripugnano a la vera e sincera confessione de la fede ..., Genf 1553.

Calvisius, Sethus Heinrich: Das zerstöhrete und wieder aufgerichtete Magdeburg / Oder Die blutige Belagerung / und Jämmerliche Eroberung u. Zerstöhrung der alten Stadt Magdeburg ..., Magdeburg 1727.

[Cervinus, Johannes:] Wetterfelder Chronik. Aufzeichnungen eines luth. Pfarrers der Wetterau, welcher den dreißigjährigen Krieg von Anfang bis Ende miterlebt hat, hg. v. Friedrich Graf zu Solms-Laubach / Wilhelm Matthaei, Gießen 1882.

Christiani, Christian: Κομητηστοιχεῖον Hoc est, Synopticus De Cometis Discursus Theologicus ..., Magdeburg 1619.

Conclusion Schrifft an Statt Mundtlichen Beschlusses Catharinae Keplerin, Peinlich Beclagtin contra Unsers gnedigen Fürsten und Herrn etc. Anwalten Judicialiter übergeben dem 22. Augusti Anno etc. 1621, in: KGW 12, S. 63–100.

Copey eines Schreibens Auß Magdeburgk / darinnen kürtzliche doch gewisse / vnd vnpartheiische Relation zubefinden / Was vom 1. Martij, biß auff den 18. Maij, dieses 1631. Jahres / Vnnd also zuvor / In: vnd etliche Tage hernach/bey selbiger Alten/löblichen Jungfraw vnd Stadt/Blutigen vnd Erbärmlichen/fewriegen Schendung oder verterbung/Von deroselbigen Tyrannischen Liebhaber geschehen ist ..., Eisleben 1631.

Cornelius, Justus: Uindiciarum Favlhaberianvm Prodromus. Das ist/Kurtze/doch eigentlich vnd glaubwürdige Relation, Deren Von M.Johan. Baptista Hebenstreit/Vlmischer Lateinischer Schulen Rectore, Vnd seinem Collaboratore, M. Zimperto Wehe, der sich Hisaiam sub Cruce genant/Wider Deß weitberümbten/vnd Sinnreichen/diß Orts absolutè entschuldigten Herrn Johannis Faulhaberi, Rechenmeisters vnd vortrefflichen Mathematici daselbsten/Ehrlichen Wolhergebrachten Namen ... hochsträfflichen Thättigkeiten ..., o.O. 1619.

Crusius, Christoph: Der Nieder=Lausitzische Methusalah, d.i. Denck= und Glaubwürdige Lebens=Beschreibung Eines Mannes, welcher zu Drehna unweit Luckau in der Nieder=Lausitz hundert und siebenzehn Jahr alt worden, wie solches in einem Aufferbaulichen Gespräch zwischen dem 147 Jährigen Ertz=Vater Jacob Und den 117 Jahr alt gewordenen Martin Kaschken ... ans Licht gestellet hat Christoph Crusius, Guben 1730.

Crusius, Christoph: Der Nieder-Lausitzische Methusalah, hg. v. Rainer Ernst, Berlin 2010.

Cysat, Johann Baptist: Mathemata Astronomica de loco, motv, magnitvdine, et cavsis cometæ qvi svb finem anni 1618. et initivm anno 1619. in coelo fvlsit ..., Ingolstadt 1619.

Della Porta, Giambattista: Magiæ Natvralis libri viginti, in qvibvs Scientiarum Naturalium diuitiæ, & deliciæ demonstrantur, Frankfurt ²1597.

Della Porta, Giambattista: Taumatologia e criptologia, hg. v. Raffaele Sirri (Edizione nazionale delle opere 17), Neapel 2013.

Descartes, René: Die Prinzipien der Philosophie. Lateinisch – Deutsch. Übers. und hg. v. Christian Wohlers, Hamburg 2005.

Descartes, René: Discours de la méthode pour bien conduire sa raison, et chercher la verité dans les sciences/Von der Methode des richtigen Vernunftgebrauchs und der wissenschaftlichen Forschung, übers. und hg. v. Lüder Gäbe, Hamburg 1990.

Descartes, René: Meditationes de prima philosophia/Meditationen über die Grundlagen der Philosophie, hg. v. Lüder Gäbe, Hamburg 1992.

Die FeurEyferige Zorn Ruthe GOttes. Auff dem Brennenden Berg Vesuvio in Campania: Vber Italien vnnd Alle Sündtliche Königreiche weit vnnd breit außgestrecket ..., o.O. 1632.

Diemerbroeck, Ysbrand van: De peste ..., Arnheim 1646.

Diemerbroeck, Ysbrand van: Disputationes practicae de morbis capitis, thoracis, et infimi ventris, Utrecht [2]1664.

Dieterich, Conrad: Philosophischer vnd Theologischer Traum Discurß / Von den Nächtlichen Träumen: Darinnen Bericht geschiehet / I. Was nächtliche Träume seyn. II. Woher sie insgemein kommen. III. Wie mancherley dieselbige seyn. IV. Was von ihnen zu halten. V. Wie deren allerseyts recht Christlich zugebrauchen ..., Frankfurt a. M. / Ulm 1625.

Dieterich, Conrad: Ulmische Dancksagungspredig[t] Wegen gnädiger Abwendung der grausamen geschwinden Seuche der Pest ..., Ulm 1636.

Dieterich, Conrad: Vlmische Cometen Predigte / Von dem Cometen / so nechst abgewichenen 1618. Jahrs im Wintermonat sich erstenmahls in Schwaben sehen lassen / Darinn nachfolgende drey Puncten gehandlet werden / 1. Was Cometen seyen. 2. Was sie bedeuten. 3. Was vns gegen deren Bedeutung vorzunehmen. Gehalten zu Vlm im Münster den 2. Sonntag des Advents ..., Ulm 1619.

Dieterich, Conrad: Vlmische Glocken Predigt / Darinn von erster Erfindung / rechtem Brauch vnd Mißbrauch der Glocken inn der Kirchen Gottes / von Anfang deren biß hiehero kurtzlich discurriert vnd gehandlet wirdt ..., Ulm 1625.

Dieterich, Conrad: Zwo Vlmische Jubel vnd Danckpredigten bey dem auff Christliche Anordnung eines Ehrsamen Raths den 2. Novemb. 1617. Jahrs hochfeyrlich begangenem Evangelischen Jubelfest / daselbsten im Münster gehalten ..., Ulm 1618.

Dietrich, Hermann August: Leben und Leiden einer Albgemeinde im dreißigjährigen Krieg, in: Blätter für württembergische Kirchengeschichte 1 (1886), S. 77–80, 82–88, 92–95, und 2 (1887), S. 4–8, 15–16, 46–48, 53–55, 61–63, 69–71.

Dietwar, Bartholomäus: Leben eines evangelischen Pfarrers im früheren markgräflichen Amte Kitzingen von 1592–1670, von ihm selbst erzählt. Zugleich ein Beitrag zur Geschichte des 30jährigen Krieges in Franken, hg. v. Volkmar Wirth, Kitzingen 1887.

Ehinger, Elias: Cometen Historia Das ist: Kurtze Beschreibung der fürnembsten Cometen / so von der Regierung an deß Römischen Kaysers Augusti / vnd der gnadenreichen Geburt vnsers Herrn vnd Heylands Jesu Christi / innerhalb 1618. Jahren sein gesehen worden ..., Augsburg [1619].

Ehinger, Elias: Judicium Astrologicum Von dem Newen Cometa Welcher den 1. Decemb. 1618. am Morgen vor vnd nach 6. Vhren zu Augspurg vnd andern Orten von vielen Personen gesehen worden, o. O. ca. 1618.

Ehinger, Elias: Kurtzes Bedencken/ Von dem newen Cometen/ welcher den ersten Decembris vnd hernach diß lauffenden 1618. Jahrs/ Morgens vor vnd nach 6. vhren/ zu Augspurg/ vnd an vil orthen/ von vil Personen ist gesehen worden, o. O. o. J.

Ein Liedlein von elender vnd erbärmlicher Einäscherung der Christlichen vnd Hochrühmlichen Stadt Magdeburg, o. O. 1631.

Fabricius, Johann: De Maculis in Sole observatis, et apparente earum cum Sole conversione, Narratio ..., Leipzig/ Wittenberg 1611.

[Faigele, Hans:] Die Füssener Chronik des Färbermeisters Hans Faigele (1618–1640). Eine heimatkundliche Quelle im Tiroler Landesmuseum Ferdinandeum, hg. v. Richard Lipp, in: Alt Füssen. Jahrbuch des Historischen Vereins Alt-Füssen 1990–1998.

[Faulhaber, Johannes:] Fama syderea nova. Gemein offentliches Außschreiben/ Deß Ehrnvesten/ Weitberühmbten vnd Sinnreichen Herrn Johanni Faulhabers/ etc. bestellten Mathematici vnd Rechenmeisters in Vlm etc. Anlangend DEn Neuen: vnd durch ein sonderbare Invention lang zuvor prognosticirten Cometstern/ So den 6. Monatstag Decembr. deß ablaufenden 1618. Jahrs/ An alle Philosophos, Mathematicos, Sonderlich Astronomos vnd Gelehrte deß gantzen Teutschlands/ Authoris manu propria Schrifftlichen verfast vnd abgangen; Nun aber allen Gottliebenden Hertzen zu fernerer Nachrichtung/ den Sündlichen Weltburgern/ zur ernstlichen warnung/ vnd dann menniglich zum besten/ in offenen Truck publicirt Durch M. Julium Gerhardinum Goldtbeegen, Nürnberg [1618].

Faulhaber, Johannes: Gehaimes Prognosticon vom Gog vnd Magog. so vf dem Vnionstag in Vlm vbergeben worden, o. O. 1620.

Faulhaber, Johannes: Prognosticon vom Gog und Magog. So auff dem Unions tag inn Ulm ubergeben worden; Da dann die Weissagungen von den letsten Zeytten dermassen auff ein ander geordnet/ das ein Prophecey die andere/ ohne umbsch[w]aiffenden Zusatz/ selber richtig erkläret und außleget, Augsburg 1621.

[Friese, Johann Daniel:] Historischer Extract Aus einem Manuscripto, Welches Herr Daniel Frisius, Cancell. Secret. zu Altenburg/ Von seinen Fatis hinter sich gelassen. Und Von dem Autore dieser Historischen Fragen/ seinen Untergebenen zur Vergnügung/ wie auch dem unparteyischen Leser zu dienstlicher Nachricht/ hier angedruckt worden. Vom Magdeburgischen Unglück, in: Friedrich Friese: Leichte historische Fragen, Leipzig 1703, S. 279–327 und 381–425.

Friesenegger, Maurus: Tagebuch aus dem 30jährigen Krieg. Nach einer

Handschrift im Kloster Andechs hg. v. P. Willibald Mathäser, München 2007.

Fritze, Klaus (Hg.): Der Halleysche Komet im Jahre 1910. Eine Sammlung zeitgenössischer Berichte (1909–1911), Leipzig 1985.

Galilei, Galileo/Mario Guiducci: Discorso delle comete [1619], hg. v. Ottavio Besomi/Mario Helbing, Rom/Padua 2002.

Galilei, Galileo: Il saggiatore Nel quale Con bilancia esquisita e giusta siponderano le cose contenute nella libra astronomica e filosofica ..., Rom 1623.

Garth, Helwicus: Pragerische Cometen Predigt/Von den Cometen: Wofür sie anzusehen vnd zu halten: Was sie bedeuten vnd mit sich bringen: Vnd wie man sich dargegen erzeigen vnd verhalten solle: Bey Erscheinung des grossen Langstrahlichten vnd schweiffigen Cometen, im Novemb. vnd Decemb. nechst abgewichenen 1618. Jahrs ..., Freiberg 1619.

Gewisser vnd eigentlicher Bericht/Von dem erbärmlichen vnd erschrecklichen Zustande/so sich den 10. Maij dieses instehenden 1631. Jahrs mit der Stadt Magdeburgk begeben/wie allda in die 6000. Fewerstette/vnd in die viertzig oder funfftzig tausent Menschen gantz erbärmlich vnd erschrecklich vmb jhr Leben kommen seyn ... . Erbärmliches/hinterlassenes vnd aus dem Vntersten Schoß der Erden biß in den Obersten Himmel schreyendes Klag Schreiben der am 10. 11. vnd 12. Maij jämmerlicher weise eingeäscherten/verheerten vnd zerstörten Stadt Magdeburgk: Von jhr selbsten aus den KlagLiedern Jeremiæ also redende, Wittenberg 1631.

Gigli, Giacinto: Diario di Roma, hg. v. Manlio Barberito, Rom 1994.

Glafey, Adam Friedrich: De gladio qvo cvm Gustavvs Adolphvs Rex Sveciae in proelio Luzenensi occvbvit, Leipzig 1749.

[Goethe, Johann Wolfgang:] Goethes Werke, hg. im Auftrage der Großherzogin Sophie von Sachsen, Weimar 1887–1919.

Goethe, Johann Wolfgang: Sämtliche Werke. Briefe, Tagebücher und Gespräche. 40 Bände. Frankfurter Ausgabe, hg. v. Hendrik Birus u. a., Frankfurt a. M. 1987–2013.

Goethe, Johann Wolfgang: Tag= und Jahres=Hefte als Ergänzung meiner sonstigen Bekenntnisse, von 1807 bis 1822, in: Goethes Werke, Abtlg. 1, Bd. 36, S. 1–220.

Grassi, Orazio: Libra astronomica ac philosophica qua Galilaei Galilaei Opiniones de Cometis ... examinantur, Perugia 1619.

Gryphius, Andreas: Sonette, hg. v. Marian Szyrocki (Gesamtausgabe der deutschsprachigen Werke 1), Tübingen 1963.

Gudehus-Schomerus, Heilwig / Marie-Luise Recker / Marcus Riverein (Hg.): «Einmal muß doch das wirkliche Leben wieder kommen!» Die Kriegsbriefe von Anna und Lorenz Treplin 1914–1918, Paderborn / München / Wien / Zürich 2010.

Güntzer, Augustin: Kleines Biechlin von meinem gantzen Leben. Die Autobiographie eines Elsässer Kannengießers aus dem 17. Jahrhundert, hg. v. Fabian Brändle / Dominik Sieber, Köln / Weimar / Wien 2002.

Hagendorf, Peter: Tagebuch eines Söldners aus dem Dreißigjährigen Krieg, hg. v. Jan Peters, Göttingen 2012.

Hager, Balthasar: Catholische Jubelpredig[t] / Von dem Frewdenreichen JubelFest / so die Sectischen Anno Domini 1617. im hunderten Jahr jhres Irrthumbs / In den abgewichenen Kirchen Teutscher Nation feyerlich angestelt / vnd celebrirt haben, Mainz 1618.

Happe, Volkmar: Chronicon Thuringiae, hg. v. Hans Medick / Norbert Winnige / Andreas Bähr, in: Mitteldeutsche Selbstzeugnisse aus der Zeit des Dreißigjährigen Krieges, hg. v. Hans Medick / Norbert Winnige, unter Mitarbeit v. Andreas Bähr / Holger Berg / Thomas Rokahr / Bernd Warlich, URL: http://www.mdsz.thulb.uni-jena.de [18. 6. 2017].

Hebenstreit, Johann Baptist: Cometen Fragstuck / auß der reinen Philosophia, Bey Anschawung deß in diesem 1618. Jahr / in dem Obern Lufft schwebenden Cometen, erläutert / vnd auff etlicher Gelehrten vnd Vngelehrten Begehren / an Tag gegeben, Ulm 1618.

[Heberle, Hans:] Gerd Zillhardt: Der Dreißigjährige Krieg in zeitgenössischer Darstellung. Hans Heberles «Zeytregister» (1618–1672). Aufzeichnungen aus dem Ulmer Territorium. Ein Beitrag zu Geschichtsschreibung und Geschichtsverständnis der Unterschichten, Ulm 1975.

Herlitz, David: Kurtzer Discvrs Vom Cometen / vnd dreyen Sonnen / so am ende des 1618. Jahrs erschienen sind / wie auch von der künfftigen Conjunction oder Zusammenkunfft aller Planeten im Krebß / Anno 1622. Vnd sonderlich hernach im Lewen / Anno 1623. Darauff böse trawrige vnd schreckliche Enderungen vnd Verwirrungen erfolgen werden, Stettin 1619.

Herrenschmidt, Jakob: Jesus. Virga vigilans. Daß ist / Ein Einfältiger / doch Christlicher / vnd Geistlicher Discurs, von jetzigem / am Himmel stehenden Cometen, darinn Schrifftlich / vnd Trewhertzig angezeiget / wofür Teutschland / bey jetziger vor Augen schwebender Unruh / selbigen ansehen vnd achten soll …, Ulm 1619.

Historia Teutscher Händel, Kurtze und Summarische Beschreibung der meisten und denckwürdigen Sachen, Welche sich von dem Jahr Christi 1617 an biß in das 1644, fürnemblich in Teutschland und dann auch in andern Ländern, den Krieg zwischen den beyden Keys. Maystt. Ferdinandi 2. und Ferdinandi 3. und zwischen den Königreichen Schweden und Franckreich sambt ihren Bundsgenossen begeben und zugetragen, o. O. 1644.

Hobbes, Thomas: Leviathan oder Stoff, Form und Gewalt eines kirchlichen und bürgerlichen Staates, hg. v. Iring Fetscher, übers. v. Walter Euchner, Frankfurt a. M. ⁴1991.

Huch, Ricarda: Der große Krieg in Deutschland, Leipzig 1912–1914.

Huch, Ricarda: Das Vorspiel, 1585–1620 (Der große Krieg, Teil 1), Leipzig 1912.

Ignatius von Loyola: Geistliche Übungen, in: Deutsche Werkausgabe, hg. v. Peter Knauer, Bd. 2: Gründungstexte der Gesellschaft Jesu, Würzburg 1998, S. 85–269.

Junius, Maria Anna: Verzeignuß, publiziert in: Friedrich Karl Hümmer: Bamberg im Schweden-Kriege, in: Bericht des Historischen Vereins für die Pflege der Geschichte des ehemaligen Fürstbistums Bamberg 52 (1890), S. 1–168, und 53 (1891), S. 169–230.

Kepler, Johannes: Gesammelte Werke, im Auftrag der Bayerischen Akademie der Wissenschaften hg. v. der Kepler-Kommission, München 1937 ff. (KGW).

Kepler, Johannes: Außführlicher Bericht/ Von dem newlich im Monat Septembri vnd Octobri diß 1607. Jahrs erschienenen Haarstern/ oder Cometen/ vnd seinen Bedeutungen. Sampt vorgehendem gantz newem vnd seltzamen/ aber wolgegründetem Discurs. Was eigentlich die Cometen seyen/ woher sie kommen/ durch wen ihre Bewegung geregieret werden/ vnd welcher gestalt sie dem menschlichen Geschlecht etwas anzudeuten haben, Halle a. d. S. 1608, in: KGW 4, S. 57–76.

Kepler, Johannes: De cometis libelli tres. I. Astronomicvs, Theoremata continens de motu Cometarum, vbi Demonstratio Apparentiarum & Altitudinis Cometarum qui Annis 1607. & 1618. conspecti sunt, noua & παράδοχος. II. Physicvs, continens Physiologiam Cometarum nouam & παράδοχον. III. Astrologicvs, de significationibus Cometarum Annorum 1607. & 1618., Augsburg 1619, in: KGW 8, S. 129–262.

[Kepler, Johannes:] Die Briefe aus dem Jahre 1622, in: Nova Kepleriana. Wieder aufgefundene Drucke und Handschriften von Johannes Kepler, Bd. 4: Die Keplerbriefe auf der Nationalbibliothek und auf der Sternwarte in Paris, hg. v. Walther von Dyck/ Max Caspar (Abhandlungen der

Bayerischen Akademie der Wissenschaften. Mathematisch-naturwissen-
schaftliche Abtlg. 31/1), München 1927, S. 13–46.

Kepler, Johannes: Harmonice mundi, Linz 1619, in: KGW 6.

Kepler, Johannes: Horoskope für Wallenstein, in: KGW 21, 2.2, S. 445–475.

[Kepler, Johannes:] Johannes Kepler in seinen Briefen, hg. v. Max Caspar / Walther von Dyck, Bd. 2, München / Berlin 1930.

Kepler, Johannes: Prognosticon, Von aller handt bedraulichen Vorbotten
künfftigen Vbelstands/in Regiments= vnd Kirchensachen/sonderlich
von Cometen vnd Erdbidem/auff das 1618. vnd 1619.Jahr, o.O. 1619,
in: KGW 11, 2, S. 173–188.

Kepler, Johannes: Prognosticvm Auff das Jahr nach Christi Geburt 1620,
in: KGW 11, 2, S. 189–215.

Kircher, Athanasius: Ars magna Lvcis et Vmbræ In decem Libros digesta.
Qvibvs admirandae lvcis et vmbrae in mundo, atque adeò vniuersa natura, vires effectusque vti noua, ita varia nouorum reconditiorumque spe-
ciminum exhibitione, ad varios mortalium vsus, panduntur, Rom 1646.

Kircher, Athanasius: Iter Cometæ anni 1664 a 14. Decemb. vsque ad 30
Romæ observatum, Rom 1665.

Kircher, Athanasius: Iter Extaticum Coeleste, Quo Mundi opificium, id
est, Cœlestis Expansi, siderumque tam errantium, quam fixorum natura,
vires, proprietates, singulorumque compositio & structura, ab infimo Tel-
luris globo, usque ad ultima Mundi confinia, per ficti raptus integumen-
tum explorata, nova hypothesi exponitur ad veritatem …, hg. v. Caspar
Schott, Würzburg 1660.

Kircher, Athanasius: Magnes Sive De Arte Magnetica Opvs Tripartitvm
Qvo Vniversa Magnetis Natura, eiusque in omnibus Scientijs & Artibus
vsus, noua methodo explicatur: ac præterea è viribus & prodigiosis effec-
tibus Magneticarum, aliarumque abditarum Naturæ motionum in Ele-
mentis, Lapidibus, Plantis, Animalibus elucescentium, multa hucusque
incognita Naturæ arcana, per Physica, Medica, Chymica, & Mathematica
omnis generis Experimenta recluduntur, Rom ³1654.

Kircher, Athanasius: Mundus subterraneus, in XII Libros digestus; Qvo
Divinum Subterrestris Mundi Opificium, mira Ergasteriorum Naturæ in
eo distributio, verbo πανταμόρφον Protei Regnum, Universæ denique
Naturæ majestas & divitiæ summa rerum varietate exponuntur, Abdito-
rum effectuum Causæ acri indagine inquisitæ demonstrantur, cognitæ
per Artis & Naturæ conjugium ad Humanæ vitæ necessarium usum vario
Experimentorum apparatus, necnon novo modo & ratione applicantur,
Amsterdam 1665.

Kircher, Athanasius: Natürliche und Medicinalische Durchgründung Der laidigen ansteckenden Sucht/und so genanten Pestilentz/Darinnen Von Ursprung/Ursachen/Zeichen/und Vorbotten derselben/wie auch von den ungewohnlichen Würckungen der verderbten Natur/wie sie zu Zeiten durch Einfluß deß Gestirns/so wohl in den Elementen/als in den allgemeinen Land= und Welt=Kranckheiten der Menschen und der Thieren gespühret werden. Auch von eigentlichen Mitteln und Gegenwehr wider dieselbige … fürgetragen …, Augsburg 1680.

Kircher, Athanasius: Œdipvs Ægyptiacvs. Hoc est Vniuersalis Hieroglyphicæ Veterum doctrinæ temporum iniuria abolitæ instavratio …, Rom 1652–1654 (ND: Hauptwerke, hg. v. Anne Eusterschulte/Olaf Breidbach/Wilhelm Schmidt-Biggemann, Bd. 3, Hildesheim 2013).

Kircher, Athanasius: Responsoria Ad Kuhlmanniam Epistol. Posteriorem, in: Kuhlmann: Epistolæ duæ, S. 38–43.

Kircher, Athanasius: Selbstbiographie, übers. v. Nikolaus Seng, Fulda 1901.

[Kircher, Athanasius:] Vita Admodum Reverendi P. Athanasii Kircheri, Societ. Jesu Viri toto orbe celebratissimi, angehängt an: Langenmantel (Hg.): Fasciculus epistolarum.

Kirwitzer, Wenceslaus Pantaleon: Observationes Cometarum Anni 1616 [sic]. In India Orientali Factæ A Societatis Iesv Mathematicis in Sinense Regnum nauigantibus ex itinere eo delatis, Oberursel 1620.

Klägliches Beylager Der Magdeburgischen Dame/so Sie den 10. Maij dieses 1631.Jahrs/mit ihrem Blutdürstigen Gemahl/dem Tilly gehalten, o. O. 1631.

Köppen, Joachim: Wunder vber Wunder/Das ist: Seltzame vnd Ebenthewrliche Geschicht vnd Gesicht, welche sich zu Stargardt in Pommern Anno 1618. den 21. Novembris bey Observation des Cometen/so sich dieses vergangen 1618.Jahrs im Octobri vnd Novembri sehen lassen/sol begeben vnd zugetragen haben/mit sonderlicher Verwunderung/vnd nicht ohne sonderliche Gemühts Bewegung zu betrachten vnd zu lesen, Magdeburg 1619.

[Kothe, Andreas:] Die Chronik des Ratsherrn Andreas Kothe. Eine Quelle zur westfälischen Geschichte im Zeitalter des Dreißigjährigen Krieges, hg. v. Franz Flaskamp, Gütersloh 1962.

Kronfeld, Ernst Moritz: Der Krieg im Aberglauben und Volksglauben. Kulturhistorische Beiträge, München 1915.

Kuhlmann, Quirinus: Epistolæ duæ, Prior De Arte magnâ Sciendi sive Combinatoriâ, Posterior De Admirabilibus quibusdam Inventis; è

Lugduno-Batavâ Romam transmissæ; Cum Responsoria Viri in Orbe terrarum quadripartito celeberrimi, Athanasi[i] Kircheri, Leiden 1674.

Langenmantel, Hieronymus Ambrosius (Hg.): Fasciculus epistolarum Adm. R. P. Athanasii Kircheri Soc. Jesu, Viri in Mathematicis et Variorum Idiomatum Scientiis Celebratissimi ..., Augsburg 1684.

[Leopold, Georg:] Marktredwitz im 30jährigen Krieg 1628–1648. Georg Leopolds Haus-Chronik, hg. v. Hermann Braun, Marktredwitz 1961.

Lilly, William: Englands Propheticall Merline. Fortelling to all Nations of Europe untill 1663, the Actions depending upon the influence of the Conjunction of Saturn and Jupiter, 1642/3. The Progresse and motion of the Comet 1618. under whose effects we in England, and most Regions of Europe now suffer ..., London 1644.

Lilly, William: Merlinus Anglicus Junior: The English Merlin revived: Or, His prediction upon the affaires of the English Common-wealth ... this present Yeare, 1644, London 1644.

Lotichius, Petrus: Elegia De obsidione Magdeburgensi, Das ist: Klage= Reymen/ Von der Belägerung vnd Eröberung der weitberühmbten vnd vhralten Stadt Magdeburgk/ Von dem vornehmen Poeten Petro Lotichio, II. Solitariensi, der Universitet Heydelberg Professore. An den Herrn Joachimum Camerarium Pabenbergensem, vor etlich 70. [sic] Jahren in Lateinischer Sprach beschrieben vnd jtzo verdeutschet, Leipzig 1631.

Lubieniecki, Stanisław: Theatrum Cometicum, Duabus partibus constans, Quarum altera frequenti Senatu Philosophico conspicua, Cometas anni 1664. & 1665. variis virorum per Europam Clariss. cum quibus Auctor de hoc argumento contulit, observationibus, dissertationibus, animadversionibus descriptos ... exhibet ..., Amsterdam 1668.

Ludwig, Paul: Der Erste Weltkrieg in Briefen. 201 Briefe aus der Korrespondenz von Paul Ludwig in den Jahren 1914–1918, Leinfelden-Echterdingen 2002.

Lungwitz, Matthäus: CoMeta VerVs nobIs Iræ DIVInæ Propheta. Christliche Warnungspredigt/ Aus dem Evangelio am andern Sontage des Advents/ Luc. 21. Und es werden Zeichen geschehen: Von dem grossen/ Erschrecklichen/ Fewerbrennendem Comet Stern/ Welcher im Novembri dieses 1618. Jahres erschienen/ und noch am Himmel gesehen wird ..., Leipzig 1619.

[Luther, Martin:] D. Martin Luthers Werke. Kritische Gesamtausgabe (Weimarer Ausgabe, im Folgenden: WA), Weimar 1883 ff.

Luther, Martin: Disputatio de iustificatione (1536), in: WA 39/1, S. 78–126.

Luther, Martin: Etliche Fabeln aus Esopo, in: WA 50, S. 452–460.

Macke, August/Franz Marc: Briefwechsel, Köln 1964.

Mann, Thomas: Große kommentierte Frankfurter Ausgabe. Werke – Briefe – Tagebücher, hg. v. Heinrich Detering/Eckhard Heftrich/Hermann Kurzke/Terence J. Reed/Thomas Sprecher/Hans R. Vaget/Ruprecht Wimmer in Zusammenarbeit mit dem Thomas-Mann-Archiv der ETH, Zürich, Frankfurt a. M. 2001 ff. (im Folgenden: GKFA).

Mann, Thomas: Gedanken im Kriege, in: GKFA 15/1, S. 137–141.

Mann, Thomas: Gladius Dei, in: GKFA 2/1, S. 222–242.

Mann, Thomas: Gute Feldpost, in: GKFA 15/1, S. 47–50.

Marc, Franz: Briefe aus dem Feld 1914–1916. Mit 36 Zeichnungen von Franz Marc. Einführung von Cathrin Klingsöhr-Leroy, München 2014.

Mather, Increase: Κομητογραφία. Or a Discourse Concerning Comets; wherein the Nature of Blazing Stars is Enquired …, Boston 1683.

Mengering, Arnold: Perversa ultimi seculi militia, Oder Kriegs=Belial, Der Soldaten=Teuffel/Nach GOttes Wort vnd gemeinem Lauff der letzten Zeit beschrieben, Leipzig ⁴1687 [Dresden 1633].

[Minck, Johann Daniel:] Die Bieberauer Chronik (1579–1654) des Pfarrers Johann Daniel Minck, in: Südhessische Chroniken aus der Zeit des Dreißigjährigen Krieges, bearb. v. Rudolf Kunz/Willy Lizalek, Heppenheim 1983, S. 229–288.

Monro, Robert: Monro his Expedition with the Worthy Scots Regiment (called Mc-Keyes Regiment) levied in August 1626 …, London 1637.

Morhard, Johann: Haller Haus-Chronik, Schwäbisch Hall [1962].

Morin, Jean-Baptiste: Astrologia Gallica Principiis & Rationibus propriis stabilita, Atque in XXVI Libros distributa…, Den Haag 1661.

Neuberger, Theophil: Drey Christliche Gedenck=Predigten/… Die II. Von der Zerstörung Jerusalem/Lucæ XIX. vs. 41. & seqq. Zu mitleidentlicher gedächtnuß/der zerstörung der vhralten/löblichen/Evangelischen/Christlichen Statt Magdeburg. Gehalten in der Statt vnd Vestung Cassel/den 1. [sic] August 1631. …, Kassel 1632.

Neuheuser, Wilhelm Eon: Consideratio et Enarratio Brevis de Nova Stella seu Cometa. Das ist/Sehr wichtige Betrachtung doch in mögeligster kürtze Erklährung vber den Newen Stern oder Cometen, welcher vberall in Deutschen Landen vnd anders wo mehr/observiert: Von mir aber vom 21. Novembris biß auff den 18. Decembris dieses 1618. Jahrs/mehrmals ist gesehen worden …, Friedwegen 1619.

Opitz, Martin: Trostgedicht In Widerwertigkeit Deß Kriegs: In vier Bücher abgetheilt/Vnd vor etlichen Jahren anderwerts geschrieben, in: Gedichte. Eine Auswahl, hg. v. Jan-Dirk Müller, Stuttgart 1970, S. 32–72.

Opitz, Martin: Vesuvius. Poëma Germanicum, in: Weltliche Poemata 1644, hg. v. Erich Trunz, Tübingen ²1975, Teil 1, S. 31–84.

Petrucci, Gioseffo: Fisiologia nvova della natvra delle comete. Ouero dialogo tra Astrodidascolo, et Astrofilo Nel quale se dichiarano la generatione, natura, qualità, forma, colore, moto, luce, durata, coda, e simili accidenti, & effetti della Cometa nel Mondo nuouamente comparsa l'anno 1664. del mese di Decembre, Rom 1665.

Prodigia Ominosa Das ist Wunderwercke vnd Zeichen/ welche für der Belagerung/ in vnd nach Eroberung und Zerstörung der Stadt Magdeburg in der Stadt vnd angräntzenden Ortern geschehen/ Itzo aber jedermänniglichen zur Warnung durch einen Glaubwürdigen/ der selber alles gesehen/ vnd dabey gewesen/ in den Druck gegeben, o. O. 1631.

Quehl, Jacob: Neun bußweckende Gewissens=Fragen/ In dreyen Predigten … Und wird zugleich in der ersten Predigt: Warüm Gott über Teutschland abermahl den höchstschädlichen Krieg verhänget? In der Andern: Von einem über Gräffenhain eine geraume Zeit blutfarbig geschienenen Teich/ und von dessen muthmaßlicher Deutung? In der Dritten: Vom Schein=Christenthum/ insonderheit/ was von der heutiges Tages so gar gemeinen und bey Hohen und Nidrigen üblichen Sincerir=Kunst zu halten sey?/ Schrifftmässiger Bericht gethan …, Jena 1679.

Rehfeld, Johannes: Blut=Geschichte; Das ist: Kurtzer/ jedoch Gründlicher Bericht: Wie es mit dem verferbeten Teichlein zu Mohra Vnd Hiesigem Stadtgraben beschaffen etc. Wobey zugleich zubefinden Die Blut-Zeichen/ So sich zu Zimmern am Ettersberge bey einem eingemengten Lemen Vnd dann Im Garten vnd Hofe hierselbst begeben, Erfurt 1636.

Reichard, Georg: Etzliche sehr Nachdenckliche Visionen Vnd Offenbahrungen …, 4 Teile, Hall 1638–1639.

Reichard, Georg: Etzliche Wahrhafftige/ Wunderliche vnd sehr hohe Nachdenckliche Visionen. Oder Engelische Gesichter vnd Göttliche Offenbahrungen, o. O. 1645–1646.

Relationis Historicæ Semestralis Continuatio, Jacobi Franci Historische Beschreibung aller Denckwürdigen Geschichten/ so sich hin und wider in Europa … vor und hierzwischen nechstverschienener Franckfurter Fastenmessz 1638./ biß auff Herbstmessz gemelten Jahrs verlauffen und zugetragen, Frankfurt a. M. 1638.

Relationis Historicæ Semestralis Continuatio, Jacobi Franci Historische Beschreibung aller Denckwürdigen Geschichten/ so sich hin und wider in Europa … vor und hierzwischen nechstverschienener Franckfurter

Herbstmesß deß 1642. biß auff Ostermesß deß 1643.Jahrs verlauffen und zugetragen, Frankfurt a. M. 1643.

[Rese, Joachim:] Tagebuch des Bürgermeisters Joachim Rese aus den Jahren 1618–1637, hg. v. Ernst Walter Paasch, in: Familienforschung heute. Mitteilungen der Arbeitsgemeinschaft Genealogie Magdeburg 12 (1998), S. 8–42.

Samson-Himmelstjerna, Hermann von: Cometen Predigt, Das ist Christliche Vnterweisung, Wie man den Cometen (welcher sich Newlich am Himmel hat sehen lassen) soll betrachten: Auch christliche Vermahnung zu wahrer Buss vnd Bekehrung zu Gott ..., Riga [1618].

Sarason, David (Hg.): Das Jahr 1913. Ein Gesamtbild der Kulturentwicklung, Leipzig/Berlin 1913.

Schickard, Wilhelm: Beschreibung des Wunder Zaichens/Welches Montags den 25.Januarij/eben am Loß Tag S.Pauli Bekehrung/dieses eingehenden 1630.Jahrs/Abends von 7. biß zu 10. Vhr Vormittnachts/am haitern Himmel/gegen Nord gesehen worden ..., Tübingen 1630.

Schiller, Friedrich: Sämtliche Werke, hg. v. Peter-André Alt, München 2004.

Schiller, Friedrich: Geschichte des Dreißigjährigen Krieges, in: Sämtliche Werke 4, S. 363–688.

Schiller, Friedrich: Wallensteins Lager, in: Sämtliche Werke 2, S. 269–311.

Schorer, Christoph: Erinnerung von bevorstehender Sonnenfinsternüß und abmahnung von der daher entstehenden grossen Furcht, Ulm 1654.

Schott, Caspar: Physica Curiosa, sive Mirabilia Naturæ et Artis Libris XII. comprehensa, Quibus pleraque, quæ de Angelis, Dæmonibus, Hominibus, Spectris, Energumenis, Monstris, Portentis, Animalibus, Meteoris, &c. rara, arcana, curiosaque, circumferuntur ..., Würzburg 1662.

Schott, Caspar: Thaumaturgus Physicus, Sive Magiæ Universalis Naturæ et Artis Pars IV. et ultima, in VIII. Libros Digesta, Quibus pleraque quæ in Cryptographicis, Pyrotechnicis, Magneticis, Sympathicis ac Antipathicis, Medicis, Divinatoriis, Physiognomicis, ac Chiromanticis, est rarum, curiosum, ac prodigiosum, hoc est, verè magicum, summâ varietate proponitur..., Würzburg 1659.

Schulz-Besser, Ernst: Der Weltkrieg im Scherzbilde II., in: Zeitschrift für Bücherfreunde 6/2 (1915), S. 325–340.

Spaignart, Christian Gilbert de: Eucharii Eleutherii Fax Magdeburgica. Das ist: Die Magdeburgische WeltFackel/Allen Evangelischen Städten vnd Ständen in Teutschland zur Warnung angezündet/sich dabey wol vmbzusehen ..., o.O. 1632.

Sparr, Hermann (Hg.): Feldpostbriefe 1914. Berichte und Stimmungsbilder von Mitkämpfern und Miterlebern, Leipzig 1915.

Spee, Friedrich von: Cautio Criminalis, hg. v. Theo G. M. van Oorschot, mit einem Beitrag v. Gunther Franz (Sämtliche Schriften. Historisch-kritische Ausgabe 3), Tübingen/Basel 1992.

Spinoza, Baruch de: Theologisch-politischer Traktat, in: Werke in drei Bänden, hg. v. Wolfgang Bartuschat, Bd. 2, Hamburg 2006.

Staiger, Clara: Verzaichnus, publiziert in: Klara Staigers Tagebuch. Aufzeichnungen während des Dreißigjährigen Krieges im Kloster Mariastein bei Eichstätt, hg. v. Ortrun Fina, Regensburg 1981.

Summarische Chronick Oder eigentliche Verfassung Deß ein vnd drei-ßig=jährigen von Anno 1618. in Teutschland geführten Kriegs vnnd Friedens=Handlung Sampt einem anhang biß auff dieses Jahr ..., Straßburg 1650.

Summarischer Extract/Vnd Glaubwürdiger Bericht/Von Erober= vnd Heimführung der Fürnehmen/Weitberühmbten vnd huc usque vnvberwindlichen Gesponß vnd Jungfräwlichen Stadt Magdeburg. Wie dieselbe von dero Röm. Käys. Mayest. vnd des Hochlöblichen Catholischen Bunds wolverordneten Herrn Generaln dem Hoch Wohlgebornen vnnd thewren Helden/Herrn Graven von Tylli/den 10./20. Tag Maij dieses lauffenden 1631. Jahrs/Morgens früh vmb 7. Uhren mit sighaffter vnd stürmender Hand bezwungen vnd eingenommen worden, o. O. 1631.

[Teitt, Jöns Månsson:] Jöns Månsson Teitts Kriegszüge mit Gustav II. Adolf, 1621–1632, nach der Stockholmer Handschrift hg. v. Heiko Droste, Stockholm 2008, URL: https://www.hs-augsburg.de/~harsch/germanica/Chronologie/17Jh/Teitt/tei_kri0.html [18. 6. 2017].

Teutschlieb, Hermann: Verschiedene Kriegs- und Friedens-Post/Oder: Neuvermehrte und fortgesetzte Historia Teutscher und allerley Kriegs-Händel/samt allerhand merckbaren Wunderfällen und Begebnussen fast in gantz Europa/von Anno 1617 an/biß auf diese Zeit ..., Frankfurt a. M. 1669.

The Moderate Intelligencer 202 (25. Januar – 1. Februar 1649).

[Theatrum Europaeum, Bd. 1:] Theatrvm Europævm, Oder/Außführliche vnd Warhafftige Beschreibung aller vnd jeder denckwürdiger Geschichten/so sich hin vnd wider in der Welt/fürnämlich aber in Europa/vnd Teutschen Landen/so wol im Religion= als Prophan=Wesen/vom Jahr Christi 1617. biß auff das Jahr 1629. ... begeben vnd zugetragen haben/etc. Beschrieben durch M. Joannem Philippum Abelinum ... vnd verlegt durch Matthæum Merian, Frankfurt a. M. 1635.

[Theatrum Europaeum, Bd. 2:] Theatri Evropæi, Das ist: Historischer Chronick/Oder Warhaffter Beschreibung aller fürnehmen vnd denck-würdigen Geschichten/so sich hin vnd wieder in der Welt/meistentheils aber in Europa/von Anno Christi 1629. biß auff das Jahr 1633. zuge-tragen; Insonderheit/was auff das im Reich publicirte Käyserliche/die Restitution der Geistlichen von den Protestirenden eingezogenen Gü-ter/betreffende Edict/so wol in Kriegs= als Politischen vnd andern Sa-chen/zwischen den Catholischen/eines: So dann den Evangelischen/mit Assistentz deß Königs in Schweden/andern Theils/erfolget; Der Ander Theil. Zusammen getragen durch Joan. Philippum Abelinum. Jetzo revi-dirt/guten Theils verbessert vnd vermehret/... und zum drittenmahl in Druck gegeben, Frankfurt a. M. 1679.

[Theatrum Europaeum, Bd. 3:] Theatri Evropæi Continuatio III. Das ist: Historischer Chronicken Dritter Theil: In sich begreiffend Eine kurze vnnd warhaffte Beschreibung aller vornehmen/Denck= vnd Chronick-würdigen Geschichten/so sich hin vnd wieder in der gantzen Welt/in den beyden Ost= vnd West=Indien/sonderlich in Europa ... von Anno 1633. biß 1638. inclusivè in Kirchen/Welt=Regiment vnd Kriegswe-sen/allerseits begeben und zugetragen/... zusammen getragen/und be-schrieben Durch Henricum Oraeum Assenhaimiatem, Historiophilum. ... verlegt durch Matthäus Merian, Frankfurt a. M. 1670.

Torberg, Friedrich: Die Tante Jolesch oder Der Untergang des Abendlan-des in Anekdoten (Gesammelte Werke 8), Frankfurt a. M. [6]1976.

Unsere Welt. Illustrierte Monatschrift zur Förderung der Naturerkenntnis 6/12 (1914).

Ursinus, Benjamin: Außführlicher Bericht/Von den Cometen/welcher im Jahr 1618. im Novembr. erscheinen [sic]/vnd fast biß zu ende deß Decembris ist gesehen worden, Berlin 1619.

Vier Schreiben Von der Lobwürdigen/herrlichen/auch Sigreichen Victori vnd eroberung der weithberühmbten Vestung vnnd Statt Magdeburg/so von Ihrer Kays: Mayest: wolbestelten Herrn Generaln/Herrn Tylli/mit seiner vnderhabenden Rittermässigen Soldatesca/den 20. May/dieses lauffenden 1631 Jahrs/mit Stürmender Hand eingenohmen worden, Wien 1631.

[Vietor, Johannes:] Wilhelm Hartmann: Selbstbiographie des Darmstädter Superintendenten Johannes Vietor (1574–1628), in: Beiträge zur hessi-schen Schul- und Universitätsgeschichte 1 (1908), S. 187–245.

[Vollbehr, Ernst:] Kriegsbilder-Tagebuch des Malers Ernst Vollbehr, Bd. 1, München 1915.

Von dem Dreyssigjährigen Teutschen=Kriege/welcher sich Anno 1618. angefangen/vnd durch GOttes Gnade Anno 1648. geendiget hat; Eben als wann Gott durch den 1618. erschröcklich leuchtenden Cometen/welcher dreyssig Tage über Europam gesehen worden/einen dreyssigjährigen Krieg verkündiget hätte ..., o. O. 1648.

Wallin, Georg: Triga Dissertationvm De Gladio magico Gustavi Adolphi Svecorvm Regis, Leipzig 1746.

Watts, William: The Swedish Intelligencer. The Second Part. Wherein, ovt of the trvest and choysest Informations, are the famous Actions of that warlike Prince Historically led along: from the Victory of Leipsich, unto the Conquest of Bavaria ..., London 1632.

Weber, Johann: Cometen Predigt: Darin von Christi Geburt her/biß auff den jetzt Schwebenden/die vornembsten Cometen/und was darauff erfolget/kürtzlich erzehlet werden/mit angeheffter/trewhertziger Vermahnung/zu rechtschaffener Buß und Besserung des Lebens ..., Erfurt 1618.

Wehe, Simpert: Expolitio Famæ Sidereæ Novæ Faulhaberianæ, Das ist. Statliche Außputzung/deß hochfliegenden/aber doch vbel gefiderten allgemeinen/offentlichen Faulhaberischen Außschreibens/an alle Gelehrte in gantz Teutschland. Anlangend den newen/vnd von jhme durch sonderbare Invention, lang zuvor prognosticirten Cometsterns. Dem vberauß Hochmütigen Geist zur warnung vnd gebürender abstraffung ..., Ulm 1619.

Willnitz, Karl: Seitengewehr pflanzt auf! 1. Illustrierte Auflage. Heeresausgabe, Berlin 1936.

Winckelmann, Johann Just: Oldenburgische Friedens= und der benachbarten Oerter Kriegs=Handlungen ..., Oldenburg 1671.

Zedler, Johann Heinrich (Hg.): Grosses vollständiges Universal Lexicon Aller Wissenschafften und Künste, Halle a. d. S./Leipzig 1732–1754.

Zeeh, Erik/Nils Belfrage (Hg.): Dagbok förd i det svenska fältkansliet, 26 maj 1630–6 november 1632 (Journal de Gustave Adolphe), Stockholm 1940.

Ziegler und Kliphausen, Heinrich Anselm von: Täglicher Schau-Platz der Zeit/Auff welchem sich Ein iedweder Tag durch das gantze Jahr mit seinen merckwürdigsten Begebenheiten/so sich vom Anfange der Welt/biß auff diese ietzige Zeiten/an demselben zugetragen/vorstellig machet. ..., Leipzig 1695.

FORSCHUNGSLITERATUR

Alt, Peter André: Der Schlaf der Vernunft. Literatur und Traum in der Kulturgeschichte der Neuzeit, München 2002.

Althoff, Gerd: Empörung, Tränen, Zerknirschung. Emotionen in der öffentlichen Kommunikation des Mittelalters, in: ders.: Spielregeln der Politik im Mittelalter. Kommunikation in Frieden und Fehde, Darmstadt ²2014, S. 258–281.

Alzheimer, Heidrun (Hg.): Glaubenssache Krieg. Religiöse Motive auf Bildpostkarten des Ersten Weltkriegs, Bad Windsheim 2009.

Alzheimer-Haller, Heidrun: Handbuch zur narrativen Volksaufklärung. Moralische Geschichten, 1780–1848, Berlin 2004.

Anderson, Susan C.: Against Modernity and Historicism: Ricarda Huch's Representation of the Thirty Years' War, in: Colloquia Germanica 27/2 (1994), S. 141–157.

Armer, Stephanie: Friedenswahrung, Krisenmanagement und Konfessionalisierung. Religion und Politik im Spannungsfeld von Rat, Geistlichen und Gemeinde in der Reichsstadt Ulm 1554–1629, Ulm 2015.

Arndt, Johannes: Der Dreißigjährige Krieg, 1618–1648, Stuttgart ²2014.

Asche, Matthias / Michael Herrmann / Ulrike Ludwig / Anton Schindling (Hg.): Krieg, Militär und Migration in der Frühen Neuzeit, Berlin 2008.

Asmussen, Tina: Scientia Kircheriana. Die Fabrikation von Wissen bei Athanasius Kircher, Affalterbach 2016.

Asmussen, Tina / Lucas Burkart / Hole Rößler: Theatrum Kircherianum. Wissenskulturen und Bücherwelten im 17. Jahrhundert, Wiesbaden 2013.

Bähr, Andreas: Abgötterei stinkt. Unreinheit, Konfession und Krankheit im 17. Jahrhundert, in: Peter Burschel / Christoph Marx (Hg.): Reinheit, Wien / Köln / Weimar 2011, S. 119–139.

Bähr, Andreas: Die Waffen des Athanasius Kircher SJ (1602–1680). Prolegomena zu einer biographischen Enzyklopädie, in: Saeculum. Jahrbuch für Universalgeschichte 65/1 (2015), S. 135–176.

Bähr, Andreas: Furcht und Furchtlosigkeit. Göttliche Gewalt und Selbstkonstitution im 17. Jahrhundert, Göttingen 2013.

Bähr, Andreas: Gewalt, Furcht und retrospektive Prophetie: Petrus Lotichius' *Elegie von der Belagerung Magdeburgs*, in: Burschel / Marx (Hg.): Gewalterfahrung, S. 353–380.

Bähr, Andreas: Magical Swords and Heavenly Weapons: Battlefield Fear(lessness) in the Seventeenth Century, in: van der Haven / Kuijpers (Hg.): Battlefield Emotions, S. 49–69.

Bähr, Andreas: Spaces of Dreaming: Self-Constitution in Early Modern Dream Narratives, in: David Sabean/Malina Stefanovska (Hg.): Space and Self in Early Modern European Cultures, Toronto 2012, S. 219–238.

Barnes, Robin Bruce: Prophecy and Gnosis: Apocalypticism in the Wake of the Lutheran Reformation, Stanford, CA 1988.

Barthel, Peter/George van Kooten (Hg.): The Star of Bethlehem and the Magi: Interdisciplinary Perspectives from Experts on the Ancient Near East, the Greco-Roman World, and Modern Astronomy, Leiden/Boston 2015.

Barudio, Günter: Der Teutsche Krieg 1618–1648, Berlin 1998.

Baßler, Moritz/Bettina Gruber/Martina Wagner-Egelhaaf (Hg.): Gespenster. Erscheinungen – Medien – Theorien, Würzburg 2005.

Behringer, Wolfgang: Im Zeichen des Merkur. Reichspost und Kommunikationsrevolution in der Frühen Neuzeit, Göttingen 2003.

Behringer, Wolfgang: Kulturgeschichte des Klimas. Von der Eiszeit bis zur globalen Erwärmung, München 2007.

Behringer, Wolfgang: Veränderung der Raum-Zeit-Relation. Zur Bedeutung des Zeitungs- und Nachrichtenwesens während der Zeit des Dreißigjährigen Krieges, in: von Krusenstjern/Medick (Hg.): Zwischen Alltag und Katastrophe, S. 39–81.

Behringer, Wolfgang/Hartmut Lehmann/Christian Pfister (Hg.): Kulturelle Konsequenzen der «Kleinen Eiszeit»/Cultural Consequences of the «Little Ice Age», Göttingen 2005.

Beise, Arnd: Der Ausnahmefall. Anthropophagie in deutschen Trauerspielen des 17. Jahrhunderts, in: Daniel Fulda/Walter Pape (Hg.): Das andere Essen. Kannibalismus als Motiv und Metapher in der Literatur, Freiburg i. Br. 2001, S. 113–146.

Bendikowski, Tilmann: 1914. Zwischen Begeisterung und Angst. Wie Deutsche den Kriegsbeginn erlebten, München 2014.

Benthien, Claudia: Barockes Schweigen. Rhetorik und Performativität des Sprachlosen im 17. Jahrhundert, München 2006.

Benthien, Claudia/Steffen Martus (Hg.): Die Kunst der Aufrichtigkeit im 17. Jahrhundert, Tübingen 2006.

Bergengruen, Maximilian: Genius malignus: Descartes, Augustinus und die frühneuzeitliche Dämonologie, in: Carlos Spoerhase/Dirk Werle/Markus Wild (Hg.): Unsicheres Wissen. Skeptizismus und Wahrscheinlichkeit 1550–1850, Berlin/New York 2009, S. 87–108.

Bergengruen, Maximilian: Prodigien, in: Bühler/Willer (Hg.): Futurologien, S. 99–110.

Bergerhausen, Hans-Wolfgang: Würzburg unter schwedischer Besatzung 1631–1634, hg. vom Mainfränkischen Museum Würzburg, Würzburg 2013.

Bessin, Peter: Zur Rhetorik des Krieges. Die Propaganda der Feldherrn-bildnisse des 16. und 17. Jahrhunderts, in: Peterse (Hg.): Süß scheint der Krieg, S. 147–180.

Bialas, Volker: Johannes Kepler, München 2004.

Bireley, Robert: Jesuiten und der Heilige Krieg, 1615–1635, in: Heinz Schilling (Hg.): Konfessioneller Fundamentalismus. Religion als politischer Faktor im europäischen Mächtesystem um 1600, München 2007, S. 87–100.

Bireley, Robert: The Jesuits and the Thirty Years War: Kings, Courts, and Confessors, Cambridge 2003.

Bleistein, Jan: Ulmer Kometenstreit, in: Meinel (Hg.): Grenzgänger, S. 74–75.

Blumenberg, Hans: Die Lesbarkeit der Welt, Frankfurt a. M. ²1983.

Brändle, Fabian: Gemeiner Mann, was nun? Autobiographie und Lebenswelt des Augustin Güntzer, in: Güntzer: Kleines Biechlin, hg. v. dems. / Sieber, S. 3–26.

Brandes, Wolfram / Felicitas Schmieder / Rebekka Voß (Hg.): Peoples of the Apocalypse: Eschatological Beliefs and Political Scenarios, Berlin / Boston 2016.

Brendle, Franz / Anton Schindling (Hg.): Geistliche im Krieg, Münster 2009.

Brendle, Franz / Anton Schindling (Hg.): Religionskriege im Alten Reich und in Alteuropa. Begriff, Wahrnehmung, Wirkmächtigkeit, Münster 2006.

Brokoff, Jürgen / Jürgen Fohrmann / Hedwig Pompe / Brigitte Weingart (Hg.): Die Kommunikation der Gerüchte, Göttingen 2008.

Bruendel, Steffen: Jahre ohne Sommer. Europäische Künstler in Kälte und Krieg, München 2016.

Bühler, Benjamin / Stefan Willer (Hg.): Futurologien. Ordnungen des Zukunftswissens, Paderborn 2016.

Bünger, Carl: Matthias Bernegger, ein Bild aus dem geistigen Leben Strassburgs zur Zeit des Dreissigjährigen Krieges, Straßburg 1893.

Burkhardt, Johannes: Der Dreißigjährige Krieg, Frankfurt a. M. ⁸2009.

Burkhardt, Johannes: Deutsche Geschichte in der Frühen Neuzeit, München 2009.

Burschel, Peter: Das Heilige und die Gewalt. Zur frühneuzeitlichen

Deutung von Massakern, in: Archiv für Kulturgeschichte 86 (2004), S. 341–368.

Burschel, Peter: Die Erfindung der Reinheit. Eine andere Geschichte der frühen Neuzeit, Göttingen 2014.

Burschel, Peter: Sterben und Unsterblichkeit. Zur Kultur des Martyriums in der frühen Neuzeit, München 2004.

Burschel, Peter / Christoph Marx (Hg.): Gewalterfahrung und Prophetie, Wien / Köln / Weimar 2013.

Bußmann, Klaus / Heinz Schilling (Hg.): 1648. Krieg und Frieden in Europa, 3 Bde., Münster 1998.

Clark, Christopher: Die Schlafwandler. Wie Europa in den Ersten Weltkrieg zog, München ¹⁸2014 [London 2012].

Clark, Stuart: Vanities of the Eye: Vision in Early Modern European Culture, Oxford 2007.

Clark, William: Der Untergang der Astrologie in der deutschen Barockzeit, in: Lehmann / Trepp (Hg.): Im Zeichen der Krise, S. 433–472.

Cocco, Sean: Watching Vesuvius: A History of Science and Culture in Early Modern Italy, Chicago / London 2013.

Conrad, Anne: «Frommer Betrug» und die «Wahrheit des Evangeliums». Deutungen von Wahrheit und Lüge im Christentum, in: Wolfgang Reinhard (Hg.): Krumme Touren. Anthropologie kommunikativer Umwege, Wien / Köln / Weimar 2007, S. 151–163.

Cramer, Kevin: The Thirty Years' War and German Memory in the Nineteenth Century, Lincoln, NE u. a. 2007.

Croxton, Derek: Westphalia: The Last Christian Peace, New York 2013.

Cunz, Rainer: Gottes Freund, der Pfaffen Feind. Zu den Propagandamünzen des «tollen Christian», in: Niedersächsisches Jahrbuch für Landesgeschichte 70 (1998), S. 347–362.

Dane, Gesa: Geschichtsdeutung und literarisches Verfahren: Ricarda Huchs Studie zum ‹Dreißigjährigen Krieg›, in: Marianne Henn / Irmela von der Lühe / Anita Runge (Hg.): Geschichte(n) – Erzählen. Konstruktionen von Vergangenheit in literarischen Werken deutschsprachiger Autorinnen seit dem 18. Jahrhundert, Göttingen 2005, S. 38–52.

Daniel, Hermann Adalbert (Hg.): Codex Litvrgicvs Ecclesiae Vniversae, Bd. 2: Codex Litvrgicvs Ecclesiae Lvtheranae, Leipzig 1848.

Daston, Lorraine: Die Lust an der Neugier in der frühneuzeitlichen Wissenschaft, in: Klaus Krüger (Hg.): Curiositas. Welterfahrung und ästhetische Neugierde in Mittelalter und früher Neuzeit, Göttingen 2002, S. 147–175.

Daston, Lorraine/Katharine Park: Wunder und die Ordnung der Natur 1150–1750, Berlin 2002 [Chicago 1998].

Demura, Shin: Flucht der Landbevölkerung in die Stadt am Beispiel von der Reichsstadt Ulm und ihrem Territorium, in: Asche/Herrmann/Ludwig/Schindling (Hg.): Krieg, S. 187–202.

Denery, Dallas G.: The Devil Wins: A History of Lying from the Garden of Eden to the Enlightenment, Princeton/Oxford 2015.

Dharampal-Frick, Gita: Indien im Spiegel deutscher Quellen der frühen Neuzeit (1500–1750). Studien zu einer interkulturellen Konstellation, Berlin 2011 [Tübingen 1994].

Dieterle, Bernard/Manfred Engel (Hg.): The Dream and the Enlightenment/Le Rêve et les Lumières, Paris 2003.

Dillinger, Johannes: Hexen und Magie. Eine historische Einführung, Frankfurt a. M./New York 2007.

Dobis, Michael: Der Erzherzog wird geprüft. Richtig ist falsch. Falsch ist richtig. Vor hundert Jahren stellte ein beliebtes Frage-und-Antwort-Spiel die Welt auf den Kopf. Eine bis heute hilfreiche Kreativitätstechnik, in: Thomas Ramge (Hg.): jetzt neu. Wie wir eine kreative(re) Gesellschaft werden, Berlin 2010, S. 100–103.

Drüppel, Hubert: Hexenprozesse, in: Wagner (Hg.): Würzburg, S. 492–505.

Duchhardt, Heinz: 1648 – Das Jahr der Schlagzeilen. Europa zwischen Krise und Aufbruch, Köln/Weimar/Wien 2015.

Duchhardt, Heinz (Hg.): Der Westfälische Friede. Diplomatie – politische Zäsur – kulturelles Umfeld – Rezeptionsgeschichte, München 1998.

Dülmen, Richard van: Ein unbekannter Brief von Athanasius Kircher, in: Studia Leibnitiana 4 (1972), S. 141–145.

Dumora, Florence: L'œuvre nocturne. Songe et représentation au XVIIe siècle, Paris 2005.

Dürr, Renate: Laienprophetien. Zur Emotionalisierung politischer Phantasien im 17. Jahrhundert, in: Claudia Jarzebowski/Anne Kwaschik (Hg.): Performing Emotions. Interdisziplinäre Perspektiven auf das Verhältnis von Politik und Emotion in der Frühen Neuzeit und in der Moderne, Göttingen 2013, S. 17–41.

Dürr, Renate: Prophetie und Wunderglauben – zu den kulturellen Folgen der Reformation, in: Historische Zeitschrift 281 (2005), S. 3–32.

Echenoz, Jean: 14, Paris 2012.

Emich, Birgit: Bilder einer Hochzeit. Die Zerstörung Magdeburgs 1631 zwischen Konstruktion, (Inter-)Medialität und Performanz, in: dies./Signori (Hg.): Kriegs/Bilder, S. 197–235.

Emich, Birgit/Gabriela Signori (Hg.): Kriegs/Bilder in Mittelalter und Früher Neuzeit, Berlin 2009.

Engerisser, Peter: Von Kronach nach Nördlingen. Der Dreißigjährige Krieg in Franken, Schwaben und der Oberpfalz 1631–1635, Weißenstadt 2004.

Englund, Peter: Verwüstung. Eine Geschichte des Dreißigjährigen Krieges, Reinbek b. Hamburg ²2013.

Enzyklopädie der Neuzeit, im Auftrag des Kulturwissenschaftlichen Instituts (Essen) und in Verbindung mit den Fachwissenschaftlern hg. v. Friedrich Jaeger, Stuttgart/Weimar 2005–2012.

Esch, Arnold: Die Lebenswelt des europäischen Spätmittelalters. Kleine Schicksale selbst erzählt in Schreiben an den Papst, München 2014.

Fabian, Bernhard (Hg.): Handbuch der historischen Buchbestände in Deutschland, Bd. 19, Hildesheim/New York 1998.

Fabian, Bernhard (Hg.): Handbuch deutscher historischer Buchbestände in Europa. Eine Übersicht über Sammlungen in ausgewählten Bibliotheken, Bd. 7.1, Hildesheim/New York 1998.

Findlen, Paula (Hg.): Athanasius Kircher: The Last Man Who Knew Everything, New York/London 2004.

Flasch, Kurt: Der Teufel und seine Engel. Die neue Biographie, München 2015.

Fletcher, John E.: A Study of the Life and Works of Athanasius Kircher, «Germanus Incredibilis»: With a Selection of his Unpublished Correspondence and an Annotated Translation of his Autobiography, hg. v. Elizabeth Fletcher, Leiden/Boston 2011.

Foucault, Michel: Die Ordnung der Dinge. Eine Archäologie der Humanwissenschaften, Frankfurt a.M. 1974 [Paris 1966].

Fried, Johannes: Dies irae. Eine Geschichte des Weltuntergangs, München 2016.

Friedrich, Markus: Der lange Arm Roms? Globale Verwaltung und Kommunikation im Jesuitenorden 1540–1773, Frankfurt a.M./New York 2011.

Friedrich, Markus: Die Jesuiten. Aufstieg, Niedergang, Neubeginn, München/Berlin 2016.

Fulda, Daniel: «Wann wir die Menschenfresser nicht in Africa oder sonsten/sondern vor unser Hausthür suchen müssen.» Hungeranthropophagie im Dreißigjährigen Krieg und der europäische Kannibalismusdiskurs, in: Hedwig Röckelein (Hg.): Kannibalismus und europäische Kultur, Tübingen 1996, S. 143–176.

Fulda, Daniel: Gewalt gegen Gott und die Natur. Ästhetik und Metaphorizität von Anthropophagieberichten aus dem Dreißigjährigen Krieg, in: Meumann/Niefanger (Hg.): Schauplatz, S. 240–269.

Gantet, Claire: Der Traum in der Frühen Neuzeit. Ansätze zu einer kulturellen Wissenschaftsgeschichte, Berlin 2010.

Gantet, Claire: Politique et activité visionnaire: le traumatisme de la guerre de Trente ans, in: Bertrand Forclaz/Philippe Martin (Hg.): Religion et piété au défi de la guerre de Trente Ans, Rennes 2015, S. 299–311.

Gantet, Claire/Fabrice d'Almeida (Hg.): Gespenster und Politik. 16. bis 21. Jahrhundert, München 2007.

Gaukroger, Stephen: Descartes: An Intellectual Biography, Oxford 1995.

Geiger, Angelika: Wallensteins Astrologie. Eine kritische Überprüfung der Überlieferung nach dem gegenwärtigen Quellenbestand, Graz 1983.

Geisenhanslüke, Achim: Aufrichtigkeit und Verstellung in der europäischen Literatur, Darmstadt 2006.

Gindely, Anton: Geschichte des dreissigjährigen Krieges, Abt. 1: Geschichte des Böhmischen Aufstandes von 1618, Bd. 2, Prag 1878.

Gindhart, Marion: Das Kometenjahr 1618. Antikes und zeitgenössisches Wissen in der frühneuzeitlichen Kometenliteratur des deutschsprachigen Raumes, Wiesbaden 2006.

Glassie, John: Der letzte Mann, der alles wusste. Das Leben des exzentrischen Genies Athanasius Kircher, Berlin 2014 [New York 2012].

Göttert, Karl-Heinz: Geschichte der Stimme, München 1998.

Gotthard, Axel: Der Dreißigjährige Krieg. Eine Einführung, Köln/Weimar/Wien 2016.

Greyerz, Kaspar von: Alchemie, Hermetismus und Magie. Zur Frage der Kontinuitäten in der wissenschaftlichen Revolution, in: Lehmann/Trepp (Hg.): Im Zeichen der Krise, S. 415–432.

Greyerz, Kaspar von: Religion in the Life of German and Swiss Autobiographers (Sixteenth and Early Seventeenth Centuries), in: ders. (Hg.): Religion and Society in Early Modern Europe 1500–1800, London/Boston/Sydney 1984, S. 223–241.

Greyerz, Kaspar von: Vorsehungsglaube und Kosmologie. Studien zu englischen Selbstzeugnissen des 17. Jahrhunderts, Göttingen/Zürich 1990.

Greyerz, Kaspar von/Thomas Kaufmann/Kim Siebenhüner/Roberto Zaugg (Hg.): Religion und Naturwissenschaften im 16. und 17. Jahrhundert, Gütersloh 2010.

Greyerz, Kaspar von/Kim Siebenhüner (Hg.): Religion und Gewalt. Konflikte, Rituale, Deutungen (1500–1800), Göttingen 2006.

Greyerz, Kaspar von/Kim Siebenhüner: Einleitung, in: dies. (Hg.): Religion und Gewalt, S. 9–25.

Groh, Dieter/Michael Kempe/Franz Mauelshagen: Einleitung, in: dies. (Hg.): Naturkatastrophen. Beiträge zu ihrer Deutung, Wahrnehmung und Darstellung in Text und Bild von der Antike bis ins 20. Jahrhundert, Tübingen 2003, S. 11–33.

Grötzinger, Vera: Der Erste Weltkrieg im Widerhall des «Zeit-Echo» (1914–1917). Zum Wandel im Selbstverständnis einer künstlerisch-politischen Literaturzeitschrift, Bern u. a. 1994.

Hacking, Ian: Dreams in Place, in: Journal of Aesthetics and Art Criticism 59/3 (2001), S. 245–260.

Hamel, Jürgen: Astronomie – Tochter der Astrologie?, Leipzig/Jena/Berlin 1987.

Hartmann, Peter Claus: Die Jesuiten, München ²2008.

Hartmann, Peter Claus/Florian Schuller (Hg.): Der Dreißigjährige Krieg. Facetten einer folgenreichen Epoche, Regensburg 2010.

Haven, Cornelis van der/Erika Kuijpers (Hg.): Battlefield Emotions 1500–1850: Practices, Experience, Imagination, Basingstoke/New York 2016.

Hawlitschek, Kurt: Die Deutschlandreise des René Descartes, in: Berichte zur Wissenschaftsgeschichte 25 (2002), S. 235–252.

Hawlitschek, Kurt: Johann Faulhaber 1580–1635. Eine Blütezeit der mathematischen Wissenschaften in Ulm, Ulm 1995.

Hemleben, Johannes: Johannes Kepler in Selbstzeugnissen und Bilddokumenten, Reinbek b. Hamburg 1971.

Hersche, Peter: Muße und Verschwendung. Europäische Gesellschaft und Kultur im Barockzeitalter, Freiburg/Basel/Wien 2006.

Herzog, Urs: Geistliche Wohlredenheit. Die katholische Barockpredigt, München 1991.

Hildebrandt, Dieter: Die Sonne. Biographie unseres Sterns, München 2008.

Hobsbawm, Eric: Das Zeitalter der Extreme. Weltgeschichte des 20. Jahrhunderts, München 1994 [London 1994].

Hocke, Gustav René: Europäische Tagebücher aus vier Jahrhunderten. Motive und Anthologie, Frankfurt a. M. 1991.

Hohkamp, Michaela: Gerücht, in: EdN 4, Sp. 570–572.

Hölscher, Lucian: Die Entdeckung der Zukunft, Frankfurt a. M. 1999.

Holzem, Andreas: Barockscholastik in der Predigt. Kriegsethik, Sündenschuld und der Kampf gegen Trübsal und Verzweiflung, in: ders. (Hg.): Krieg und Christentum, S. 553–595.

Holzem, Andreas: Geistliche im Krieg und die Normen des Kriegsverstehens. Ein Religionsgeschichtliches Modell zu Ritual, Ethik und Trost zwischen militärischer Kulttradition und christlicher Friedenspflicht, in: Brendle/Schindling (Hg.): Geistliche im Krieg, S. 41–85.

Holzem, Andreas (Hg.): Krieg und Christentum. Religiöse Gewalttheorien in der Kriegserfahrung des Westens, Paderborn/München/Wien/Zürich 2009.

Holzem, Andreas: «... *zum seufzen und wainen also bewegt worden*». Maria im Krieg – das Beispiel Rottweil 1618–1648, in: Brendle/Schindling (Hg.): Religionskriege, S. 191–216.

Huschke, Wolfgang: Die Happesche Chronik als genealogische Quelle, in: Mitteldeutsche Familienkunde 27/8/2 (1986), S. 257–281.

Illies, Florian: 1913. Der Sommer des Jahrhunderts, Frankfurt a.M. 2012.

Imorde, Joseph: Die ‹Gabe der Tränen› in der religiösen Kultur der Frühen Neuzeit, in: Beate Söntgen/Geraldine Spiekermann (Hg.): Tränen, München 2006, S. 41–55.

Jama, Sophie: La nuit des songes de René Descartes, Paris 1998.

Jancke, Gabriele: Autobiographie als soziale Praxis. Beziehungskonzepte in Selbstzeugnissen des 15. und 16. Jahrhunderts im deutschsprachigen Raum, Köln/Weimar/Wien 2002.

Kaiser, Michael: «... aber ich muß erst Beute machen». Die Zerstörung Magdeburgs im Spiegel von Selbstzeugnissen, in: Puhle (Hg.): «... gantz verheeret!», S. 63–70.

Kaiser, Michael: «Excidium Magdeburgense». Beobachtungen zur Wahrnehmung und Darstellung von Gewalt im Dreißigjährigen Krieg, in: Meumann/Niefanger (Hg.): Schauplatz, S. 43–64.

Kaiser, Michael: Die ‹Magdeburgische Hochzeit› (1631). Gewaltphänomene im Dreißigjährigen Krieg, in: Eva Labouvie (Hg.): Leben in der Stadt. Eine Kultur- und Geschlechtergeschichte Magdeburgs, Köln/Weimar/Wien 2004, S. 195–213.

Kampmann, Christoph: Europa und das Reich im Dreißigjährigen Krieg. Geschichte eines europäischen Konflikts, Stuttgart ²2013.

Kaufmann, Thomas: Das Ende der Reformation. Magdeburgs «Herrgotts Kanzlei» (1548–1551/2), Tübingen 2009.

Kaufmann, Thomas: Dreißigjähriger Krieg und Westfälischer Friede. Kirchengeschichtliche Studien zur lutherischen Konfessionskultur, Tübingen 1998.

Keller, Katrin: Das «eigentliche und wahre große Friedensfest ... im ganzen Sachsenlande». Kursachsen von 1648 bis 1650, in: Duchhardt (Hg.): Der Westfälische Friede, S. 661–677.

Kennan, George F.: The Decline of Bismarck's European Order: Franco-Russian Relations, 1875–1890, Princeton, NJ 1979.

Kerr, Heather/Claire Walker (Hg.): *Fama* and Her Sisters: Gossip and Rumour in Early Modern Europe, Turnhout 2015.

Kershaw, Ian: Europe's Second Thirty Years War: The Twentieth-Century World and Beyond, in: History Today 55/9 (2005), S. 10–17.

Kershaw, Ian: Höllensturz. Europa 1914 bis 1949, München 2016 [London 2015].

Kidger, Mark R.: The Star of Bethlehem: An Astronomer's View, Princeton, NJ 1999.

Kittsteiner, Heinz Dieter: Die Entstehung des modernen Gewissens, Frankfurt a. M./Leipzig 1991.

Knauer, Martin: «… Das Mägdlein ist nicht todt, sondern es schläfft». Die Eroberung Magdeburgs als heilsgeschichtliches Ereignis, in: Puhle (Hg.): «… gantz verheeret!», S. 71–79.

Kormann, Eva: Ich, Welt und Gott. Autobiographik im 17. Jahrhundert, Köln/Weimar/Wien 2004.

Koselleck, Reinhart: Vergangene Zukunft der frühen Neuzeit, in: ders.: Vergangene Zukunft. Zur Semantik geschichtlicher Zeiten, Frankfurt a. M. ⁴2000, S. 17–37.

Koslofsky, Craig: Evening's Empire: A History of the Night in Early Modern Europe, Cambridge 2011.

Krämer, Fabian: Ein Zentaur in London. Lektüre und Beobachtung in der frühneuzeitlichen Naturforschung, Affalterbach 2014.

Krebs, Werner: Alte Handwerksbräuche mit besonderer Berücksichtigung der Schweiz, Basel 1933.

Kroener, Bernhard: Der «Zweiunddreißigjährige Krieg» – Kriegsende 1650. Oder: Wie lange dauerte der Dreißigjährige Krieg?, in: Wegner (Hg.): Wie Kriege enden, S. 67–93.

Kronk, Gary W.: Cometography: A Catalog of Comets, Cambridge 1999.

Krusenstjern, Benigna von/Hans Medick (Hg.): Zwischen Alltag und Katastrophe. Der Dreißigjährige Krieg aus der Nähe, Göttingen ²2001.

Krusenstjern, Benigna von: Prodigienglaube und Dreißigjähriger Krieg, in: Lehmann/Trepp (Hg.): Im Zeichen der Krise, S. 53–78.

Krusenstjern, Benigna von: Selbstzeugnisse der Zeit des Dreißigjährigen Krieges. Beschreibendes Verzeichnis, Berlin 1997.

Krusenstjern, Benigna von: Seliges Sterben und böser Tod. Tod und

Sterben in der Zeit des Dreißigjährigen Krieges, in: dies./Medick (Hg.): Zwischen Alltag und Katastrophe, S. 469–496.

Lachmann, Theodor: Sagen und Bräuche am Überlinger See. Neu bearb. v. Mathilde Maier/Karl Sättele. Zeichnungen v. Hans Sauerbruch, Weißenhorn 1972.

Lahne, Werner: Magdeburgs Zerstörung in der zeitgenössischen Publizistik, Magdeburg 1931.

Landwehr, Achim: Geburt der Gegenwart. Eine Geschichte der Zeit im 17.Jahrhundert, Frankfurt a.M. 2014.

Lauffer, Otto: Der Komet im Volksglauben, in: Zeitschrift des Vereins für Volkskunde 27 (1917), S. 13–35.

Laux, Stephan: «Etwas gross» aufschreiben. Quellenkritische Anmerkungen zum «Zeytregister» des Ulmer Chronisten Hans Heberle (1597–1677), in: zeitenblicke 1 (2002), Nr. 2, URL: http://www.zeitenblicke.historicum.net/2002/02/laux/index.html [18.6.2017].

Lehmann, Hartmut: Die Kometenflugschriften des 17.Jahrhunderts als historische Quelle [1985], in: ders.: Transformationen der Religion in der Neuzeit. Beispiele aus der Geschichte des Protestantismus, Göttingen 2007, S. 21–39.

Lehmann, Hartmut/Anne-Charlott Trepp (Hg.): Im Zeichen der Krise. Religiosität im Europa des 17.Jahrhunderts, Göttingen 1999.

Leinkauf, Thomas: Mundus combinatus. Studien zur Struktur der barocken Universalwissenschaft am Beispiel Athanasius Kirchers SJ (1602–1680), Berlin ²2009.

Lemcke, Mechthild: Johannes Kepler, Reinbek b. Hamburg ³2007.

Leonhard, Jörn: Die Büchse der Pandora. Geschichte des Ersten Weltkriegs, München ⁵2014.

Lepper, Marcel: Lamento. Zur Affektdarstellung in der Frühen Neuzeit, Frankfurt a.M. 2008.

Leppin, Volker: Antichrist und Jüngster Tag. Das Profil apokalyptischer Flugschriftenpublizistik im deutschen Luthertum 1548–1618, Gütersloh 1999.

Leutert, Sebastian: «All dies, was mir mein Genius vorgezeichnet hatte». Zur Psychologisierung des Traumes in Selbstzeugnissen des 18.Jahrhunderts, in: Kaspar von Greyerz/Hans Medick/Patrice Veit (Hg.): Von der dargestellten Person zum erinnerten Ich. Europäische Selbstzeugnisse als historische Quellen (1500–1850), Köln/Weimar/Wien 2001, S. 251–273.

Leutert, Sebastian: Geschichten vom Tod. Tod und Sterben in Deutschschweizer und oberdeutschen Selbstzeugnissen des 16. und 17. Jahrhunderts, Basel 2007.

Loetz, Francisca: Sexualisierte Gewalt. Plädoyer für eine historische Gewaltforschung, Frankfurt a. M. / New York 2012.

Lorenz, Maren: Das Rad der Gewalt. Militär und Zivilbevölkerung in Norddeutschland nach dem Dreißigjährigen Krieg (1650–1700), Köln / Weimar / Wien 2007.

Loth, Richard: Zornzeichen und Warnungszeichen. Eine kulturgeschichtliche Studie aus dem 16. und 17. Jahrhundert. Nach Erfurter Quellen bearbeitet, in: Jahrbuch der Akademie gemeinnütziger Wissenschaften, N. F. 22 (1896), S. 203–233.

Malzer, Judith: Kometen- und Prodigienliteratur der Frühen Neuzeit, in: Meinel (Hg.): Grenzgänger, S. 28–31.

Mann, Golo: Wallenstein. Sein Leben, Stuttgart / Hamburg / München 1971.

Mares, Detlev / Dieter Schott (Hg.): Das Jahr 1913. Aufbrüche und Krisenwahrnehmungen am Vorabend des Ersten Weltkriegs, Bielefeld 2014.

Mauelshagen, Franz: Klimageschichte der Neuzeit. 1500–1900, Darmstadt 2010.

McDermott, Jennifer Rae: ‹The Melodie of Heaven›: Sermonizing the Open Ear in Early Modern England, in: Wietze de Boer / Christine Göttler (Hg.): Religion and the Senses in Early Modern Europe, Leiden / Boston 2013, S. 177–197.

Medick, Hans: Der Dreißigjährige Krieg als Erfahrung und Memoria. Zeitgenössische Wahrnehmungen eines Ereigniszusammenhangs, in: Hartmann / Schuller (Hg.): Der Dreißigjährige Krieg, S. 158–172.

Medick, Hans: Historisches Ereignis und zeitgenössische Erfahrung: Die Eroberung und Zerstörung Magdeburgs 1631, in: von Krusenstjern / Medick (Hg.): Zwischen Alltag und Katastrophe, S. 377–407.

Medick, Hans: Sondershausen als «Schindershausen». Selbstverortungen und Wahrnehmungshorizonte der Gewalt in Volkmar Happes *Chronicon Thuringiae* aus der Zeit des Dreißigjährigen Krieges, in: Andreas Bähr / Peter Burschel / Gabriele Jancke (Hg.): Räume des Selbst. Selbstzeugnisforschung transkulturell, Köln / Weimar / Wien 2007, S. 173–185.

Medick, Hans / Benigna von Krusenstjern: Einleitung: Die Nähe und Ferne des Dreißigjährigen Krieges, in: von Krusenstjern / Medick (Hg.): Zwischen Alltag und Katastrophe, S. 13–36.

Mehl, Édouard: Comètes et taches solaires en Allemagne (1610–1630): l'aile hétérodoxe (Faulhaber, Mayr, Mögling) et le point de départ de la ‹fable du monde› cartésienne, in: Tessicini/Boner (Hg.): Celestial Novelties, S. 231–255.

Mehlin, Beate: Gestörte Formation. Erdbebenbewältigung in Benevent und Verwirklichung von Herrschaft im Kirchenstaat 1680–1730, Tübingen 2003.

Meinel, Christoph (Hg.): Grenzgänger zwischen Himmel und Erde. Kometen in der Frühen Neuzeit, Regensburg 2009.

Meinel, Christoph: «ein neues und einzigartiges Phänomen», in: ders. (Hg.): Grenzgänger, S. 46–49.

Meinel, Christoph: neu und paradox, in: ders. (Hg.): Grenzgänger, S. 50–51.

Mendelssohn, Peter de: Der Zauberer. Das Leben des deutschen Schriftstellers Thomas Mann, Bd. 2: 1905 bis 1918, Neuausg. Frankfurt a. M. 1996.

Merton, Robert K.: The Self-Fulfilling Prophecy, in: The Antioch Review 8 (1948), S. 193–210.

Merzhäuser, Andreas: Das ‹illiterate› Ich als Historiograph der Katastrophe: Zur Konstruktion von Geschichte in Hans Heberles «Zeytregister» (1618–1672), in: zeitenblicke 1 (2002), Nr. 2, URL: http:// www.zeitenblicke.historicum.net/2002/02/merzhaeuser/index.html [18. 6. 2017].

Meumann, Markus/Dirk Niefanger (Hg.): Ein Schauplatz herber Angst. Wahrnehmung und Darstellung von Gewalt im 17. Jahrhundert, Göttingen 1997.

Mortimer, Geoff: Eyewitness Accounts of the Thirty Years War 1618–48, Basingstoke/New York 2002.

Mossmann, Xavier: Matériaux pour servir à l'histoire de la guerre de trente ans tirés des archives de Colmar. 24 août 1639–23 décembre 1640, in: Revue d'Alsace. Nouvelle série 10 (1881), S. 361–374.

Münkler, Herfried: Der Große Krieg. Die Welt 1914 bis 1918, Berlin [6]2014.

Neubauer, Hans Joachim: Fama. Eine Geschichte des Gerüchts, Berlin [2]2009.

Nolde, Dorothea: Religion und narrative Identität in Reiseberichten der Frühen Neuzeit, in: Franz X. Eder (Hg.): Historische Diskursanalysen. Genealogie, Theorie, Anwendungen, Wiesbaden 2006, S. 271–289.

O'Dea, Michael: Le mot ‹catastrophe›, in: Anne-Marie Mercier-Faivre/Chantal Thomas (Hg.): L'invention de la catastrophe au XVIIIe siècle. Du châtiment divin au désastre naturel, Genf 2008, S. 35–48.

Parker, Geoffrey (Hg.): The Thirty Years' War, London ²1998.

Parker, Geoffrey: Global Crisis: War, Climate Change and Catastrophe in the Seventeenth Century, New Haven/London 2013.

Perler, Dominik: Transformationen der Gefühle. Philosophische Emotionstheorien 1270–1650, Frankfurt a. M. 2011.

Peterse, Hans (Hg.): Süß scheint der Krieg den Unerfahrenen. Das Bild vom Krieg und die Utopie des Friedens in der Frühen Neuzeit, Göttingen 2006.

Peuckert, Will-Erich: Weltkriegs-Weissagung, in: HDA 9, Sp. 472–495.

Pfaller, Robert: Das trügerische Bild der Vergangenheit huscht herbei. Nachträglichkeit und das Imaginäre der Kulturwissenschaften, in: Marianne Kubaczek/Wolfgang Pircher/Eva Waniek (Hg.): Kunst, Zeichen, Technik. Philosophie am Grund der Medien, Münster 2004, S. 45–62.

Plane, Ann Marie/Leslie Tuttle (Hg.): Dreams, Dreamers, and Visions: The Early Modern Atlantic World, Philadelphia 2013.

Plattig, Michael: Vom Trost der Tränen. Ignatius von Loyola und die Gabe der Tränen, in: Studies in Spirituality 2 (1992), S. 148–199.

Pohlig, Matthias: Religiöse Gewalt? Begriffliche Überlegungen an Beispielen des konfessionellen Zeitalters, in: Saeculum. Jahrbuch für Universalgeschichte 65/1 (2015), S. 115–134.

Pomata, Gianna/Nancy Gillian Siraisi (Hg.): Historia: Empiricism and Erudition in Early Modern Europe, Cambridge, MA 2005.

Price, Merrall Llewelyn: Consuming Passions: The Uses of Cannibalism in Late Medieval and Early Modern Europe, New York/London 2003.

Puhle, Matthias (Hg.): «… gantz verheeret!» Magdeburg und der Dreißigjährige Krieg. Beiträge zur Stadtgeschichte und Katalog zur Ausstellung des Kulturhistorischen Museums Magdeburg im Kunstmuseum Kloster Unser Lieben Frauen, Halle a. d. S. ²1998.

Rebitsch, Robert: Wallenstein. Biografie eines Machtmenschen, Wien/Köln/Weimar 2010.

Rehlinghaus, Franziska: Die Semantik des Schicksals. Zur Relevanz des Unverfügbaren zwischen Aufklärung und Erstem Weltkrieg, Göttingen 2015.

Repgen, Konrad: Dreißigjähriger Krieg und Westfälischer Friede. Studien und Quellen, hg. v. Franz Bosbach/Christoph Kampmann, Paderborn 1998, S. 21–112.

Repgen, Konrad (Hg.): Krieg und Politik 1618–1648. Europäische Probleme und Perspektiven, München 1988.

Repgen, Konrad: Noch einmal zum Begriff «Dreißigjähriger Krieg», in: Zeitschrift für Historische Forschung 9 (1982), S. 347–352.

Repgen, Konrad: Seit wann gibt es den Begriff «Dreißigjähriger Krieg»?, in: Heinz Dollinger (Hg.): Weltpolitik, Europagedanke, Regionalismus. Festschrift für Heinz Gollwitzer zum 65. Geburtstag, Münster 1982, S. 59–70.

Repgen, Konrad: Über die Geschichtsschreibung des Dreißigjährigen Krieges: Begriff und Konzeption, in: ders. (Hg.): Krieg und Politik, S. 1–84.

Richter, Dieter: Der Vesuv. Geschichte eines Berges, Berlin 2007.

Rieger, Miriam: Der Teufel im Pfarrhaus. Gespenster, Geisterglaube und Besessenheit im Luthertum der Frühen Neuzeit, Stuttgart 2011.

Roeck, Bernd: Eine Stadt in Krieg und Frieden. Studien zur Geschichte der Reichsstadt Augsburg zwischen Kalenderstreit und Parität, 2 Bde., Göttingen 1989.

Roeck, Bernd: Geschichte Augsburgs, München 2005.

Roßbeck, Brigitte: Franz Marc. Die Träume und das Leben. Biographie, München 2015.

Rowland, Ingrid D.: From Pompeii: The Afterlife of a Roman Town, Cambridge, MA / London 2014.

Rublack, Ulinka: Die Reformation in Europa, Frankfurt a. M. 2003.

Rublack, Ulinka: Metze und Magd. Frauen, Krieg und die Bildfunktion des Weiblichen in deutschen Städten der Frühen Neuzeit, in: Historische Anthropologie 3 (1995), S. 412–432.

Rublack, Ulinka: The Astronomer and the Witch: Johannes Kepler's Fight for His Mother, Oxford 2015.

Ryan, Michael A. (Hg.): A Companion to the Premodern Apocalypse, Leiden / Boston 2016.

Sabean, David Warren: Das zweischneidige Schwert. Herrschaft und Widerspruch im Württemberg der frühen Neuzeit, Frankfurt a. M. 1990 [Cambridge 1984].

Sack, Hilmar: Der Krieg in den Köpfen. Die Erinnerung an den Dreißigjährigen Krieg in der deutschen Krisenerfahrung zwischen Julirevolution und deutschem Krieg, Berlin 2008.

Sandl, Marcus: Martin Luther und die Zeit der reformatorischen Erkenntnisbildung, in: Arndt Brendecke / Ralf-Peter Fuchs / Edith Koller (Hg.): Die Autorität der Zeit in der Frühen Neuzeit, Berlin 2007, S. 377–409.

Sandl, Marcus: Medialität und Ereignis. Eine Zeitgeschichte der Reformation, Zürich 2011.

Schäfer, Dieter: Geschichte Würzburgs. Von den Anfängen bis zur Gegenwart, München 2003.

Schaffner, Martin: Religion und Gewalt. Historiographische Verknüpfungen, in: von Greyerz/Siebenhüner (Hg.): Religion und Gewalt, S. 29–37.

Schechner Genuth, Sara: Comets, Popular Culture and the Birth of Modern Cosmology, Princeton, NJ 1997.

Schmidt, Georg: Der Dreißigjährige Krieg, München [8]2010.

Schmidt, Peer/Gregor Weber (Hg.): Traum und *res publica*. Traumkulturen und Deutungen sozialer Wirklichkeiten im Europa von Renaissance und Barock, Berlin 2008.

Schmidt, Peer: *Wan er auch aufwachet/ihm eben ist/als einem der aus der Schlacht entrunnen.* Träume im Dreißigjährigen Krieg, in: ders./Weber (Hg.): Traum, S. 257–283.

Schmidt-Biggemann, Wilhelm: Apokalypse und Philologie. Wissensgeschichten und Weltentwürfe in der Frühen Neuzeit, hg. v. Anja Hallacker/Boris Bayer, Göttingen 2007.

Schmidt-Hannisa, Hans-Walter: Göttliche Gesichte? Traumdarstellungen in pietistischen Lebensläufen, in: Udo Sträter in Verb. mit Hartmut Lehmann/Thomas Müller-Bahlke/Johannes Wallmann (Hg.): Interdisziplinäre Pietismusforschungen, Tübingen 2005, S. 585–596.

Schneider, Ivo: Between Rosicrucians and Cabbala – Johannes Faulhaber's Mathematics of Biblical Numbers, in: Teun Koetsier/Luc Bergmans (Hg.): Mathematics and the Divine: A Historical Study, Amsterdam u. a. 2005, S. 311–330.

Schneider, Ivo: Johannes Faulhaber, 1580–1635. Rechenmeister in einer Welt des Umbruchs, Basel/Boston/Berlin 1993.

Schneider, Ivo: Wunderwerk Gottes oder ganz natürliche Erscheinung? Der Kometenstreit des Jahres 1618, in: Damals. Zeitschrift für geschichtliches Wissen 26/12 (1994), S. 32–39.

Schoeller, Wilfried F.: Franz Marc. Eine Biographie, München 2016.

Schormann, Gerhard: Der Dreißigjährige Krieg, Göttingen [3]2004.

Schreiner, Klaus: Maria. Jungfrau, Mutter, Herrscherin, Köln 2006.

Schröder, Peter/Olaf Asbach (Hg.): The Ashgate Research Companion to the Thirty Years' War, Farnham/Burlington, VT 2014.

Schudt, Ludwig: Italienreisen im 17. und 18. Jahrhundert, Wien/München 1959.

Schwegler, Michaela: Kleines Lexikon der Vorzeichen und Wunder, München 2004.

Scribner, Robert W.: Reformation, Volksmagie und die ‹Entzauberung der

Welt› [1993], in: ders.: Religion und Kultur in Deutschland (1400–1800), hg. v. Lyndal Roper, Göttingen 2002, S. 378–398.

Seargent, David: The Greatest Comets in History: Broom Stars and Celestial Scimitars, Berlin u. a. 2009.

Seebaß, Gottfried: Geschichte des Christentums III. Spätmittelalter – Reformation – Konfessionalisierung, Stuttgart 2006.

Seidel Menchi, Silvana: Theorie und Wirklichkeit der Verfolgung in norditalienischen evangelischen Kreisen 1540–1570, in: dies. (Hg.): Ketzerverfolgung im 16. und frühen 17. Jahrhundert, Wiesbaden 1992, S. 193–212.

Seifert, Arno: Cognitio historica. Die Geschichte als Namengeberin der frühneuzeitlichen Empirie, Berlin 1976.

Shapin, Steven: Die wissenschaftliche Revolution, Frankfurt a. M. 1998 [Chicago 1996].

Sicken, Bernhard: Dreißigjähriger Krieg (1618–1648), in: Wagner (Hg.): Würzburg, S. 101–125.

Siebenpfeiffer, Hania: Astrologie, in: Bühler/Willer (Hg.): Futurologien, S. 379–392.

Sieber, Dominik: Erlesenes Leid und selbstbewusste Gesten. Die religiösen Leitbilder Augustin Güntzers, in: Güntzer: Biechlin, hg. v. Brändle/Sieber, S. 28–58.

Siebert, Harald: Die große kosmologische Kontroverse. Rekonstruktionsversuche anhand des Itinerarium exstaticum von Athanasius Kircher SJ (1602–1680), Stuttgart 2006.

Siebert, Harald: Flucht, Aufstieg und die Galilei-Affäre. Drei Jahre im Leben des Athanasius Kircher. Eine Mikrostoria (1631–1633), Norderstedt 2008.

Siwek, Alberich (Hg.): Die Zisterzienserabtei Salem. Der Orden. Das Kloster. Seine Äbte, Sigmaringen 1984.

Smith, Jeffrey Chipps: The Destruction of Magdeburg in 1631: The Art of a Disastrous Victory, in: Spinks/Zika (Hg.): Disaster, S. 247–271.

Snyder, Jon R.: Dissimulation and the Culture of Secrecy in Early Modern Europe, Berkeley, CA 2009.

Soboth, Christian: Tränen des Auges, Tränen des Herzens. Anatomien des Weinens in Pietismus, Aufklärung und Empfindsamkeit, in: Jürgen Helm/Karin Stukenbrock (Hg.): Anatomie. Sektionen einer medizinischen Wissenschaft im 18. Jahrhundert, Stuttgart 2003, S. 293–315.

Spinks, Jennifer/Charles Zika (Hg.): Disaster, Death and Emotions in the Shadow of the Apocalypse, 1400–1700, London 2016.

Stagl, Justin: Eine Geschichte der Neugier. Die Kunst des Reisens 1550–1800, Wien/Köln/Weimar 2002.

Stagl, Justin: Nichtlachen und Nichtweinen als negative Gesten, in: August Nitschke/Justin Stagl/Dieter R. Bauer (Hg.): Überraschendes Lachen, gefordertes Weinen. Gefühle und Prozesse, Kulturen und Epochen im Vergleich, Wien/Köln/Weimar 2009, S. 89–108.

Stannek, Antje: Konfessionalisierung des ‹Giro d'Italia›? Protestanten im Italien des 17. Jahrhunderts, in: Rainer Babel/Werner Paravicini (Hg.): Grand Tour. Adeliges Reisen und europäische Kultur vom 14. bis zum 18. Jahrhundert, Ostfildern 2005, S. 555–568.

Stegemann, Victor: Komet, in: HDA 5, Sp. 89–170.

Stern, Fritz: Der zweite Dreißigjährige Krieg, in: ders.: Der Westen im 20. Jahrhundert. Selbstzerstörung, Wiederaufbau, Gefährdungen der Gegenwart, Göttingen 2008, S. 9–29.

Stollberg-Rilinger, Barbara: Das Heilige Römische Reich Deutscher Nation. Vom Ende des Mittelalters bis 1806, München [5]2013.

Stollberg-Rilinger, Barbara: Einleitung, in: dies./Andreas Pietsch (Hg.): Konfessionelle Ambiguität. Uneindeutigkeit und Verstellung als religiöse Praxis in der Frühen Neuzeit, Gütersloh 2013, S. 9–26.

Stolzenberg, Daniel: The Connoisseur of Magic, in: ders. (Hg.): The Great Art, S. 49–57.

Stolzenberg, Daniel: The Egyptian Oedipus: Athanasius Kircher and the Secrets of Antiquity, Chicago/London 2013.

Stolzenberg, Daniel (Hg.): The Great Art of Knowing: The Baroque Encyclopedia of Athanasius Kircher, Stanford 2001.

Strasser, Gerhard F.: Magia naturalis in der Kryptographie, oder «Wie man über 100. oder 1000. Meilen einem etwas entdecken soll», in: Barbara Mahlmann-Bauer (Hg.): Scientiae et artes. Die Vermittlung alten und neuen Wissens in Literatur, Kunst und Musik, Wiesbaden 2004, Bd. 2, S. 693–700.

Stuckrad, Kocku von: Geschichte der Astrologie. Von den Anfängen bis zur Gegenwart, München 2007.

Sutter, Berthold: Der Hexenprozeß gegen Katharina Kepler, Weil der Stadt 1979.

Tessicini, Dario/Patrick J. Boner (Hg.): Celestial Novelties on the Eve of the Scientific Revolution 1540–1630, Florenz 2013.

Teuber, Bernhard: Literarisches Träumen im Frankreich der Frühen Neuzeit. Inszenierung, Kritik und Apologie des Traums zwischen Ronsard und Racine, in: Schmidt/Weber (Hg.): Traum, S. 77–110.

Theibault, John: Jeremiah in the Village: Prophecy, Preaching, Pamphlets, and Penance in the Thirty Years' War, in: Central European History 27 (1994), S. 441–460.

Tischer, Anuschka: Kriegserklärung, in: EdN 13, Sp. 43–49.

Tischer, Anuschka: Offizielle Kriegsbegründungen in der Frühen Neuzeit. Herrscherkommunikation in Europa zwischen Souveränität und korporativem Selbstverständnis, Berlin 2012.

Totaro, Giunia: L'autobiographie d'Athanasius Kircher. L'écriture d'un jésuite entre vérité et invention au seuil de l'œuvre. Introduction et traduction française et italienne, Bern u. a. 2009.

Trempler, Jörg: Katastrophen. Ihre Entstehung aus dem Bild, Berlin 2013.

Trepp, Anne-Charlott: Von der Glückseligkeit alles zu wissen. Die Erforschung der Natur als religiöse Praxis in der Frühen Neuzeit (1550–1750), Frankfurt a. M. / New York 2009.

Trepp, Anne-Charlott / Hartmut Lehmann (Hg.): Antike Weisheit und kulturelle Praxis. Hermetismus in der Frühen Neuzeit, Göttingen 2001.

Tricoire, Damien: Mit Gott rechnen. Katholische Reform und politisches Kalkül in Frankreich, Bayern und Polen-Litauen, Göttingen 2013.

Tschopp, Silvia Serena: Heilsgeschichtliche Deutungsmuster in der Publizistik des Dreißigjährigen Krieges. Pro- und antischwedische Propaganda in Deutschland 1628 bis 1635, Frankfurt a. M. u. a. 1991.

Tschopp, Silvia Serena: Rhetorik des Bildes. Die kommunikative Funktion sprachlicher und graphischer Visualisierung in der Publizistik zur Zerstörung Magdeburgs im Jahre 1631, in: Johannes Burkhardt (Hg.): Kommunikation und Medien in der Frühen Neuzeit, München 2005, S. 79–103.

Uhlig, Ingo: Traum und Poiesis. Produktive Schlafzustände 1641–1810, Göttingen 2015.

Ulbrich, Claudia: Tränenspektakel. Die Lebensgeschichte der Luise Charlotte von Schwerin (1731) zwischen Frömmigkeitspraxis und Selbstinszenierung, in: L'Homme Z. F. G. 23/1 (2012), S. 27–42.

Ulbrich, Claudia / Claudia Jarzebowski / Michaela Hohkamp (Hg.): Gewalt in der Frühen Neuzeit. Beiträge zur 5. Tagung der Arbeitsgemeinschaft Frühe Neuzeit im VHD, Berlin 2005.

Van Engen, Abram C.: Sympathetic Puritans: Calvinist Fellow Feeling in Early New England, Oxford / New York 2015.

Verhey, Jeffrey: Der «Geist von 1914» und die Erfindung der Volksgemeinschaft, Hamburg 2000.

Vondung, Klaus: Die Apokalypse in Deutschland, München 1988.

Wadauer, Sigrid: Die Tour der Gesellen. Mobilität und Biographie im Handwerk vom 18. bis zum 20. Jahrhundert, Frankfurt a. M. / New York 2005.

Waddell, Mark A.: Jesuit Science and the End of Nature's Secrets, Farnham / Burlington, VT 2015.

Wagner, Ulrich (Hg.): Geschichte der Stadt Würzburg, Bd. 2: Vom Bauernkrieg 1525 bis zum Übergang an das Königreich Bayern 1814, Stuttgart 2004.

Wagner, Ulrich: Würzburg unter schwedischer Herrschaft 1631–1634, in: ders. (Hg.): Würzburg, S. 126–129.

Wald, Martin C.: Die Gesichter der Streitenden. Erzählung, Drama und Diskurs des Dreißigjährigen Krieges, 1830 bis 1933, Göttingen 2008.

Walde, Otto: Die Herzogliche Bibliothek in Gotha und die literarische Kriegsbeute aus Würzburg, Uppsala 1930.

Walsham, Alexandra: Providence in Early Modern England, Oxford / New York 1999.

Walter, François: Katastrophen. Eine Kulturgeschichte vom 16. bis 21. Jahrhundert, Stuttgart 2010.

Walther, Gerrit: Neugier, in: EdN 9, Sp. 132–136.

Wang, Andreas: Der «Miles Christianus» im 16. und 17. Jahrhundert und seine mittelalterliche Tradition. Ein Beitrag zum Verhältnis von sprachlicher und graphischer Bildlichkeit, Bern / Frankfurt a. M. 1975.

Wegner, Bernd (Hg.): Wie Kriege enden. Wege zum Frieden von der Antike bis zur Gegenwart, Paderborn 2002.

Weiß, Ulman: Traumglaube und Traumkritik im älteren deutschen Luthertum. Eine Skizze, in: Schmidt / Weber (Hg.): Traum, S. 228–256.

Westphal, Siegrid: Der Westfälische Frieden, München 2015.

Wickersham, Jane K.: Rituals of Prosecution: The Roman Inquisition and the Prosecution of Philo-Protestants in Sixteenth-Century Italy, Toronto / Buffalo / London 2012.

Wieser, Veronika / Christian Zolles / Catherine Feik / Martin Zolles / Leopold Schlöndorff (Hg.): Abendländische Apokalyptik. Kompendium zur Genealogie der Endzeit, Berlin 2013.

Wilson, Peter H.: Europe's Tragedy: A History of the Thirty Years War, London 2009.

Wittich, Karl: Magdeburg, Gustav Adolf und Tilly, 2 Bde., Berlin 1874.

Zagorin, Perez: Ways of Lying: Dissimulation, Persecution, and Conformity in Early Modern Europe, Cambridge, MA / London 1990.

Zillhardt, Gerd: Einleitung zu Heberle: Zeytregister, hg. v. Zillhardt, S. 9–84.

Zimmermann, Christian von: «Wie man den Cometen ... soll betrachten». Zwei Predigten des Jahres 1618 aus Riga und Magdeburg im Kontext der frühneuzeitlichen Kometenliteratur, in: Wilhelm Kühlmann/Wolf-Dieter Müller-Jahncke (Hg.): Iliaster. Literatur und Naturkunde in der Frühen Neuzeit, Heidelberg 1999, S. 323–344.

Zolles, Christian: Apokalypse, in: Bühler/Willer (Hg.): Futurologien, S. 275–284.

Zschoch, Hellmut: Größe und Grenzen des «Löwen von Mitternacht». Das Bild Gustav Adolfs in der populären protestantischen Publizistik als Beispiel religiöser Situationswahrnehmung im Dreißigjährigen Krieg, in: Zeitschrift für Theologie und Kirche 91 (1994), S. 25–50.

Zweckbronner, Gerhard: Rechenmeister, Ingenieur und Bürger zu Ulm – Johann Faulhaber (1580–1635) in seiner Zeit, in: Technikgeschichte 47/2 (1980), S. 114–132.

PERSONENREGISTER

BILDNACHWEIS

Seite 11: Der Winterkomet über Heidelberg. Kupferstich (1618) von Matthäus Merian d. Ä. in: Johann Philipp Abelinus: Theatrum Europaeum, Bd. 1, Frankfurt a. M. 1635, S. 119.
Herzog August Bibliothek Wolfenbüttel: 70. A Hist. 2°

Seite 33: Der Kern des Kometen. Kupferstichillustration zu Johann Baptist Cysat: Mathemata Astronomica De Loco, Motv, Magnitvdine, Et Cavsis Cometae Qvi Svb Finem Anni 1618. Et Initivm Anni 1619. In Coelo Fvlsit, Ingolstadt 1619, S. 74.
Bayerische Staatsbibliothek München, Sign.: 4 Diss. 3121,21, S. 74; urn:nbn:de: bvb:12-bsb10956490-0

Seite 35: Kometen im Weltbild Tycho Brahes. Kupferstichillustration zu Johann Baptist Cysat: Mathemata Astronomica …, S. 57.
Bayerische Staatsbibliothek München, Sign.: 4 Diss. 3121,21, S. 57; urn:nbn:de: bvb:12-bsb10956490-0

Seite 40: Die Bahn des Kometen im Weltbild Keplers. Der Komet von 1607 nähert sich zwischen dem 23. September und dem 26. Oktober auf einer die Sphäre der Venus schneidenden Geraden der Erde. In: Johannes Kepler: De cometis, Augsburg 1619, KGW Bd. 8, zwischen S. 144 und 145.
Aus: Johannes Kepler: Gesammelte Werke, im Auftrag der Bayerischen Akademie der Wissenschaften hg. v. der Kepler-Kommission, München 1937ff. (KGW)

Seite 57: Schrifftmessige und Cabalistische Andeutung oder Vorbildung deß neuen Miraculosischen Cometsterns/Anno 1618. Kupferstichillustration zu Johannes Faulhaber: Fama syderea nova: Gemein offentl. Außschreiben, anlangend den neuen u. lang zuvor prognosticirten Cometstein, Nürnberg [1618], Bl. A 4v.
Bayerische Staatsbibliothek München, Sign.: Res/4 Eur. 153 # Beibd. 10; urn:nbn:de:bvb:12-bsb10889483-8

Seite 60: Aus: Johannes Faulhaber: Gehaimes Prognosticon vom Gog vnd Magog so uf dem Unionstag in Ulm ubergeben worden, o. O. 1620.
Württembergische Landesbibliothek Stuttgart, Sign. HBFC 3190; urn:nbn:de: bsz:24-digibib-bsz4612630685

Seite 82: Krieg, Pest und Hungersnot: Der Winterkomet prophezeit die Zerstörung Europas. Frontispiz zu David Herlitz: Kurtzer Discvrs Vom Cometen / vnnd dreyen Sonnen / so am ende des 1618 Jahrs erschienen sind / wie auch von der künfftigen Conjunction oder Zusammenkunfft aller Planeten im Krebss / Anno 1622. Und sonderlich hernach im Lewen / Anno 1623. Darauff böse trawrige vnd schreckliche Enderungen vnd Verwirrungen erfolgen werden, Alten Stettin 1619.
SLUB Dresden / Digitale Sammlungen / Astron.572,32

Seite 104: Der Komet über Deutschland. Zeichnung in Augustin Güntzer: Kleines Biechlin von meinem gantzen Leben. Die Autobiographie eines Elsässer Kannengießers aus dem 17. Jahrhundert, zwischen Bl. 64v und 63[a]r.
Universitätsbibliothek Basel, H V 165

Seite 169: Der Winterkomet über Augsburg, angehängt an: Bernhard Heupold: Von Cometen Kurtze erinnerung / darzu anlaittung geben der newe Comet / so in disem instehenden 1618. Jar erschinen / Vnd noch an dem Himmel zu sehen ist, Augsburg 1618.
Universitätsbibliothek Augsburg, 02/VIII.3.4.33angeb.1

Seite 181: Der Komet von 1664, in: Athanasius Kircher: Iter Cometæ anni 1664 a 14. Decemb. vsque ad 30 Romæ observatum, Rom 1665.
Herzog August Bibliothek Wolfenbüttel: 45.4 Astron. (9)

Seite 203: «Herr vergieb ihnen!» Feldpostkarte mit einem Motiv von Jos. Gaber, verschickt von Michael Löffler an Hans List, Westfront, 12. August 1915.
Privatbesitz Dr. Helmut Baier, Nürnberg

Seite 208: «Ende 1912». Neujahrsgrußkarte von Franz Marc an Gabriele Münter, 30. Dezember 1912, Feder und Tinte.
Städtische Galerie im Lenbachhaus und Kunstbau, München / Artemis, Archiv des Kunsthistorischen Instituts der LMV München

Seite 213: Der Kriegskomet. Holzschnittillustration von Max Unold zu Friedrich Kurt Benndorf: Deutscher Kampf, in: Zeit-Echo. Ein Kriegs-Tagebuch der Künstler 1/5 (1914), S. 57.
bpk / Staatsbibliothek zu Berlin; Künstlerrechte: © Stadt Memmingen / MEWO Kunsthalle, Nachlass Max Unold

DANK

Vier Personen habe ich an dieser Stelle besonders zu danken: Clara Polley für ihre Initiative und kluge Betreuung,
Dr. Stephan Speicher für sein scharfsichtiges Lektorat und an-
regende Gespräche, Silke Strauf für erste Lektüren und alles
andere und Mauritz, unserem Sohn, für seine Kometen-Bilder
und seine ungeduldige Geduld. Ihm widme ich dieses Buch.

Berlin, im Juli 2017   *Andreas Bähr*